„Ihr sehr ergebener Thomas Mann“

Autographen aus dem Archiv des Buddenbrookhauses

Aus dem Archiv des Buddenbrookhauses

Herausgegeben im Auftrag der Kulturstiftung Hansestadt Lübeck
von Britta Dittmann und Hans Wisskirchen
Band 1

„Ihr sehr ergebener Thomas Mann“

Autographen aus dem Archiv des Buddenbrookhauses

Herausgegeben von Britta Dittmann, Thomas Rütten, Hans Wisskirchen und Jan Zimmermann

SCHMIDT RÖMHILD

Dieses Buch erscheint anlässlich der Ausstellung:
„Ihr sehr ergebener Thomas Mann" – Autographen aus dem Archiv des Buddenbrookhauses
Eine Ausstellung des Heinrich-und-Thomas-Mann-Zentrums
vom 5. Februar bis 31. März 2006

Das Heinrich-und-Thomas-Mann-Zentrum dankt folgenden Institutionen und Personen für die Bereitstellung von Leihgaben und die Förderung bei Ankauf, Publikation und Ausstellung der Briefe:

Possehl-Stiftung, Lübeck
Förderverein Buddenbrookhaus
Kulturstiftung der Länder, Berlin
Reinhold-Jarchow-Stiftung, Lübeck
Kunsthaus Lübeck
Dirk von Grolman, Hannover

1. Auflage 2006

Redaktion: Britta Dittmann, Susanne Wittek
Layout: Jutta Strauß (Studio Andreas Heller, Hamburg)
Gesamtherstellung: Schmidt-Römhild, Lübeck
ISBN 3-7950-1272-4

Bibliografische Information Der Deutschen Bibliothek

Die Deutsche Bibliothek verzeichnet diese Publikation in der Deutschen Nationalbibliografie; detaillierte bibliografische Daten sind im Internet über http://dnb.ddb.de abrufbar.

Inhalt /

Vorwort

Nicht nur im vergangenen Jahr, als aus Anlass des fünfzigsten Todesjahres von Thomas Mann in der Lübecker Katharinenkirche die große Ausstellung *Das zweite Leben. Thomas Mann 1955 bis 2005* gezeigt wurde, galt für das Buddenbrookhaus: In der Öffentlichkeit wurde und wird es vor allem über seine Ausstellungen und Veranstaltungen wahrgenommen. Das ist freilich nur die eine Seite der Medaille, denn das „Heinrich-und-Thomas-Mann-Zentrum" ist im Jahre 1993 von der Lübecker Bürgerschaft ausdrücklich als „Gedenk- und Forschungsstätte" gegründet worden. Von daher stand die Forschung in den vergangenen Jahren immer neben der Ausstellungs- und Veranstaltungsarbeit. Oft als Vorbereitung für geplante und durchgeführte Projekte – immer aber gleichsam im Windschatten der öffentlichen Wahrnehmung, die von den Ausstellungen dominiert wurde.

Der vorliegende Band will am Beispiel von drei in den vergangen Jahren durch Ankäufe und Schenkungen ins Archiv des Buddenbrookhauses gelangten Brief- und Manuskriptkonvoluten daher nicht nur einen Beitrag zur Thomas Mann-Forschung leisten, sondern auch dem Buddenbrookhaus als Forschungsstätte mehr Öffentlichkeit verschaffen.

Am Beginn steht aber die Frage: wie kamen die Briefe und die Manuskripte ins Buddenbrookhaus?

Eine dreifache Portion Glück hat mit dazu beigetragen, dass das Archiv im Buddenbrookhaus in den letzten drei Jahren seinen Bestand an Thomas-Mann-Briefen erheblich vergrößern konnte. Ein Glücksfall zauberte unbekannte Thomas-Mann-Briefe aus Schulakten und Familienunterlagen hervor. Ein zweiter Glückstreffer brachte Thomas-Mann-Briefe in die Hände von Menschen, die noch Idealismus und Gemeinsinn besaßen, und das dritte Glück war die Tatsache, dass es Förderer gab, denen die wissenschaftliche Arbeit im Buddenbrookhaus am Herzen lag und die uns daher großzügig unterstützt haben.

Im Jahr 2002 fanden sich im Archiv des Lübecker Katharineums in einer Schulakte Briefe von Thomas Mann. Sie stammten aus den Jahren 1930 und 1931 und waren an den damaligen Schuldirektor Georg Rosenthal gerichtet, der den berühmt gewordenen Schüler zur 400-Jahr-Feier des Katharineums eingeladen und gebeten hatte, einen Beitrag für die Festschrift zu verfassen. In den teilweise handschriftlichen Briefen geht es um den Inhalt des Beitrags und die Ansprache. Der Rektor des

Katharineums zu Lübeck, Bernd Januschke, überreichte am 19. Februar 2002 dem Heinrich-und-Thomas-Mann-Zentrum diese bisher der Thomas-Mann-Forschung unbekannten Briefe.

Zwischen Familienunterlagen entdeckte Dirk v. Grolman 21 Briefe von Thomas Mann an den Juristen und Literaturwissenschaftler Adolf v. Grolman (1888-1973). Der Onkel Dirk v. Grolmans stand in den Jahren 1914 bis 1919 in regelmäßigem persönlichen Kontakt mit Thomas Mann und war einer der ersten Dozenten, der eine Vorlesung über den Lübecker Dichter hielt. Diese Briefe sind der Thomas-Mann-Forschung vorher inhaltlich nicht bekannt gewesen. In Thomas Manns Tagebüchern ließen sich vereinzelt Hinweise auf einen Briefwechsel zwischen Thomas Mann und v. Grolman finden, aber die Briefe galten als verschollen. Der Großteil der Briefe stammt aus den politisch für Thomas Mann wichtigen Weltkriegs-Jahren 1916 bis 1918, eine Zeit, die nicht durch Tagebücher Thomas Manns belegt ist. Deshalb haben die Briefe eine wichtige dokumentarische Bedeutung für die Forschung. Inhaltlich geht es in den Briefen um literarisch-ästhetische Themen, Persönliches und, speziell im Jahr 1918, um politische Meinungen.

Mit Hilfe der Possehl-Stiftung, die den Löwenanteil beim Ankauf des Briefkonvoluts übernahm, konnte das Heinrich-und-Thomas-Mann-Zentrum diese Briefe erwerben. Zum zehnjährigen Jubiläum am 6. Mai 2003 wurden die Briefe, im Beisein des Stiftungsvorsitzenden Helmuth Pfeifer, von Dirk v. Grolman, dessen persönlicher Wunsch es war, die Briefe dem Buddenbrookhaus und somit der Forschung zu überlassen, dem Hause übergeben.

Eine ähnliche Grundhaltung vertrat glücklicherweise der Antiquar Richard Hußlein, der im Mai 2005 dem Heinrich-und-Thomas-Mann-Zentrum ein Konvolut mit Autographen von Thomas Mann anbot. Inhaltlich spiegelt das Material die Beziehung Thomas Manns mit der Bonner Universität, welche Thomas Mann 1919 als erste Universität den Ehrendoktortitel verlieh, wider. Die beiden wichtigsten Teile dieses Konvoluts sind das vierseitige, handgeschriebene Manuskript des Textes *Mitteilung an die Literaturhistorische Gesellschaft in Bonn*, eine der frühen autobiographisch und poetologisch aufschlussreichen Aussagen Thomas Manns, und die Promotionsurkunde zur Ehrendoktorverleihung vom 3.8.1919. Daneben gibt es noch handschriftliche Karten und Briefe aus der Korrespondenz mit dem Bonner Germanisten Carl Enders. Der Erwerb dieser Materialien, der möglich wurde durch die Lübecker Possehl-Stiftung, den Förderverein Buddenbrookhaus e.V. und die Kulturstiftung der Länder, stellte einen weiteren Höhepunkt im Thomas-Mann-Gedenkjahr 2005 dar und verweist auf die Bedeutung des Buddenbrookhauses als wissenschaftliche

Forschungsstätte. Durch diesen Ankauf konnte – gleiches gilt für die v.-Grolman-Briefe – die Geschlossenheit des Konvoluts gesichert und damit verhindert werden, dass die Teile einzeln in Privatbesitz oder ins Ausland verkauft werden.

Nun ist die Archivierung und Kommentierung der Briefe das eine. Etwas anderes sind die Geschichten, die sich erzählen lassen, wenn man nach dem Kontext, dem biographischen und zeithistorischen Umfeld fragt. Dies geschieht in den drei essayistischen Beiträgen des vorliegenden Bandes.

Sie zeigen bei aller Unterschiedlichkeit vor allem eines: Thomas Mann war nicht der abseits der Gegenwart lebende und arbeitende Großschriftsteller, dem es einzig um die ästhetische Qualität seines gerade entstehenden Werkes zu tun war. Er war nicht der wirklichkeitsreine Schriftsteller, der sich den zeitgeschichtlichen Problemen und Debatten verweigerte. Im Gegenteil! Bei der Betrachtung des historischen Kontextes wird deutlich, dass Thomas Mann sehr stark in die Debatten seiner Zeit verwickelt war, dass er sich nie scheute, Position zu beziehen, dass er, mit einem Wort, ein sehr modernes Verständnis vom Schriftsteller als öffentlicher Person hatte.

So wird im Zusammenhang mit dem „Bonner Konvolut“ im Beitrag von Britta Dittmann dargelegt, dass Thomas Mann schon früh den Kontakt mit der Germanistik suchte, die in Bonn allerdings Wege einschlug, die von den konservativen Fachvertretern mit Argwohn betrachtet wurden. Die Beschäftigung mit aktueller Gegenwartsliteratur war in der ersten Hälfte des 20. Jahrhunderts ein Forschungsfeld, das in der universitären Germanistik ein Außenseiterdasein fristete. Und Thomas Manns Kontakt zu Bertold Litzmann in Bonn oder etwa Philipp Witkop in Freiburg stellt eine Rezeptionssteuerung dar, die damals sehr ungewöhnlich und avanciert war.

Ähnliches gilt für den im Beitrag von Thomas Rütten vorgestellten Kritiker und Germanisten Adolf v. Grolman. Er hielt in Gießen sogar die erste Vorlesung über Thomas Mann. Thomas Rütten gilt auch ein besonderer Dank, weil er in umfangreichen Forschungen die Korrespondenz und das Verhältnis zwischen Thomas Mann und Adolf v. Grolman erstmalig aufgearbeitet hat. Besonders wichtig für die Thomas Mann-Forschung sind in diesem Zusammenhang die Thomas Mann-Rezensionen v. Grolmans, die in ihrer Bedeutung erstmals herausgearbeitet werden.

In Jan Zimmermanns Beitrag wird erstmals umfassend Thomas Manns Besuch in Lübeck vom September 1931 anlässlich des 400-jährigen Jubiläums des Katharineums aufgearbeitet. Beispielhaft wird in diesem Text deutlich, welchen Nutzen es mit sich bringt, wenn man die Zeitumstände bei Thomas Mann mit in den Blick nimmt. Dann wird deutlich, wie Ende 1931 das vehemente Eintreten Thomas Manns für die Demokratie von Weimar, für ein humanes Miteinander sowohl bei den Schülern als auch bei anderen Ehrengästen wie etwa dem ebenfalls in München lebenden und aus Lübeck stammenden Bildhauer Fritz Behn auf wenig Gegenliebe stieß.

Wenn Thomas Mann in seinem letzten Brief an Katharineumsdirektor Georg Rosenthal im Nachklang zum Festakt der 400-Jahrfeier mit „Dankbarkeit und Freude" sich an die Lübecker Tage erinnert und dann fortfährt: „Der Gedanke, dass ich es natürlich nicht allen recht machen konnte, darf mir diese Gefühle nicht stören" – dann wissen wir jetzt erst, wie das von Thomas Mann gemeint war und vorauf sich seine Bemerkung bezieht.

Der Ankauf der Briefe, das Buch und die Ausstellung wären ohne vielfache Hilfe nicht möglich gewesen. Wir freuen uns daher, dass wir am Schluss unseren Dank für die erwiesene Unterstützung aussprechen können. Er geht zuallererst an die Lübecker Possehl-Stiftung, sodann an die Kulturstiftung der Länder in Berlin, die Reinhold Jarchow-Stiftung, Lübeck, an Herrn Dirk v. Grolman, Herrn Gaulin vom Kunsthaus Lübeck sowie den Förderverein Buddenbrookhaus.

Zum guten Schluss noch eine wichtige Information: Der Band ist der erste in einer Reihe, in der von nun an in unregelmäßigen Abständen Beiträge aus dem Forschungsumfeld des Buddenbrookhauses veröffentlicht werden sollen.

Lübeck im Dezember 2005

Britta Dittmann und Hans Wißkirchen

Britta Dittmann

Thomas Mann und die Literarhistorische Gesellschaft in Bonn

Im März 2005 hat das Buddenbrookhaus das so genannte „Bonner Thomas-Mann-Konvolut" erworben. Dieses Konvolut umfasst 14 Teile, u. a. ein Manuskript, vier Briefe, zwei Postkarten und eine Promotionsurkunde. Die Korrespondenz stammt aus den Jahren 1907 bis 1928, der Adressat ist der Bonner Germanist Carl Enders. Bei dem Manuskript handelt es sich um den vierseitigen, handgeschriebenen Essay von Thomas Mann *Mitteilung an die Literaturhistorische Gesellschaft in Bonn* aus dem Jahr 1907. Dieser Text ist eine der frühesten Darlegungen Thomas Manns über seine Arbeitsweise. Die Promotionsurkunde ist das amtliche Belegexemplar zur Ehrendoktorverleihung vom 3.8.1919 durch die Philosophische Fakultät der Universität Bonn und steht symbolhaft für die wechselvolle Geschichte von Verleihung, Aberkennung und Erneuerung des Diploms. Die Historie ist detailliert aufgearbeitet in der Dokumentation von Paul Egon Hübinger *Thomas Mann, die Universität Bonn und die Zeitgeschichte*.[1] In dem hier vorgelegten Beitrag soll es vornehmlich um die Vorgeschichte der Ehrendoktorverleihung gehen. Sie reicht weit zurück, denn die Wertschätzung des Lübeckers und Wahlmünchners Thomas Mann an der Rheinischen Friedrich Wilhelm-Universität ist viel älter als diese Huldigung. Sie ist eng mit den Namen der Bonner Literaturprofessoren Berthold Litzmann und Carl Enders verbunden. Litzmann und sein Schülerkreis, zu denen auch Enders gehört, haben sich schon Anfang des 20. Jahrhunderts mit dem Werk Thomas Manns beschäftigt und Bonn damit zu einer der frühesten Thomas Mann-Forschungsorten gemacht. Das Interesse der Literaturwissenschaft an Thomas Mann hat somit in Bonn schon eine feste Tradition, die den Weg zur Ehrenpromotion geebnet hat.

Der Professor der Gegenwartsdichter – Berthold Litzmann

Der Germanist Berthold Litzmann wird 1857 in Kiel geboren[2]. Er immatrikuliert sich 1875 zunächst an der juristischen Fakultät, beginnt dann aber 1877 in Berlin mit dem Studium der deutschen Sprache und Literatur. Er lernt Wilhelm Scherer (1841-1886) kennen, der an der Universität Berlin den neu geschaffenen Lehrstuhl für

[1] München: Oldenbourg 1974.

[2] Sein Vater war ein Jugendfreund von Emanuel Geibel.

Neuere deutsche Literaturgeschichte innehat. Scherer ist der Hauptvertreter des literarischen Positivismus in Deutschland. Die von ihm betriebene Literaturwissenschaft beschäftigt sich vornehmlich mit der Autorenbiographie, einzelnen literarischen Texten und deren Entstehungs- und Wirkungsgeschichte. Durch Scherer wird Litzmann in die historisch-kritische Methode eingeführt. Über diese Techniken der Literaturwissenschaft hinaus ist für Litzmann die Philologie die Grundlage, auf der die dahinter liegenden, nur mit Hilfe der Intuition zu erfassenden individuellen Eigenheiten der Dichterpersönlichkeit und ihres Werkes in vollem Umfang erfasst werden können. Der Mensch, die Persönlichkeit ist der Mittelpunkt seines Geschichts- und Literaturverständnisses. Am interessantesten erscheinen ihm Persönlichkeiten, bei denen „das Irrationale im weitesten Sinne den Willen beherrsche, das Schicksal bestimme"[3]. 1878 übernimmt Litzmann den Vorsitz im Berliner „Akademisch-Literarischen Verein", denn den direkten Kontakt mit Schriftstellern schätzt der Wissenschaftler sehr. Für ihn ist dieser Verein die Alternative zum theoretisch orientierten Universitätsbetrieb, da hier die Autoren selbst zu Wort kommen. Seine Dissertation, eine Arbeit über den schlesischen Dichter Johann Christian Günther, reicht Litzmann 1880 in Berlin ein, seine Habilitationsschrift[4] über den Satiriker Christian Ludwig Liscow[5] erscheint 1883. Im November 1883 hält er in Kiel seine Antrittsvorlesung über *Goethe in Straßburg*, ein Jahr später wechselt er nach Jena. 1891 beginnt Litzmann eine bedeutende, dreißig Jahre währende Arbeit über *Theatergeschichtliche Forschungen*. Er folgt im Jahr 1891 einem Ruf an die Universität Bonn und übernimmt dort den Lehrstuhl für Neuere deutsche Literaturgeschichte. An der Universität erregt er unter den Germanisten Aufsehen mit der Vorlesung *Über die literarischen Bewegungen der Gegenwart*. Bisher hat man sich nicht mit dem Schaffen von Autoren der Gegenwart oder – wie Thomas Mann es ausdrückt – mit einem „Vertreter des heutigen, noch unhistorischen, noch im Leben ringenden Schrifttums"[6] auseinandergesetzt. Als Grenze gilt bislang die Mitte des 19. Jahrhunderts. Wilhelm Scherer ist in seinen Lehrveranstaltungen nie über diesen Rahmen hinausgegangen. Litzmann will in der Germanistik besonders den Autor selbst zu Wort kommen lassen und ist an Gegenwartsproblemen der Literatur interessiert. Für diese damals bahnbrechende Vorgehensweise wird er von seinen Wissenschaftskollegen oft angegriffen.

3 Berthold Litzmann: Im alten Deutschland. Erinnerungen eines Sechzigjährigen. Berlin 1923. S. 187.

4 Ein Exemplar dieser Schrift ist im Archiv des Buddenbrookhauses vorhanden.

5 Liscow ging in Lübeck aufs Katharineum und war von 1729-34 als Hauslehrer in Lübeck tätig.

6 GW X, 438.

Von Wilhelm Scherers Literaturwissenschaft hat sich Litzmann damit entfernt, denn für ihn ist die Philologie eine erlernbare Wissenschaft, die eine wichtige Basis für die Textarbeit schafft, aber bei der bisherigen Arbeitsmethode fehlt ihm die Intuition, das Einfühlen in den Gegenstand der Forschung. Die in der Germanistik herrschende Tabuisierung der wissenschaftlichen Behandlung von Gegenwartsliteratur will Litzmann aufgeben. Ihm ist es wichtig, seinen Schülern nicht nur wissenschaftliche Methoden zu vermitteln, sondern sie auch zu Menschen mit Verantwortungsgefühl zu erziehen. Er fordert von ihnen eine intellektuelle Auseinandersetzung mit der aktuellen Zeit, womit er sowohl die Kunst als auch die Politik meinte. Litzmann vermittelt somit nicht nur wissenschaftliche Methoden, sondern auch Gesinnungen. Zu seinen bekanntesten „Geisteszöglingen"[7] zählen der Romanist Ernst Robert Curtius, die Germanisten Ernst Bertram[8], Carl Enders und Paul Hankamer[9], der Regisseur Saladin Schmitt[10] und die Dichter Wilhelm Schmidtbonn[11] und Otto Brües[12].

1905 kommt es zu einem Disput zwischen den Literaturwissenschaftlern Berthold Litzmann und Erich Schmidt. Dieser entzündet sich an einer Rezension Schmidts zu einer Publikation Litzmanns über Goethes *Faust*. Schmidt findet Litzmanns Veröffentlichung zu oberflächlich und wirft ihm eine Popularisierung der Literaturwissenschaft vor, sogar ein Übergehen der ernsthaften Forschung. Da Litz-

7 GW X, 439.

8 Der gebürtige Rheinländer Ernst Bertram (1884-1957) promoviert bei Litzmann 1907 mit einer Arbeit über die Novellentechnik Adalbert Stifters und lebt danach als Privatgelehrter in München. Ab 1919 ist er Dozent, später Professor in Bonn und Köln. Er verstirbt 1957 in Köln. Die zahlreichen Briefe, die Thomas Mann zwischen 1910 und 1955 an seinen „ältesten, gelehrtesten und besten Freund" geschrieben hat, geben der Thomas-Mann-Forschung einen Einblick in Thomas Manns Leben und Schaffen. Vgl. Inge Jens (Hrsg.): Thomas Mann an Ernst Bertram. Briefe aus den Jahren 1910-1955. Pfullingen: Neske 1960.

9 Prof. Paul Hankamer (1891-1945) promoviert 1919 bei Litzmann und ist ab 1932 ordentlicher Professor für Deutsche Sprache und Literatur an der Universität Königsberg. Kurz nach Kriegsende wird er bei München auf der Straße niedergeschossen und erliegt seinen Verletzungen.

10 Der Theaterwissenschaftler, Regisseur und Theaterintendant Saladin Schmitt (1883-1951), der neben Max Reinhardt und Jürgen Fehling zu den größten seiner Zeit gehört, hat an der Universität Bonn bei Litzmann eine Dissertation über die dramatische Technik Friedrichs Hebbels verfasst und wurde damit nach nur vierjährigem Studium 1905 zum Dr. phil. promoviert. Danach besucht er die Schauspielschule in Köln. Als Regisseur ist er in Freiburg im Breisgau und während des Ersten Weltkriegs in Brüssel tätig. Von 1919 bis 1949 ist Saladin Schmitt der Intendant des Schauspielhauses Bochum und von 1921 bis 1935 zugleich des Theaters in Duisburg. In Bochum begründet er mit Stücken von Friedrich von Schiller, William Shakespeare und anderen klassischen Autoren den Ruf des Theaters. Berühmt wird er vor allem durch die von ihm veranstalteten Zyklen deutscher und ausländischer Werke wie beispielsweise 1927 die erste Shakespearewoche oder die Schillerwoche im Jahr 1934. Er ist ein Cousin von Stefan George und Präsident der Shakespeare-Gesellschaft. Schmitt bringt u.a. 1918 in Brüssel und 1929 in Bochum Thomas Manns Drama *Fiorenza* auf die Bühne.

11 Der in Bonn geborene Schriftsteller Wilhelm Schmidtbonn (1876- 1952) heißt eigentlich nur Schmidt mit Nachnamen, um sich aber von den zahlreichen anderen Schmidts zu unterscheiden, legt er sich den Namen „Schmidt-Bonn" zu. Nach einer Buchhändlerlehre in Gießen studiert er an der Universität in Bonn bei Litzmann. Von 1906 bis 1908 ist er Dramaturg am Düsseldorfer Schauspielhaus. In seiner Düsseldorfer Zeit gibt er auch die Zeitschrift Masken heraus. Während des Ersten Weltkriegs ist er Kriegsberichterstatter. Schmidtbonn, der ausgedehnte Reisen in Deutschland, Österreich und der Schweiz unternimmt und als freier Schriftsteller zeitweise in Bayern, Tirol und im Tessin lebt, kehrt gegen Ende seines Lebens in seine rheinische Heimat zurück. Dort lebt er bis zu seinem Tod am 3.7.1952. Er wird 1936 zum Ehrendoktor der Universität Bonn ernannt und erhält den Rheinischen Literaturpreis der Stadt Köln für das Jahr 1941.

12 Otto Brües (1897-1967) ist nicht nur Schriftsteller, Erzähler, Lyriker, sondern arbeitet in den Zwanziger Jahren als Feuilletonist beim Kölner Stadtanzeiger. Nach dem Militärdienst kehrt er 1943 an die Kölnische Zeitung zurück. In den Fünfziger Jahren leitet er das Feuilleton vom Mittag in Düsseldorf, danach lebt er in Krefeld bis zu seinem Tod im Jahre 1967.

mann zu einer öffentlichen Gegendarstellung in der Deutschen Literaturzeitung, in der Schmidts Rezension erschienen ist, keine Gelegenheit gegeben wird, antwortet er mit einer kleinen Schrift *Meine Ziele im akademischen Lehramt. Eine Antwort an Herrn Professor Erich Schmidt*, in der er die unterschiedlichen Lernziele, die Schmidt und er verfolgen, darstellt. Er macht deutlich, dass es ihm nicht um die Weitergabe von Spezialwissen geht, sondern dass er seinen Schülern das Kunstwerk an sich nahe bringen will: die zukünftigen Lehrer sollen fähig sein, den künstlerischen Gehalt einer Dichtung zu erfassen.

Litzmanns Disput mit Erich Schmidt über Sinn und Zweck der Literaturwissenschaft und die Stellung des Wissenschaftlers führt zu einer von Litzmanns Studenten Carl Enders 1905 organisierten Solidaritätskampagne. Dabei handelt es sich um ein Glückwunschschreiben anlässlich des 25-jährigen Dienstjubiläums von Litzmann, welches von 100 Studenten unterzeichnet wird, die somit ihrem Professor ihre Anerkennung für seine Arbeit und Unterstützung bei der Auseinandersetzung mit Erich Schmidt zusagen. [13]

Aus Litzmanns Engagement für die Gegenwartsliteratur entwickelt sich die „Literarhistorische Gesellschaft Bonn unter dem Vorsitz von Prof. Berthold Litzmann", welche 1906 gegründet wird. Es handelt sich zunächst um Sitzungen von Litzmann mit seinen Doktoranden, in denen Probleme der Gegenwartsliteratur vertieft werden. In diesen Arbeitstreffen will er seinen Studenten den Zugang zur deutschen und europäischen Gegenwartsliteratur ermöglichen und den angehenden Lehrern das Bewusstsein für ihre zukünftige Aufgabe schärfen.

In den Augen Litzmanns sind weder die vorhandenen Zeitschriften noch die staatlichen Bildungsstätten in der Lage, „praktische Kulturarbeit" zu leisten. Diese Aufgabe ordnet er den Literarischen Gesellschaften zu, wobei er die vorhandenen auf der einen Seite als zu elitär, auf der anderen als zu oberflächlich und beliebig kritisiert. Schon im April 1906 hat die Literarhistorische Gesellschaft neben 9 ordentlichen Mitgliedern 176 außerordentliche Mitglieder. Darunter sind u. a. Peter Altenberg, Ernst Bertram, Otto Julius Bierbaum, Georg Brandes, Richard Dehmel, Max Halbe, Carl Hauptmann, Hermann Hesse, Hugo von Hofmannsthal, Johannes Schlaf, Arthur Schnitzler, Jakob Wassermann und auch Thomas Mann. Am 5. Mai 1906 kommt es zur Gründungssitzung. In seinem Einführungsreferat der ersten Sitzung gibt Litzmann die Richtlinien vor:

[13] Trotz der Solidaritätsbekundung seiner Studenten fühlt sich Litzmann von der Kritik Schmidts so getroffen, dass er sich Ende 1905 in ein Sanatorium begibt, um seine angegriffene Gesundheit wiederherzustellen.

Voraussetzung [...] ist zunächst ein gewissenhaftes, auf eigener Lektüre beruhendes Studium der Literatur des 18. und 19. Jahrhunderts und eine gleichbleibende planmäßige Lektüre der modernen Literaturen, um sich in den Besitz des nötigen Beobachtungsmaterials zu setzen, sich die genügende Menge künstlerischer Anschauung und Erfahrungen durch Vergleichung zu sammeln, die bei Einzeluntersuchungen über eine Dichtung oder eine bestimmte Gruppe von Dichtungen ermöglichen, den ursächlichen historischen Zusammenhang mit Vorgängern und Zeitgenossen zu verfolgen und nachzuweisen, und dadurch, unter sorgfältiger Vermeidung mechanischer Parallelensucherei, eine klare und anschauliche Vorstellung der historischen Vorbedingungen des Kunstwerks zu gewinnen.[14]

Die Gesellschaft macht sich in kürzester Zeit in Fachkreisen einen Namen, wie die ständig wachsende Zahl der außerordentlichen Mitglieder aus allen Bereichen des kulturellen Lebens beweist. Ihr Gründer Berthold Litzmann lädt insgesamt neunmal im Jahr, jeweils am ersten Samstag im Monat, die ordentlichen Mitglieder in seine Privatwohnung zu einem Arbeitstreffen ein. Alle Veranstaltungen dieser „Sammelstelle des geistigen jungen Rheinlands"[15] sind nicht öffentlich und nur für Mitglieder und geladene Gäste bestimmt. Dies gilt für die Arbeitstreffen ebenso wie für Vortragsabende. Bei den Arbeitstreffen wird ein Referat zu einem modernen Dichter oder neu erschienenen Werk vorgetragen und anschließend diskutiert. Es geht dabei um die sorgfältige philologische Untersuchung des Forschungsgegenstandes: die Eigenheiten der Gattung bzw. des Urhebers gilt es festzustellen. Unabhängig vom künstlerischen Wert des Textes ist es den Mitgliedern der Gesellschaft zunächst wichtig, die Zusammenhänge zu erkennen, in denen der Dichter und sein Werk stehen. Es werden in den Sitzungen hauptsächlich Texte behandelt, die um die Jahrhundertwende fertiggestellt worden sind. Alle wichtigen deutschen Gegenwartsdichter, aber auch ausländische[16], werden ins Blickfeld gerückt. Das Referat und die Diskussion werden in den Mitteilungen der Literarhistorischen Gesellschaft Bonn allen Mitgliedern zugänglich gemacht.

Diese Mitteilungen der Gesellschaft erscheinen regelmäßig. Dem Werk Thomas Manns wird dabei viel Aufmerksamkeit gewidmet. Im 1. Jahrgang der Mitteilungen 1906 beschäftigt sich der Theaterwissenschaftler Saladin Schmitt im 5. Heft mit dem Drama *Fiorenza*, das 2. Heft des Jahrgangs 1907 ist dem *Kunstwerk Thomas Manns* gewidmet. Alexander Pache untersucht darin Thomas Manns epische Technik, Ernst Bertram, der gerade im Juni 1907 bei Litzmann mit einer Arbeit über Stifters Novellentechnik promoviert worden ist, schreibt über das *Problem des Verfalls* bei Thomas Mann.

[14] Berthold Litzmann: Zur Einführung, in: Mitteilungen der Literarhistorischen Gesellschaft Bonn. Doppelband 1/2, Bonn: 1906, S. 7.

[15] Litzmann, Im alten Deutschland, S. 379.

[16] Z.B. der Norweger Henrik Ibsen (1828-1906), der Däne Jens Peter Jacobson (1847-1885),der Franzose Gustave Flaubert (1821-1880), der Belgier Maurice Maeterlinck (1862-1949), der Russe Maxim Gorki (1868-1936).

Die Gesellschaft gibt 1907 und 1908 je ein Sonderheft mit dem Titel *Ziele und Wege deutscher Dichtung nach Äußerungen ihrer Schöpfer* heraus, in dem sich zeitgenössische Autoren zur Entstehungsgeschichte ihrer Werke äußern. Die Literarhistorische Gesellschaft hat Ende Juni 1907 ein Schreiben an deutsche Schriftsteller geschickt mit der Bitte, Äußerungen über Absichten und Ziele, Problemstellung oder Formgebung, Entstehungsgeschichte oder ähnliche Themen ihrer im Jahre 1906 oder 1907/08 erschienenen Werke zu veröffentlichen. Der Gesellschaft ist daran gelegen, einem interessierten und über moderne Literatur gut informierten Publikum Dokumente zu liefern „für das Problem: Stellung des Schaffenden zu seinem Werk, zu seinem Stoff, zu seiner Technik, um daraus ein intimeres Verständnis des Dichters anzubahnen."[17] Viele Dichter antworten auf das Schreiben, die einen kommen der Aufforderung nach, die anderen lehnen aus den verschiedensten Gründen wie Krankheit oder Überlastung ab. Richard Dehmel (1863-1926) fühlt sich zu jung, um einwandfrei über sein Lebenswerk reden zu können[18], Detlev von Liliencron hat 1907 nichts veröffentlicht und weiß für 1908 auch „nichts genaues", worüber er als Gegenstand schreiben könne[19]. Ebenso geht es Otto Ernst. Rudolf Huch glaubt, „seine literarischen Äußerungen seien nicht von allgemeinem Interesse".[20] Seine Bücher würden kaum verkauft, die Kritik missachte ihn, seine Bekannten sagten, er sei nicht gut genug, und er zweifle an sich selbst. Hermann Hesse hält Äußerungen über Ziele und Wege für wertlos und unschön. Die Kritik solle das Werk auch ohne Beihilfe des Dichters analysieren können. Zudem meint er, dass „jedem Dichter, der nicht bloß Routinier ist, der eigentliche Anfang, die eigentliche Entstehungsursache seiner Werke ebenso unklar ist, wie meiner Frau die Ursache des Kindergebärens".[21] Beide Reaktionsweisen, die Zusagen und die Ablehnungen, sind für die Literaturwissenschaftler von Interesse, denn sie erlauben Rückschlüsse auf die Denk- und Arbeitsweise der Künstler. Auch Thomas Mann wird angefragt. Obwohl er gerade „in eine Arbeit verbissen"[22] sei, die er nicht unterbrechen könne, verspricht er, ein paar Worte zu senden. Am 17.7.1907 verschickt er per Einschreiben aus Seeshaupt am Starnberger See sein Manuskript an Carl Enders in Bonn. Drei Wochen später, am 10. August, bittet Thomas Mann um die Korrekturbögen seines Beitrags. In dem

[17] Ziele und Wege deutscher Dichtung nach Äußerungen ihrer Schöpfer. Sonderheft 7 der Mitteilungen der Literarhistorischen Gesellschaft Bonn: 1907. S. 250.

[18] BrEn, 74.

[19] BrEn, 78.

[20] BrEn, 72.

[21] BrEn, 75.

[22] Hübinger, 357.

Sonderheft Nr. 7 des 2. Jahrgangs 1907 erscheint Thomas Manns Essay *Mitteilung an die Literaturhistorische Gesellschaft in Bonn* neben den Texten von Peter Altenberg, Otto Julius Bierbaum, Rudolf Huch, Richard Schaukal, Johannes Schlaf, Clara Viebig u.a. In seinem Essay gibt Thomas Mann 1907 Einblick in seine Arbeitsweise am Beispiel von *Königliche Hoheit*. Damit gibt Thomas Mann der Rezeption quasi einen Leitfaden an die Hand, wie er sein Werk verstanden wissen will. So schreibt Bertram folgerichtig im 4. Jahrgang 1909 im 8. Heft der Mitteilungen eine Rezension zu dem neu erschienenen Roman, welche die Wertschätzung Thomas Manns findet, da er sich als Autor richtig verstanden fühlt: ein beispielhafter Beleg für die interessanten Wechselwirkungen bzw. Beeinflussungen zwischen Autor und Interpret. Nach Peter de Mendelssohn ist Bertrams Arbeit das „Einfühlsamste und Gescheiteste", was damals zu Thomas Mann gesagt oder geschrieben wurde.[23] Thomas Mann schreibt nach der Lektüre von Bertrams Text am 28. Januar 1910 an ihn: „Ihr ‚Referat' – ein hässliches Wort für eine schöne Sache – zeigt wieder einmal, *wo* heute der Geist wahrer und hoher Kritik zu finden ist. [...] in der jungen *Gelehrten*-Generation, welche die besten Traditionen von Forscher- und Erkenner-Leidenschaft, eben Akribie und sachliche Hingebung in die neue Geisteswelt mitbringt."[24] Nach diesem ersten Brief beginnt ein Gedankenaustausch zwischen Mann und Bertram, der sich zu einer engen persönlichen Freundschaft entwickelt, die viele Jahre anhält.[25]

Erst in dem 10. Jahrgang 1915/16 der Mitteilungen nimmt sich Paul Hankamer Thomas Mann wieder zum Thema, indem er über die Schicksalsidee und ihr Verhältnis zur Form von Thomas Manns Kunst referiert. Im 11. und letzten Jahrgang der Mitteilungen von 1917/20 erscheint wiederum ein Beitrag von Ernst Bertram über *Betrachtungen eines Unpolitischen*.[26]

Thomas Mann hat zu Berthold Litzmann ein „Verhältnis herzlicher Sympathie, wechselseitigen Vertrauens, der äußeren Nachbarschaft und der inneren Freundschaft"[27]. Nachdem Thomas Mann 1906 Mitglied der Gesellschaft geworden war, nimmt er im Januar 1911 bei einem Besuch in Bonn an „einer dieser geistdurchheiterten, zugleich leidenschaftlichen und behaglichen Sitzungen, bei denen an ein

23 Zauberer, Bd. 2, 1369.

24 Thomas Mann ist sogar so ergriffen, dass „die Tränen momentweise nicht mehr sehr fest saßen". BrB, 7.

25 Überliefert sind die zahlreichen Briefe von Thomas Mann an Bertram, welche zu seinen wichtigsten Selbstzeugnissen zählen, die Antworten von Bertram sind leider nicht erhalten, Thomas Mann musste diese Briefe 1933, als er ins Exil ging, in seinem Münchener Haus zurücklassen.

26 Neben den Mitteilungen werden die „Schriften" der Gesellschaft veröffentlicht. Diese sind selbständige wissenschaftliche Arbeiten der ordentlichen Mitglieder, die für die Mitglieder der Gesellschaft als auch für die interessierte Öffentlichkeit gedacht sind. Nachdem die Gesellschaft 1921 aufgelöst worden ist, werden diese Texte unter dem Namen „Bonner Forschungen" weiter publiziert.

27 GW X, 438.

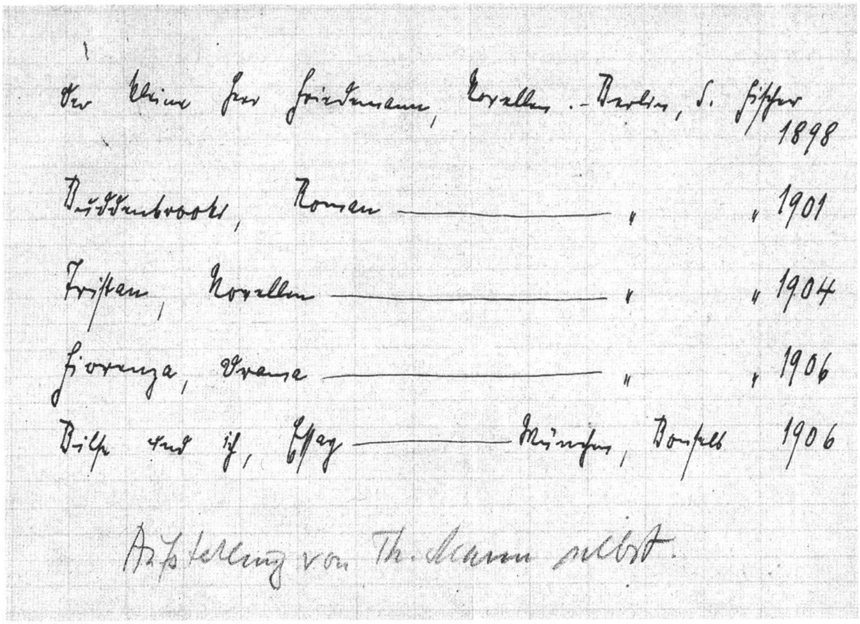

Der kleine Herr Friedemann, Novellen. – Berlin, S. Fischer 1898

Buddenbrooks, Roman ———— " , 1901

Tristan, Novellen ———— " , 1904

Fiorenza, Drama ———— " , 1906

Bilse und ich, Essay ———— München, Bonsels 1906

Aufstellung von Th. Mann selbst.

Eine Auflistung der Werke Thomas Manns bis 1907. Handgeschrieben von Thomas Mann.

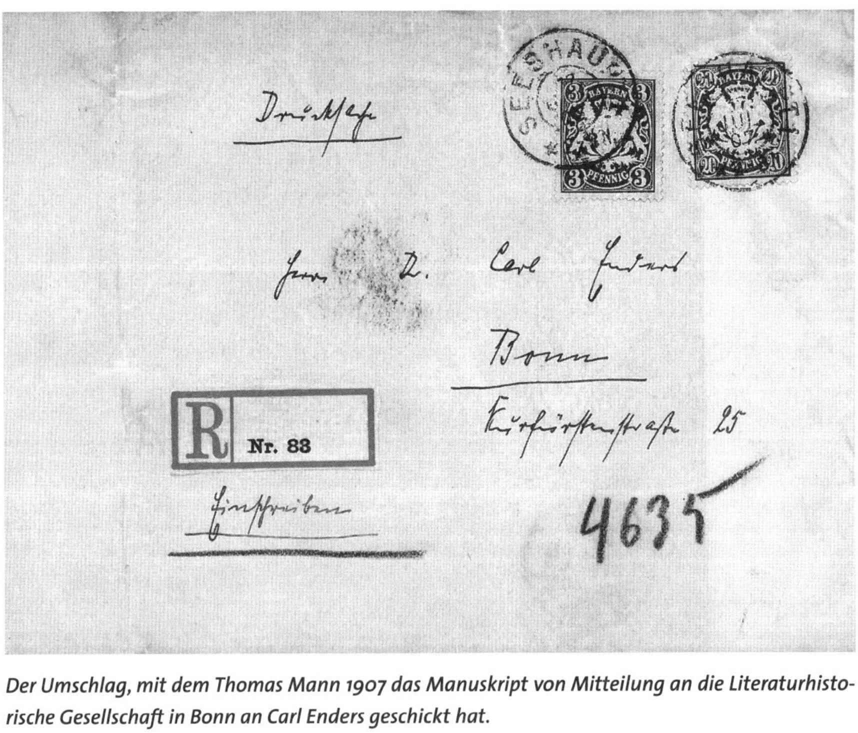

Der Umschlag, mit dem Thomas Mann 1907 das Manuskript von Mitteilung an die Literaturhistorische Gesellschaft in Bonn an Carl Enders geschickt hat.

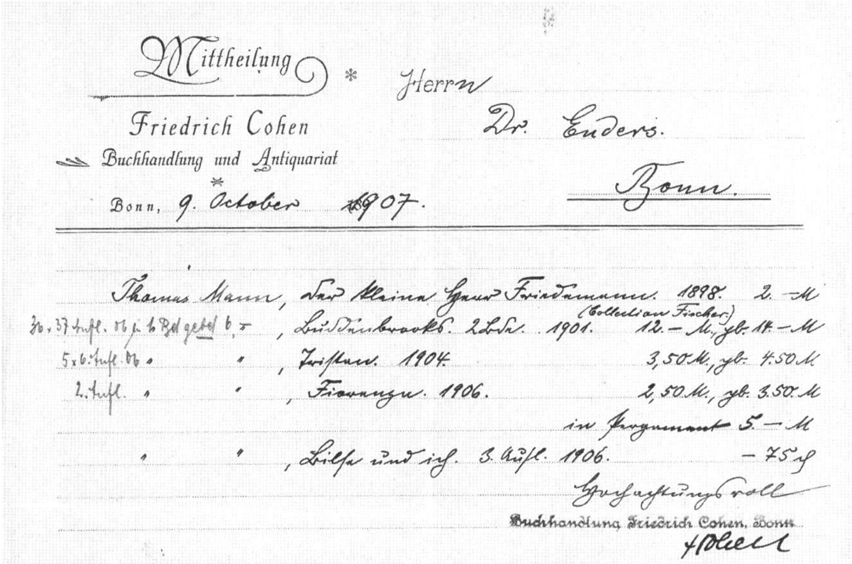

Mittheilung * Herrn Dr. Enders.
Friedrich Cohen
Buchhandlung und Antiquariat
Bonn, 9. October 1907. Bonn.

Thomas Mann, Der kleine Herr Friedemann. 1898. 2.– M
(Collection Fischer)
" , Buddenbrooks. 2 Bde. 1901. 12.– M, geb. 14.– M
" , Tristan. 1904. 3,50 M, geb. 4.50 M
" , Fiorenza. 1906. 2,50 M, geb. 3.50 M
in Pergament 5.– M
" , Bilse und ich. 3. Aufl. 1906. –75 Pf

Hochachtungsvoll
Buchhandlung Friedrich Cohen, Bonn

Mitteilung von der Buchhandlung Friedrich Cohen an Carl Enders vom Oktober 1907 über Preise von Thomas Mann Werken.

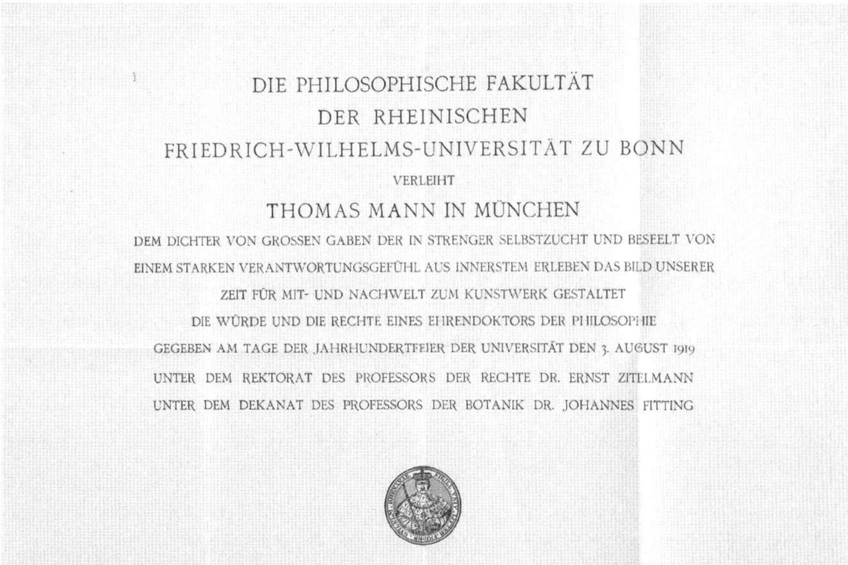

DIE PHILOSOPHISCHE FAKULTÄT
DER RHEINISCHEN
FRIEDRICH-WILHELMS-UNIVERSITÄT ZU BONN
VERLEIHT
THOMAS MANN IN MÜNCHEN
DEM DICHTER VON GROSSEN GABEN DER IN STRENGER SELBSTZUCHT UND BESEELT VON EINEM STARKEN VERANTWORTUNGSGEFÜHL AUS INNERSTEM ERLEBEN DAS BILD UNSERER ZEIT FÜR MIT- UND NACHWELT ZUM KUNSTWERK GESTALTET
DIE WÜRDE UND DIE RECHTE EINES EHRENDOKTORS DER PHILOSOPHIE
GEGEBEN AM TAGE DER JAHRHUNDERTFEIER DER UNIVERSITÄT DEN 3. AUGUST 1919
UNTER DEM REKTORAT DES PROFESSORS DER RECHTE DR. ERNST ZITELMANN
UNTER DEM DEKANAT DES PROFESSORS DER BOTANIK DR. JOHANNES FITTING

Das amtliche Belegexemplar der Promotionsurkunde der Universität zu Bonn vom 3. August 1919.

Referat über irgendeinen geistigen Gegenstand sich eine freie Diskussion schloß"[28], teil und lernt Berthold Litzmann und dessen Kreis persönlich kennen.

Nach dieser Begegnung korrespondieren der Dichter und der Literaturwissenschaftler häufiger, treffen sich zum Essen, gehen gemeinsam ins Theater, oder Berthold Litzmann kommt mit seiner Frau Grete bei den Manns zum Tee. Das Ehepaar Litzmann gehört zu den Auserwählten, die schon 1920 an Vorlesungen von Thomas Mann aus dem *Zauberberg*-Manuskript teilnehmen dürfen.[29] Nach seiner Emeritierung 1921 baut sich Litzmann in München ein Haus im Herzogpark[30] und wird somit Thomas Manns Nachbar. So sehr Thomas Mann Berthold Litzmann schätzt, so hat er umso mehr Schwierigkeiten mit dessen Ehefrau Grete. Die übereifrige Frau versucht auf jede erdenkliche Art und Weise Thomas Mann zu Diensten zu sein. Im Februar 1921 erhält Thomas Mann einen Brief „von der fürchterlichen, hysterisch verliebten Litzmann", den er Katia vorliest. Danach überlegen beide, wie sie sich nun dem Ehepaar gegenüber verhalten sollen[31]. Die Situation beruhigt sich aber wieder, und Thomas Mann scheint die Ergebenheit von Grete Litzmann zu seinen Gunsten zu verwerten, z. B. lässt er sie seine Manuskripte abschreiben.

Als Berthold Litzmann im Oktober 1926 stirbt, hält ihm Thomas Mann in München die Grabrede. Er huldigt Litzmanns Wohlwollen, seiner Lebensoffenheit für Innovation und Progression sowie vor allem seinem Einsatz als Lehrer für die Jugend und erinnert sich an die Besuche in der von Litzmann initiierten Literarhistorischen Gesellschaft.[32]

Litzmanns Organisator – Carl Enders

Neben Berthold Litzmann ist Carl Enders die wichtigste Person in der Literarhistorischen Gesellschaft. Der Schüler, Kollege und Freund ist die rechte Hand des Literaturprofessors und derjenige, der bei der Organisation von Seminaren und Publikationen alle Fäden in der Hand hält. Er wird am 20. Juli 1877 in Saarburg in Lothringen geboren. Ostern 1898 immatrikuliert sich Enders an der Bonner Universität und studiert dort zunächst Sanskrit und ältere Germanistik, später vor allem Geschichte

28 GW X, 439f.

29 So kurz vor Weihnachten 1920 „Ein ganzes, langwieriges Romanwerk habe ich ihm, während der Entstehung des Buches, in stundenlangen Sitzungen [...], vorzulesen gehabt" (GW X, 440) (siehe auch Tb 29.12.1920 oder auch Tb 6.3.1921).

30 Pienzenauer Straße 50.

31 Der Inhalt des Briefes ist leider nicht überliefert. Vgl. Tb 23.2.1921.

32 Der Dichter geht in der Ansprache auf Besuche in Bonn bei Litzmann und seiner Literarhistorischen Gesellschaft ein, lässt aber interessanterweise die Ehrenpromotion der Universität Bonn, die immerhin auf Antrag Litzmanns Thomas Manns zugesprochen wurde, außen vor. Dies richtet sich jedoch weniger gegen Litzmann, der Glückwünsche nur im Namen des Germanistischen Seminars aussprechen durfte, als gegen die Philosophische Fakultät. Die Philosophische Fakultät hatte sich gegen eine Vollmacht, Glückwünsche aussprechen zu dürfen, verwahrt. Ein Grund könnte in Thomas Manns Wandel vom konservativen Monarchisten zum Republikaner liegen.

und Literaturwissenschaft. Seine Lehrer sind Friedrich von Bezold, Benno Erdmann, Johann Franck, Hermann Jacobi und Wilhelm Wilmanns. Den größten Einfluss auf ihn hat jedoch Berthold Litzmann. Neben seinen Studien engagiert sich Enders im „Klassisch-Philologischen Verein".

Im Juni 1904 wird Enders mit einer Arbeit über *Chronologisch-biographische Studien zu den Gedichten Johann Christian Günthers in den Schul-und Universitätsjahren (1710-1719)* promoviert. 1905 veröffentlicht er die Schrift *Die Katastrophe in Goethes Faust*. Ab April 1906 engagiert sich Enders für die neu gegründete Literarhistorische Gesellschaft, vor allem im administrativ-organisatorischen Bereich. Bei der Sondernummer 1907 mit der Rundfrage an die Autoren ist Enders für die Redaktion verantwortlich, die zahlreichen Absagen, aber auch die Antworten sowie die Manuskripte gelangen an ihn.

Durch die steigende Popularität der Gesellschaft kommt auch Enders, der nach Litzmann zweiter Vorsitzende der Gesellschaft ist, zu immer mehr Ansehen. Er wird regelmäßig von Schriftstellern und Verlegern um Rezensionen zu Publikationen gebeten. Im Mai 1908 habilitiert sich Enders in der Philosophischen Fakultät über frühromantische Kunsttheorie und mit der Antrittsvorlesung über *Deutsche Gelegenheitsdichtung bis Goethe*. Im Wintersemester 1908/9 nimmt er seine Lehrtätigkeit als Privatdozent an der Bonner Universität mit einer Vorlesung über die *Neueste deutsche Lyrik seit 1880* auf. Bis 1914 beschäftigt sich Enders hauptsächlich mit Friedrich Schlegel und Gottfried Kinkel. Nach sechsjähriger Lehrtätigkeit wird er von der Fakultät zum außerplanmäßigen Professor ernannt. Als Literaturwissenschaftler forscht Enders auf dem Gebiet des Barock (Schwerpunkt: Johann Christian Günther) und der Romantik (Friedrich Schlegel), gibt eine Gottfried Keller-Gesamtausgabe heraus und beschäftigt sich mit der zeitgenössischen Literatur des Rheinlands. Von 1915 bis 1918 leistet er Militärdienst, zu dem er sich freiwillig gemeldet hat. Während des Krieges hält Enders weiterhin Kontakt zu Litzmann, ist diesem bei Korrekturen zu seiner Wildenbruch-Biographie behilflich und sorgt für den ordnungsgemäßen Fortgang der Mitteilungen. Nach Kriegsende kehrt er nach Bonn zurück.

Carl Enders bemüht sich lange Zeit um einen Ruf an eine andere Universität wie Königsberg, Greifswald, Köln oder Halle, aber seine Bewerbungen werden abgelehnt. Im April 1920 erhält er einen Sonderlehrauftrag für rheinische Literatur in Bonn, den er bis zum 11. Juli 1937 erfüllt. Dann untersagt ihm die nationalsozialistische Regierung das Abhalten von Vorlesungen. Enders Ehefrau, die Berlinerin Charlotte Fraenkel, die er 1910 geheiratet hat, ist Jüdin. Mit ihr zusammen hat er drei Kinder. Obwohl seine Frau schon 1932 verstirbt, ist diese Ehe der Grund für das Lehrverbot.

1923 holt Enders aus finanziellen Gründen sein Staatsexamen nach, um dann als Studienrat am Siegburger Gymnasium arbeiten zu können, aber auch diese Dienststelle wird ihm 1937 gekündigt. Er finanziert sich nun durch Privatunterricht. Während des Krieges muss sich Enders verstecken, sein jüngster Sohn stirbt im Krieg, seine Tochter wird 1944 als „Halbjüdin" verschleppt. Nach Kriegsende kehrt er im Juni 1945 als Honorarprofessor für Neuere Deutsche Literatur an die Universität Bonn zurück. Im Jahr 1950 hat Enders die Idee, die Literarhistorische Gesellschaft unter seiner Leitung neu zu gründen, doch dieser Plan kann nicht realisiert werden. Bis 1955 setzt Enders seine Lehrtätigkeit an der Bonner Universität fort. Er stirbt im Jahr 1963 im Alter von knapp 80 Jahren.

Carl Enders hat sein Leben lang eine rege Korrespondenz mit Literaturwissenschaftlern und Schriftstellern gepflegt. Sein Briefnachlass umfasst knapp 1500 Schriftstücke, hauptsächlich aus der Zeit, als er für die Literarhistorische Gesellschaft als Kontaktperson für Interessierte und Organisator der Mitteilungen tätig ist.

Zu Berthold Litzmanns 60. Geburtstag am 18. April 1917 will Enders zwei Festschriften organisieren: eine mit literaturwissenschaftlichen Beiträgen (u.a. von Ernst Bertram) erscheint 1920, die zweite mit Beiträgen „der schaffenden Künstler" kommt nicht zustande. Carl Enders schreibt auch an Thomas Mann und bittet ihn um einen Beitrag. Dieser antwortet ihm am 12.3.1917, dass er sich gern beteiligen würde. Da er aber gerade „eine große Arbeit, die mir von den Zeitereignissen aufgedrängt wurde", fertig stellen müsse[33], könne er nichts eigenes für die Festschrift schreiben. Er schlägt vor, den Text, den er für das Sonderheft 1907 der Mitteilungen eingereicht hat, wieder zu verwenden, da die Anfrage für die Festschrift eine ähnliche Grundtendenz hat. Auch bei Heinrich Mann fragt Carl Enders mit der Bitte um einen Beitrag an, doch dieser schreibt in einem Brief vom 10.4. 1917, dass er leider nicht in der Lage sei, diesen Wunsch zu erfüllen.

Die Arbeit an der Festschrift verzögert sich. Am 29.3. 1920 erhält Thomas Mann von Enders einen Brief mit dem Hinweis, sein Versprechen hinsichtlich eines Beitrags für die Litzmann-Festschrift einzulösen.[34] Er antwortet ihm, dass er wieder Probleme mit dem Beitrag habe. Scheinbar ist sein Vorschlag von vor drei Jahren von Enders nicht angenommen worden. Nun hat Thomas Mann das nächste große Projekt, an dem er arbeitet, diesmal ist er „intensiv mit der Abfassung eines Romans beschäftigt"[35]. In seiner Not will er Enders als „bescheidene Gabe"[36] die Studie *Süßer*

[33] Gemeint ist das Buch *Betrachtungen eines Unpolitischen*.

[34] Tb 9.3.1920.

[35] Dabei wird es sich um die Arbeit am *Zauberberg* handeln.

[36] Siehe S. 41.

Schlaf von 1909 zusenden, denn er würde es sehr bedauern, nicht in dem Festbuch vertreten zu sein. Knapp eine Woche später, am 4.4.1920, meldet sich Thomas Mann bei Enders und berichtet, dass er den Zeitungsartikel, in dem die versprochene Studie abgedruckt gewesen sei, nicht mehr finden könne. Deswegen habe er schnell einen anderen Text ausgewählt: einige Bemerkungen über das Theater, aus dem Jahr 1907. Am Ende erscheint jedoch in der Litzmann-Festschrift keiner der von Thomas Mann vorgeschlagenen Beiträge.

Ab 1922 gibt Carl Enders die *Rheinische Sammlung* heraus, eine Schriftenreihe mit Aufsätzen rheinischer Dichter. Im gleichen Jahr wird die „Gesellschaft für Rheinische Literatur" gegründet, deren Leitung Enders übernimmt. Aufgrund dieser Tätigkeiten hat er viele gute Kontakte zu den Dichtern des Rheinlandes. So organisiert er 1928 zum 60. Geburtstag der Kölner Schriftstellerin Adele Gerhard, die er seit 1920 kennt, eine Festschrift, für die er zahlreiche Dichter und Literaturwissenschaftler gewinnen kann, die sich mit Beiträgen oder auch Geldspenden zur Begleichung der Herstellungskosten an dem Buch beteiligen. Texte reichen u.a. Gertrud Bäumer, Käthe Kollwitz, Alfred Döblin, Franz Werfel und Stefan Zweig ein. Auch mit Thomas Mann nimmt Enders wieder Kontakt auf.[37] Der Dichter kennt die Fabrikantentochter und Anwaltsgattin Adele Gerhard (1868-1956)[38], welche 1894 ihre erste literarische Arbeit veröffentlicht, seit 1915. Eine Sammlung erster Novellen erscheint 1899 in dem Band *Beichte*, später schreibt sie die Romane *Die Geschichte der Antonie van Heese* (1906) und *Am alten Graben* (1917). 1918 erscheint ein Novellenband von ihr mit dem Titel *Sprache der Erde*, den sie auch Thomas Mann zukommen lässt. Dieser antwortet ihr brieflich am 11.9.1918 und dankt für den Band mit den Dichtungen, „die ihm viel Genuss bereiteten"[39]. Diese Aussage relativiert sich jedoch durch den Tagebucheintrag Thomas Manns vom gleichen Tag: „Schrieb vormittags an [...] Fr. Adele Gerhard, notlügenhaft, über ihre Novellen ‚Sprache der Erde'"[40]. Der Kontakt mit Adele Gerhard besteht über viele Jahre, sie schreiben Briefe, tauschen Publikationen aus und besuchen sich gegenseitig.[41] Nach außen hin lässt Thomas Mann die Bekanntschaft mit der Schriftstellerin in einem sehr guten Licht erscheinen, der Per-

37 Siehe Brief vom 28.3.1928, auch S. 43.

38 Aufgrund ihrer jüdischen Herkunft ist Adele Gerhard obwohl sie 1911 mit ihren Kindern zum Protestantismus konvertiert war, ab 1933, den Repressionen der nationalsozialistischen Rassengesetze ausgesetzt. Da ihre Kinder erfolgreiche akademische Laufbahnen eingeschlagen und in Amerika Anstellungen gefunden haben, emigriert Adele Gerhard 1938 in die USA, wo sie zusammen mit ihrer Tochter lebt. Im Exil entstehen weitere literarische Werke die als druckreife Manuskripte im Deutschen Literaturarchiv in Marbach hinterlegt sind. Ihre Bekanntheit in Deutschland erlischt durch das Exil, das sie 1955 verlässt, um in ihre Geburtsstadt Köln zurückzukehren, fast völlig. Dort lebt sie bis zu ihrem Tod.

39 R I, 250.

40 Tb 11.9.1918.

41 Z.B. am 25.7.1920 in München, am 20.2.1921 in Berlin bei Gerhards.

son schmeichelt er, die ihm zugesandten Werke lobt er überschwänglich. In seinem Tagebuch offenbart er jedoch, dass er sie für ein „dummes Frauenzimmer“[42] hält, die „schwächlich-thörichte Bemerkungen“[43] mache und „insipide Briefe“[44] schreibe. Manch ein alberner Brief von ihr dient jedoch auch zur Erheiterung von Katia und Thomas.[45] Der Kontakt hält sich trotzdem mit Besuchen und Korrespondenz bis 1947. Die Festschriften zu ihrem 50. (1918) und 60. Geburtstag (1928) beweisen, dass Adele Gerhard durchaus breite Anerkennung – mehr von Intellektuellen als vom gemeinen Lesepublikum – für ihr dichterisches Schaffen erfahren hat. Für die erste Festschrift 1918 schickt Thomas Mann „ein Dialog-Bruchstück aus dem unfertigen Roman ‚Der Zauberberg‘“[46], an dem er gerade arbeitet.

Nach dem Briefwechsel über die Festschrift für Adele Gerhard gibt es mehrere Jahre keinen Kontakt mehr zwischen Enders und Thomas Mann. Erst in den Jahren 1947 und 1948[47] werden wieder Briefe zwischen dem Literaturwissenschaftler und dem Dichter ausgetauscht, Thomas Mann freute sich zwar 1947 über die Wiederaufnahme der alten Beziehungen, aber nach 1948 bricht der Kontakt ganz ab.

Die Wechselfälle des Lebens – Thomas Mann und der Bonner Ehrendoktortitel

1919 wird an der Rheinischen Friedrich-Wilhelms-Universität die Hundertjahrfeier begangen. Das eigentliche Jubiläumsjahr ist zwar 1918, aber wegen des Krieges wird die Feier verschoben. Als Termin für die Festfeier wählt man den 3. August, denn dieses ist der Geburtstag des Stifters der Universität, Friedrich Wilhelm III. Anlässlich dieses Jubiläums werden elf Ehrenpromotionen verliehen, Thomas Mann ist einer der geehrten Persönlichkeiten, wobei er der einzige Künstler ist, der ausgezeichnet wird. Die anderen erhalten das Diplom aufgrund ihrer wissenschaftlichen Verdienste. Bis dahin war in der Geschichte der Universität Bonn nur einem Dichter die philosophische Ehrendoktorwürde verliehen worden: im Jahr 1865 erhielt der Dithmarscher Mundartdichter Klaus Groth (1819-1899) die Ehrung, wobei dabei mehr seine sprachwissenschaftliche als seine dichterische Leistung im Vordergrund stand.

Der Vorschlag, Thomas Mann die Ehrendoktorwürde zu verleihen, wird von Berthold Litzmann am 25.6.1919 auf einer Sitzung der Philosophischen Fakultät ein-

[42] Tb 6.1.1934.
[43] Tb 23.7.1934.
[44] Tb 3.1.1934.
[45] Vgl. Tb 8.1.1939.
[46] R I, Brief vom 11.9.1918 an A.Gerhard.
[47] R III, S. 386.

gebracht.[48] In einer weiteren Sitzung am 19. Juli 1919 wird abgestimmt – die Ehrenpromotion Thomas Manns beschließt das Komitee mit einer Stimme Enthaltung.

Bei der Jubiläumsfeier der Universität kann Thomas Mann nicht dabei sein. Er weilt zu einem Urlaubsaufenthalt in Glücksburg/Schleswig-Holstein, zu dem ihn Samuel Fischer und seine Familie eingeladen haben. Am 4. August meldet ihm Litzmann seine Ehrenpromotion zur Jahrhundertfeier. Thomas Mann schickt ein Danktelegramm und feiert am Abend zusammen mit den Fischers.[49] Diese Ehrenerweisung bedeutet Thomas Mann viel, da ihm diese wichtige Auszeichnung für seine künstlerische Tätigkeit verliehen wurde. Mit Stolz führt der Dichter, der noch nicht einmal das Abitur hat, die Würde des Ehrendoktors, dem noch viele weitere Titel folgen sollten.[50] Auf der Rückfahrt von Glücksburg nach München macht Thomas Mann in Berlin Station und bleibt dort zwei Tage. Bei der Anmeldung im Hotel benutzt er erstmalig seinen Doktortitel.[51] Daheim in München erhält er viele „Doktor-Glückwünsche", u.a. von Ida Boy-Ed und seinem alten Schulfreund Korfiz Holm, dem er seine Freude über den Ehrentitel in seinem Antwortschreiben mitteilt: „Ich mache gar kein Hehl aus meinem Vergnügen. Mit einigem guten Willen kann man sich aus dieser Ehrung schon etwas machen und den guten Willen, mir aus Dingen ‚etwas zu machen' habe ich immer".[52] Das Diplom erhält er per Post, in einer Postkarte unterrichtet er am 22. August 1919 Ernst Bertram: „Heute kam mein Diplom, sehr schön, in mehreren Exemplaren. Wollen Sie eines?"[53] Das von Hand unterschriebene Originaldiplom der Ehrendoktorwürde ist 1933 verlorengegangen. Eine wortgetreue Neuanfertigung von 1947 (auf Wunsch von Thomas Mann in der Fassung vom 3. August 1919[54]) befindet sich im Thomas-Mann-Archiv, ein gedrucktes, amtliches Belegexemplar von 1919 im Archiv des Buddenbrookhauses.

Laut der Laudatio erlangt Thomas Mann die Ehrenpromotion als

> Dichter und Schriftsteller, (der) aus innerlichstem Erleben Erscheinungsformen und Kräfte deutschen Wesens unserer Zeit zum Kunstwerk gestaltet und der vor allem in seinem Roman ‚Buddenbrooks' ein Werk geschaffen hat, das nach seinem kulturgeschichtlichen

48 Die Philosophische Fakultät nominierte noch zwei Archäologen und einen Rechtshistoriker für die Ehrenpromotion.

49 „Vergnüglichkeit und Titulierung", Tb 4.8.1919. Siehe auch GW XI, 416: „[...] und um das deutsche Vergnügen an Titeln noch weiter zu befriedigen, fügte der Senat meiner Vaterstadt Lübeck einige Jahre später, gelegentlich eines städtischen Jubiläums, die Professor-Würde hinzu."

50 5.6.1926 Professorentitel des Lübecker Senats, 20.6.1935 Ehrendoktor Harvard University (Doctor of letters), 28.4.1939 Ehrendoktor Rutgers University, 18.5.1939 Ehrendoktor Princeton University (Doctor of laws), 13.5.1949 Ehrendoktor Oxford University (Doctor of letters), 31.5.1949 Universität Lund, 4.6.1953 Ehrendoktor Cambridge University (Doctor of letters), 15.5.1955 Ehrendoktor Universität Jena (Dr. phil.), ETH Zürich (Dr.rer.nat.).

51 Tb 11.8.1919.

52 Zauberer, Bd. 3, S. 114/Br I, 168.

53 BrB, 86. Ein Exemplar hat Thomas Manns seiner Mutter geschenkt. Vgl. Tb 22.8.1919.

54 Siehe auch Hübinger, 595.

> Gehalt wie nach seiner dichterischen Form in Anschauung, Aufbau und Sprache von den besten Kräften deutscher Art und Kunst [...] den kommenden Geschlechtern Kunde gibt.[55]

Mit der Formulierung „Dichter und Schriftsteller" verweist die Laudatio auf die von Thomas Mann auch in seinem Essay *Mitteilung an die Literaturhistorische Gesellschaft in Bonn* aus dem Jahre 1907 thematisierte Unterscheidung zwischen dem Verfasser von Romanen und Novellen – dem Dichter – und dem Essayisten und Kritiker – dem Schriftsteller. Zwar wird der Erstling *Buddenbrooks* hervorgehoben, aber die zusätzliche Betonung des „Schriftstellers" spielt auf Thomas Manns gerade 1918 erschienenes, größtes essayistisches Werk an: die *Betrachtungen eines Unpolitischen*. Diese Schrift, in der Thomas Mann als Verteidiger der deutschen Kultur und Geistesart gegenüber der bloß rational begründeten „Zivilisation" der westlichen Siegermächte auftritt, ist es, die ihm neben seinem künstlerischen Werk den Ehrendoktortitel der Bonner Universität einbringt. Thomas Mann propagiert Deutschlands geistiges Erbe, das er in kulturpolitische Spannung zu den westlichen Demokratien setzt. Jenen geistigen Häuptern in der Fakultät, die sich wie Thomas Mann noch stark im Bannkreis des wilhelminischen Bildungsbürgertums befinden, allen voran dem deutsch-nationalen Litzmann, scheint seine Abhandlung vor dem Hintergrund von Deutschlands Niederlage und ihren Folgen als wichtige kulturpolitische Botschaft. So feiern national-konservative Kreise im Dichter der Betrachtungen einen der ihren.

In einem Schreiben dankt Thomas Mann am 27. September 1919 dem Dekan der Philosophischen Fakultät zu Bonn und drückt seinen Stolz darüber aus, dass ihm als Künstler diese akademische Ehrung zuteil geworden ist. Zugleich verwehrt er sich aber dagegen, die Menschen bessern oder gar bekehren zu können. Er signalisiert in seinem Brief, dass er den politischen Hintergrund der Verleihung verstanden hat, zieht sich aber auf die Position des Künstlers zurück.[56] Drei Jahre später widmet Thomas Mann seine erste Sammlung theoretischer Abhandlungen und Aufsätze *Rede und Antwort* der Universität Bonn, als erster Beitrag ist jener Dankesbrief an den Dekan abgedruckt. Ende November 1929 begibt sich Thomas Mann auf eine Vortragsreise ins Rheinland. Zwei Wochen vorher, am 12. November, hat Thomas Mann erfahren, dass er dieses Jahr den Nobelpreis für Literatur erhält.

> Das Stockholmer Vorkommnis verlieh einer von längerer Hand her verabredeten Vortragsreise ins Rheinland einen besonderen, festlichen Akzent. Die Feier in der Aula der Universität Bonn, deren philosophische Fakultät mich kurz nach dem Kriege zum Doktor

55 Hübinger, 370.

56 GW XI, 352.

h.c. promoviert hatte, bleibt mir unvergesslich durch einen jugendlichen Zudrang, der nach Aussage besorgter Professoren den Fußboden des alten Saales auf eine bedenkliche Belastungsprobe stellte.[57]

Am späten Vormittag des 28. November 1929 gibt es eine Feierstunde im größten Auditorium der Universität, an den sich ein Essen anschließt. Am Abend liest Thomas Mann in der Beethoven-Halle aus *Joseph und seine Brüder*.

Der gefeierte Dichter hat zwei Jahre später schon eine Vorahnung auf kommendes Leid, wenn er an seinen Freund Ernst Bertram schreibt:

> Aber was steht uns bevor? Was wird über Deutschland in mehreren blutigen Wellen hingehen und über uns alle? Glauben Sie mir, die Tage Ihrer „Universitäten" sind auch gezählt, und am Ende ist's nicht schade drum. Am Ende ist es um das Ganze nicht mehr schade, aber was werden wir auszustehen haben![58]

Im Februar 1933 begibt sich Thomas Mann „ahnungslos und vertrauensvoll"[59] auf eine Vortragsreise. Es wird eine Reise ohne Wiederkehr, denn ohne es zu ahnen, fährt er ins Exil.

Am 3.12.1936 wird Thomas Mann die Staatsangehörigkeit entzogen, wodurch er nach der neuen nationalsozialistisch geprägten Universitätsverfassung automatisch auch seiner Ehrendoktorwürde verlustig geht. Am 25.12.1936 erhält der inzwischen in die Schweiz emigrierte Autor durch den Dekan der Philosophischen Fakultät die Mitteilung, dass ihm dieselbe aberkannt sei. Der Text des knappen Schreibens lautet folgendermaßen:

> Im Einverständnis mit dem Herrn Rektor der Universität Bonn muß ich Ihnen mitteilen, daß die Philosophische Fakultät sich nach Ihrer Ausbürgerung genötigt gesehen hat, Sie aus der Liste der Ehrendoktoren zu streichen. Ihr Recht, diesen Titel zu führen, ist gemäß § VIII unserer Promotionsordnung[60] erloschen. [61]

Dieser Akt der nationalsozialistisch geführten Universität erregt weltweit unerhörtes Aufsehen und stellt bis heute den größten Skandal innerhalb der Bonner Universitätsgeschichte dar. Thomas Mann notiert dazu in seinem Tagebuch vom 25.12.1936: „Fast hätt' ich's vergessen: Mitteilung der philos. Fakultät von Bonn über Aberkennung des Ehrendoktors als Folge der Ausbürgerung. – Antwort erwogen."[62]

57 GW XI, 142.

58 BrB, 173.

59 BrB, 176.

60 Die Promotionsordnung, auf die hier Bezug genommen wird, ist am 1. Februar 1932 in Kraft getreten.

61 Tb 1935-1936, S.653f.

62 Tb 25.12.1936.

Zwei Tage nach Weihnachten beginnt er, den berühmt gewordenen Antwortbrief an die Bonner Universität zu schreiben, geistig geleitet von Jacob Grimms Flugschrift *Über meine Entlassung* von 1837. Seine innere Einstellung zu dem Brief wechselt zwischen Freude und Bedrücktheit: „Man ist zum Freien und Heiteren geboren, nicht dazu. Und doch ist es wohl notwendig [...].“[63] Thomas Manns Antwortbrief erscheint unter dem Titel *Ein Briefwechsel* in der Neuen Zürcher Zeitung vom 24.1.1937 und gleichzeitig als Broschüre unter demselben Titel im Verlag Oprecht (Zürich). Dieser offene Brief an den Dekan der Universität Bonn ist oft übersetzt und zitiert worden.[64]

Gegen seine sonstige Art geht Thomas Mann in medias res. Er weist bereits im zweiten Satz auf die schwere Mitschuld der deutschen Universitäten am gegenwärtigen Unglück hin, die sich „zum Nährboden der verworfenen Mächte machten, die Deutschland moralisch, kulturell und wirtschaftlich verwüsten“. Diese Mitschuld verleide ihm ohnehin „die Freude an der ... einst verliehenen akademischen Würde“. Zudem führe er auch jetzt noch den Ehrentitel eines Doktors der Philosophie – nämlich an der Harvard-Universität, die ihre Entscheidung damit begründet habe, dass er „zusammen mit ganz wenigen Zeitgenossen die hohe Würde der deutschen Kultur bewahrt“ habe. Nun folgen die Sätze, die wohl zu den am meist zitierten von Thomas Mann gehören:

> Ich habe es mir nicht träumen lassen, es ist mir nicht an der Wiege gesungen worden, daß ich meine höheren Tage als Emigrant, zu Hause enteignet und verfehmt, in tief notwendigem politischen Protest verbringen würde. Seit ich ins geistige Leben eintrat, habe ich mich in glücklichem Einvernehmen mit seelischen Anlagen meiner Nation, in ihren geistigen Traditionen sicher geborgen gefühlt. Ich bin weit eher zum Repräsentanten geboren als zum Märtyrer, weit eher dazu, ein wenig höhere Heiterkeit in die Welt zu tragen, als den Kampf, den Haß zu nähren. Höchst Falsches mußte geschehen, damit sich mein Leben so falsch, so unnatürlich gestaltete. [...] Der einfache Gedanke daran, wer die Menschen sind, denen die erbärmlich-äußerliche Zufallsmacht gegeben ist, mir mein Deutschtum abzusprechen, reicht hin, diesen Akt in seiner ganzen Lächerlichkeit erscheinen zu lassen [...] Deutschland soll ich beschimpft haben, indem ich mich gegen sie bekannte! Sie haben die unglaubwürdige Kühnheit, sich mit Deutschland zu verwechseln!“[65]

Gleich nach dem Krieg, in der ersten, noch mehr improvisierten Sitzung im Juli 1945, setzt das tagende Gremium der Bonner Universitäts-Verwaltung den Fall Thomas Mann auf die Tagesordnung. Am 27. August wird von der Bonner Philosophischen Fakultät beschlossen, Thomas Mann mitzuteilen, „daß die als ungesetzlich betrachtete Aberkennung seines Ehrendoktors für null und nichtig erklärt war.“ [66]

[63] Tb 7.1.1937.

[64] GW XII, 785ff.

[65] GW XII, 785-789.

[66] Hübinger, 285.

Obwohl er schon daran gedacht hat, dass diese Geste von Bonn eigentlich fällig sei, ist er doch überrascht, als am 30.9.1946 ein „aufregender Brief eines ehem. Bonner Professors wegen / Wiederherstellung des Ehrendoktorats / "[67] in seiner Post ist. Nach Vermittlung durch den Historiker Wilhelm Levison[68] erklärt sich Thomas Mann bereit, die Ehrendoktorwürde erneut anzunehmen – unter der Bedingung, „daß es sich um den freien, spontanen und einhelligen Wunsch der Fakultät handelt, und daß diese gewiß ist, mit der Wiederverleihung des Ehrendoktorats an mich der Stimmung in der Universität überhaupt zu entsprechen und die Gesinnung der großen Mehrheit der Studentenschaft zum Ausdruck zu bringen."[69] Noch vor Weihnachten 1946 kann man Thomas Mann das von dem noch lebenden Dekan des akademischen Jahres 1918/19 unterzeichnete Diplom aushändigen. In seinem Dankesbrief zeigt sich der Dichter gerührt. Erfreut darüber, „einer deutschen Universität nun wieder als Mitglied ihrer philosophischen Fakultät verbunden zu sein", bedauert er den hohen Preis, der zu zahlen war, „ehe Ihre berühmte Hochschule in die Lage kam, den erzwungenen Schritt von damals zu widerrufen."[70] „Es herrscht wieder Sauberkeit"[71], wie der Germanist Hans Egon Haß im Februar 1947 in der Bonner Universitätszeitung schreibt. An der Universität ist man froh, dass die Würdelosigkeit und Verblendung, die 1936 zum Entzug des Ehrendoktorats geführt hat, insoweit bereinigt ist, dass nun die gleiche Institution ihren Fehler bemerkt und die korrekte Situation wiederhergestellt hat. „Sollte man daran nicht stellvertretend erkennen, dass Schuld und Ursache der deutschen, der Weltkatastrophe in Geistigem oder eben im Mangel des Geistigen zu suchen sind, – dass gleicherweise aber auch die Gesundung und das Kraftschöpfen für die Zukunft einzig aus dem Geiste zu kommen haben?"[72]

Die Beziehung zwischen Thomas Mann und der Universität, von der höchsten Würdigung bis zum schmachvollen Ausschluss und dem Wiedergutmachungsversuch nach dem Krieg, spiegelt in prägnanter Weise auf der einen Seite ein Stück Zeitgeschichte, auf der anderen Seite Thomas Manns Schicksal, vom Literaten zum Repräsentanten Deutschlands zu werden.

67 Tb 30.9.1946, auch in GW XI, 288: „[...] die Post brachte den Brief eines ehemaligen Bonner Professors, jetzt in London tätig, der beauftragt worden war, vorsorglich bei mir anzufragen, ob ich bereit sei, das mir unter Nazidruck abgesprochene Ehrendoktorat der Bonner Philosophischen Fakultät wieder anzunehmen."

68 Der Bonner Historiker Wilhelm Levison (1876-1947) ist von dem Dekan der Bonner Philosophischen Fakultät auserkoren worden herauszufinden, ob Thomas Mann die Rücknahme der Aberkennung der Ehrendoktorwürde akzeptieren oder ablehnen würde.

69 Thomas Mann an Prof. Levison mit Brief vom 3.10.1946 (Hübinger, 287).

70 Hübinger, 596f.

71 H.E. Haß: Thomas Mann, in: Bonner Universitäts-Zeitung Nr. 15, 18.2.1947.

72 Hübinger, 289.

Thomas Mann schreibt das Manuskript für den Essay *Mitteilung an die Literaturhistorische Gesellschaft in Bonn* im Juli 1907 während eines Ferienaufenthaltes in Seeshaupt am Starnberger See. Der Text ist für eine Sonderausgabe der Publikationsreihe der Bonner Literarhistorischen Gesellschaft „Mitteilungen der Literarhistorischen Gesellschaft" gedacht. Der Redakteur Carl Enders hat im Juni 1907 Thomas Mann im Rahmen einer Rundfrage um einen Beitrag für das Sonderheft *Ziele und Wege deutscher Dichtung nach Äußerungen ihrer Schöpfer* gebeten.

Im Oktober 1907 wird der Text ohne eigene Überschrift in dem Sonderheft erstmals publiziert. Thomas Mann nimmt den Essay unter dem Titel *Mitteilung an die Literaturhistorische (sic!) Gesellschaft in Bonn* 1922 in seinen Aufsatzband *Rede und Antwort* auf. Eine kommentierte Fassung des Aufsatzes gibt es in dem Werk von Paul Egon Hübinger *Thomas Mann, die Universität Bonn und die Zeitgeschichte*. Hübinger verweist auf die Unterschiede zwischen dem Manuskript und den Druckfassungen im Sonderheft und der Aufsatzsammlung. Die letzte Veröffentlichung dieses Textes findet sich in der Großen kommentierten Frankfurter Ausgabe Thomas Manns (GKFA). In dem Band *Essays I 1893-1914* wird der Text auf der Grundlage des Erstdrucks wiedergegeben. In dem von Heinrich Detering herausgegeben Kommentarband zu den Essays werden Erläuterungen zur Entstehungsgeschichte, Text- und Quellenlage und ein Stellenkommentar gegeben. Der hier publizierte Text basiert auf der in der GKFA veröffentlichten Fassung, es wurde lediglich im Unterschied zum Erstdruck das Datum des Entstehens dem Manuskript angeglichen.

Thomas Mann

Mitteilung an die Literaturhistorische Gesellschaft in Bonn

Vor einiger Zeit veranstaltete die Zeitschrift ‚Nord und Süd' eine Enquête über das Theater. „Was halten Sie vom Theater? Glauben Sie an den Kulturwert unseres heutigen? Was verdankt ihm Ihre Bildung, Ihre künstlerische Entwicklung?" So, – oder so ähnlich – wurde auch ich gefragt. Nun weiß ich wohl, daß ich es mir eigentlich ein für allemal verbieten sollte, mich auf solche Dinge einzulassen; weiß aus wiederholter Erfahrung, daß eine mich selbst einigermaßen befriedigende Beantwortung solcher Fragen mich unverhältnismäßig viel Zeit und Nervenkraft kostet; daß ich bei der Schriftstellerei das peinvolle Gefühl nicht los werde, mich ganz unnütz zu kompromittieren, und daß ich also viel klüger täte, bei meiner „Musik" zu bleiben. Aber es hilft nichts: Obgleich die Ernüchterung, der Katzenjammer, das Gefühl der Entkräftung und der Reue nach jedem Anfalle stärker wird, scheint es, daß ich das Schriftstellern nie ganz werde lassen können. Ich werfe mich von Zeit zu Zeit mit einer Leidenschaft darauf, die ich beim „Musizieren" einfach nicht kenne – einer für mein Künstlertum desto gefährlicheren und entnervenderen Leidenschaft, als sie mit jenem „*unseligen* Hang zum Polemischen" verbunden ist, den Goethe bedauernd bei Platen feststellte. So habe ich voriges Jahr, angeregt durch Gott weiß welche Erfahrungen, meinen Aufsatz ‚Bilse und Ich' geschrieben, jenen sehr persönlichen und sehr passionierten Essay, in welchem ich das sittliche und künstlerische Recht des Dichters, die Wirklichkeit zu benutzen, gegen eben diese Wirklichkeit verteidigte und in der Hauptsache Goethes Aussage paraphrasierte: „Das Benutzen der Erlebnisse ist mir immer alles gewesen; das Erfinden aus der Luft war nie meine Sache: ich habe die Welt stets für genialer gehalten, als mein Genie." Und so saß mir nun die Theaterfrage wie ein Widerhaken im Fleisch: in einem erregten, gereizten, dialektischen Zustande ging ich umher, raisonierte, disputierte, komponierte, warf mit heißem Kopf einzelne Pointen aufs Papier ... kurz, ich beschloß, den Roman an dem ich schreibe, „auf ein paar Tage" zu unterbrechen und der Zeitschrift die beste Antwort zu geben, die sie überhaupt bekommen würde. Was zustande kam, war ein Manuskriptum von 31 Groß-Quart-Seiten, betitelt: ‚Versuch über das Theater'. Ich habe nicht Tage, sondern Wochen damit im Kampfe gelegen; mehr als einmal war ich der Sache bis zur Verzweiflung überdrüssig; mehr als einmal wollte ich angesichts der Widersprüche, die sich bei der Behandlung des Verhältnisses eines künstlerischen Menschen zum Theater notwendigerweise auftun, die Hände sinken lassen, aber ich hatte mich engagiert und gehorchte meinem kategorischen Imperativ „durchhalten"! Muß ich's bereuen? Wahrscheinlich. Wieder einmal habe ich geschwätzt, direkt geredet, theoretisiert, Wurzeln aufgedeckt, mich festgelegt, bloßgestellt, mich gebunden ausgeliefert: ein elendes Gefühl, – das durch das Bewußtsein, dies alles auf eine möglichst geschmeidige und *un*verbindliche Art getan zu haben, nur wenig gelindert wird ... Die Schrift ist *gegen* das Theater gerichtet, wie man vielleicht errät, – zum mindesten gegen die künstlerische Vorherrschaft, die es sich seiner wirkungssüchtigen Natur nach nur zu gern zu häufig anmaßt: sie ist mit jener Skepsis *und* jener Einseitigkeit geschrieben, die beide das Ergebnis der Einsamkeit sind (denn ich lebe sehr einsam), und sie ist bei alldem nicht ohne den guten Willen zum Positiven. Ich habe hier nichts weiter darüber zu sagen... Nur eine Bemerkung und Verwahrung ist vielleicht am Platze. Eingeweihte wissen, daß ich kürzlich *persönliche* Erfahrungen auf dem Gebiete des Theaters gemacht habe. Eine große deutsche Bühne hat den – nicht übel gelungenen – Versuch unternommen, meine dramatische Dichtung ‚Fiorenza' ihrem Publikum vorzustellen. Muß ich sagen, daß zwischen diesem merkwürdigen persönlichen Erlebnis und dem „Versuch" nicht die geringste Beziehung besteht? Nichts von „Undank", wenn ich bitten darf, und noch weniger etwas von „Rankün"! Mein Aufsatz war seit Wochen fertig, als ich nach Frankfurt fuhr, um mir eine Fiorenza-Aufführung anzusehen, und wenn es anders gewesen wäre: ich war ein mit Auszeichnung aufgenommener Gast im theatralischen Reich, aber doch nur ein Gast, ein Fremdling; auch *nach* Frankfurt hätte es mir an Distanz von meinem Stoff nicht gefehlt.

Das ist alles, was ich aufzuweisen habe, wenn man mich fragt, was ich im letzten Jahr *fertig* stellte, – denn seitdem habe ich das Fest des Schlußwortes und der „letzten Hand" nicht mehr gefeiert. Ich bin von der zeitraubenden schriftstellerischen Abschweifung zu meiner „Musik", meinem Roman zurückgekehrt, den die ‚Neue Rundschau' schon allzulange ankündigt und den sie schon noch eine Weile wird ankündigen müssen. Jeden Vormittag ein Schritt, jeden Vormittag eine „Stelle", – das ist einmal meine Art, und sie hat ihre Notwendigkeit: In einer warmherzigen und ungewöhnlich feinfühligen Besprechung, die Dr. Alexander Pache neulich in den Hamburger Nachrichten meinen literarischen Bemühungen widmete, machte er auf meine Kompositionsart aufmerksam; er schilderte, wie ich das viel gebrauchte Kunstmittel des „Leitmotivs" ausgebildet und verinnerlicht hätte, wie es bei mir nicht mehr ein bloßes Merkwort physiognomischen und mimischen Inhalts bleibe, sondern „direkt musikalisch" verwandt werde und für die ganze Darstellungsweise und *Stilfärbung* bestimmend sei. Das ist schon früher bemerkt worden. Auch Oskar Bie schrieb einmal, daß die Musik als symbolische und *stilbildende* Macht in meine Produktion hineinwirke. Nun, diese Machart allein würde genügen, meine Langsamkeit zu erklären. Es handelt sich dabei weder um Ängstlichkeit noch um Trägheit, sondern um ein außerordentlich lebhaftes Verantwortungsgefühl bei der Wahl jedes Wortes, der Prägung jeder Phrase – ein Verantwortlichkeitsgefühl, das nach vollkommener Frische verlangt und mit dem man nach der zweiten Arbeitsstunde lieber keinen irgend wichtigen Satz mehr unternimmt. Aber welcher Satz ist „wichtig" und welcher nicht? Weiß man es denn zuvor, ob ein Satz, ein Satzteil nicht vielleicht berufen ist, *wiederzukehren*, als Motiv, Klammer, Symbol, Zitat, Beziehung zu dienen? Und ein Satz, der zweimal gehört werden soll, *muß danach sein*. Er muß – ich rede nicht über „Schönheit" – eine gewisse Höhe und symbolische Stimmung besitzen, die ihn würdig macht, in irgend einer epischen Zukunft wiederzuerklingen. So wird jede Stelle zur „Stelle", jedes Adjektiv zur Entscheidung, und es ist klar, daß man auf diese Weise nicht aus dem Handgelenk produziert. Ich blicke in dieses oder jenes gelesene erzählende Werk und ich sage mir: „Nun ja, ich will glauben, daß das flink vonstatten gegangen ist!" Was mich betrifft, so heißt es, die Zähne zusammenbeißen und langsam Fuß vor Fuß setzen, – heißt es, Geduld üben, den halben Tag müßig gehen, sich schlafen legen und abwarten, ob es nicht morgen bei ausgeruhtem Kopf doch vielleicht besser wird. Irgend etwas Größeres *fertig* zu machen, dem einmal Unternommenen die Treue zu halten, nicht davonzulaufen, nicht nach Neuem, in Jugendglanz lockendem zu greifen, dazu gehört bei meiner Arbeitsart in der Tat eine Geduld – was sage ich! eine Verbissenheit, ein Starrsinn, eine Zucht und Selbstknechtung des Willens, von der man sich schwer eine Vorstellung macht und unter der die Nerven, wie man mir glauben darf, oft bis zum Schreien gespannt sind. Jedes Urteil über Neuheit und Wirkungsmöglichkeit des Werkes ist mit der Zeit abhanden gekommen, der Glaube daran wird künstlich, wird galvanisch, der größere Teil der Nervenkraft wird verbraucht, um den Glauben zu stimulieren, und zuletzt fragt man sich, ob all der Kampf eigentlich noch in irgend einem Verhältnis steht zu der Würde und Wichtigkeit dessen, um was man kämpft. Das Ende muß es lehren, – auch diesmal.

Erzählen? Ausplaudern? „Das Problem"? Die „Handlung"? Ich werde mich hüten. Mein Geheimnis wenigstens will ich bis zum Ende für mich haben, – abgesehen davon, daß meine „Stoffe" und „Handlungen" die Eigentümlichkeit haben, sich nicht ausplaudern zu *lassen* ... Ich gab die Überschrift her: „Königliche Hoheit", – ein schöner Titel, unter dem zu arbeiten mich seit Jahren verlangt hat. Ein Prinz, ein Milliardär, ein Chauffeur, ein Rassehund, eine wahnsinnige Gräfin, ein romantischer Hilfslehrer und eine Prinzessin besonderer Art treten auf, – man sei also neugierig. Mir selbst erscheint das Ganze zuweilen so neu und schön, daß ich in mich hineinlache – und zuweilen so läppisch, daß ich mich auf die Chaiselongue setze und zu sterben glaube. Was wird die Wahrheit sein? Das Ende muß es lehren, – auch diesmal.

Seeshaupt am Starnbergersee, Juli 1907.

Vor einiger Zeit veranstaltete die Zeitschrift „Nord und Süd" eine Umfrage über das Theater. „Was halten Sie vom Theater? Glauben Sie, es sei ein Kulturwerk unserer Zeit? Was verdankt Ihr Ihre Bildung, Ihre künstlerische Entwicklung?" So- oder so ähnlich – wurde auch ich gefragt. Nun weiß ich recht, daß ich es mir eigentlich ein für allemal verbieten sollte, mich auf solche Dinge einzulassen; weiß aus wiederholter Erfahrung, daß eine wirklich einigermaßen befriedigende Beantwortung solcher Fragen mich unverhältnismäßig viel Zeit und Nervenkraft kostet; daß ich bei der Schriftstellerei das [illegible] Gefühl nicht los werde, mich ganz unnütz zu compromittieren, und daß ich also viel klüger täte, bei meiner „Musik" zu bleiben. Aber es geht nicht: Obgleich die Ernüchterung, der Katzenjammer, das Gefühl der Entkräftung und der Reue nach jedem Aufsatz stärker wird, scheint es, daß ich das Schriftstellern nie ganz werde lassen können. Ich werfe mich von Zeit zu Zeit mit einer Leidenschaft darauf, die ich beim „Dichten" einfach nicht kenne, – einer für mein Künstlertum recht schädlichen und unerwünschten Leidenschaft, die sie mit jenem „unseligen Hang zum Raisonnieren" verbunden ist, den Goethe bedauernd bei Schiller feststellte. So habe ich übrigens jetzt, angeregt durch Gott weiß welche Erfahrungen, meinen Aufsatz „Bilse und ich"x) geschrieben, einen sehr persönlichen und sehr passionierten Essay, in welchem ich das sittliche und künstlerische Recht des Dichters, die Wirklichkeit zu benutzen, gegen eben diese Wirklichkeit verteidige und in der Hauptsache Goethe's Ausspruch paraphrasierte: „Das Verwischen der Geheimnisse ist mir immer sehr zuwider; das Erfinden aus der Luft war nie meine Sache: ich habe die Welt stets für genialer gehalten, als mein Genie." Und so saß mir nun die Theaterfrage wie ein Widerhaken im Fleisch: in einem erregten, gereizten, ~~[illegible]~~ dialektischen Zustand ging ich umher, raisonnierte, disputierte, componierte, warf mit heißem Kopf einzelne Pointen aufs Papier ... Kurz, ich beschloß, die

x) Der Aufsatz erschien bei Bonsels in München.

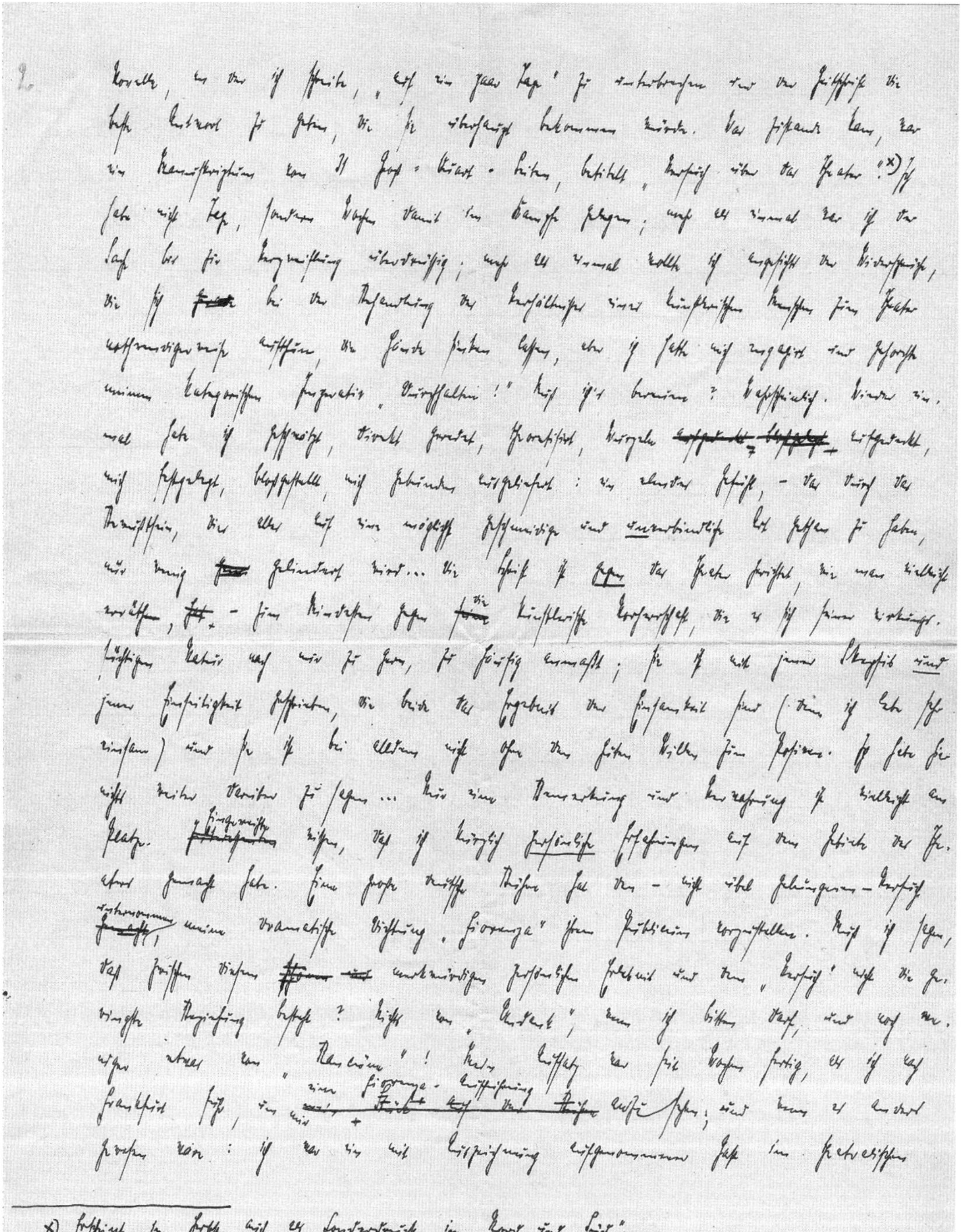

3

Reiz, aber doch nur ein Gast, ein Fremdling; ~~[illegible]~~ an meinem Stoff nicht gefehlt.

Das ist Alles, was ich aufzuweisen habe, wenn man mich fragt, was ich im letzten Jahre *fertig* stellte, – denn seit dem Jahr ist das Heft der Schauspieler und der „letzten Hand“ nicht mehr berührt. Ich bin von der zeitraubenden schriftstellerischen Abschweifung zu meiner „Musik“, meiner Novelle zurückgekehrt: einer Novelle, die wieder ihrer Natur nach ~~[illegible]~~ die Rolle eines Romans spielen könnte (wenn sie aber ~~[illegible]~~) und die die „Neue Rundschau“ schon allzu lange ankündigt ... bis wird sie schon noch ~~[illegible]~~ einmal ankündigen müssen. Jeden Vormittag ~~[illegible]~~ ein Schritt, jeden Vormittag eine „Stelle“, – Das ist einmal meine Art, und sie hat ihre Notwendigkeit. In einer wohlwollenden und ungewöhnlich feinsinnigen Besprechung, die Dr. Wegener kürzlich in den Hamburger Nachrichten meinen litterarischen Bemühungen widmete, machte er auf meine Compositionsart aufmerksam; er schilderte, wie ich das viel gebrauchte Kunstmittel des „Leitmotivs“ ausgebildet ~~[illegible]~~ und verinnerlicht hätte, wie es bei mir nicht mehr ein bloßes Merkwort physiognomischer und mimischer Gestalt bleibe, sondern „direkt musikalisch“ verwandt werde und für die ganze Darstellungsweise und *Stilführung* bestimmend sei. Das ist schon früher bemerkt worden. Auch Oskar Bie sprach einmal, daß die Musik als symbolische und *stilbildende* Macht in meine Produktion hineinwirke. Nun, diese ~~[illegible]~~ Machart allein würde genügen, meine Langsamkeit zu erklären. Es handelt sich dabei weder um Ängstlichkeit noch um Trägheit, sondern um ein außerordentlich lebhaftes Verantwortlichkeitsgefühl bei der Wahl jedes Wortes, der Prägung jeder Phrase ~~Satzes~~ – ein Verantwortlichkeitsgefühl, das nach vollkommener Frische verlangt und mit dem man nach der zweiten Arbeitsstunde lieber keinen irgend wichtigen Satz mehr unternimmt. Aber welcher Satz ist „wichtig“ und welcher nicht? Weiß man es denn zuvor, ob ein Satz, ein Satzteil nicht vielleicht berufen ist, *wiederzukehren*, als Motiv, Klammer, Symbol, Beziehung zu dienen? Und ein Satz, der zweimal gehört werden soll, *muß danach sein*. Er muß – ich rede nicht von „Schönheit“ –

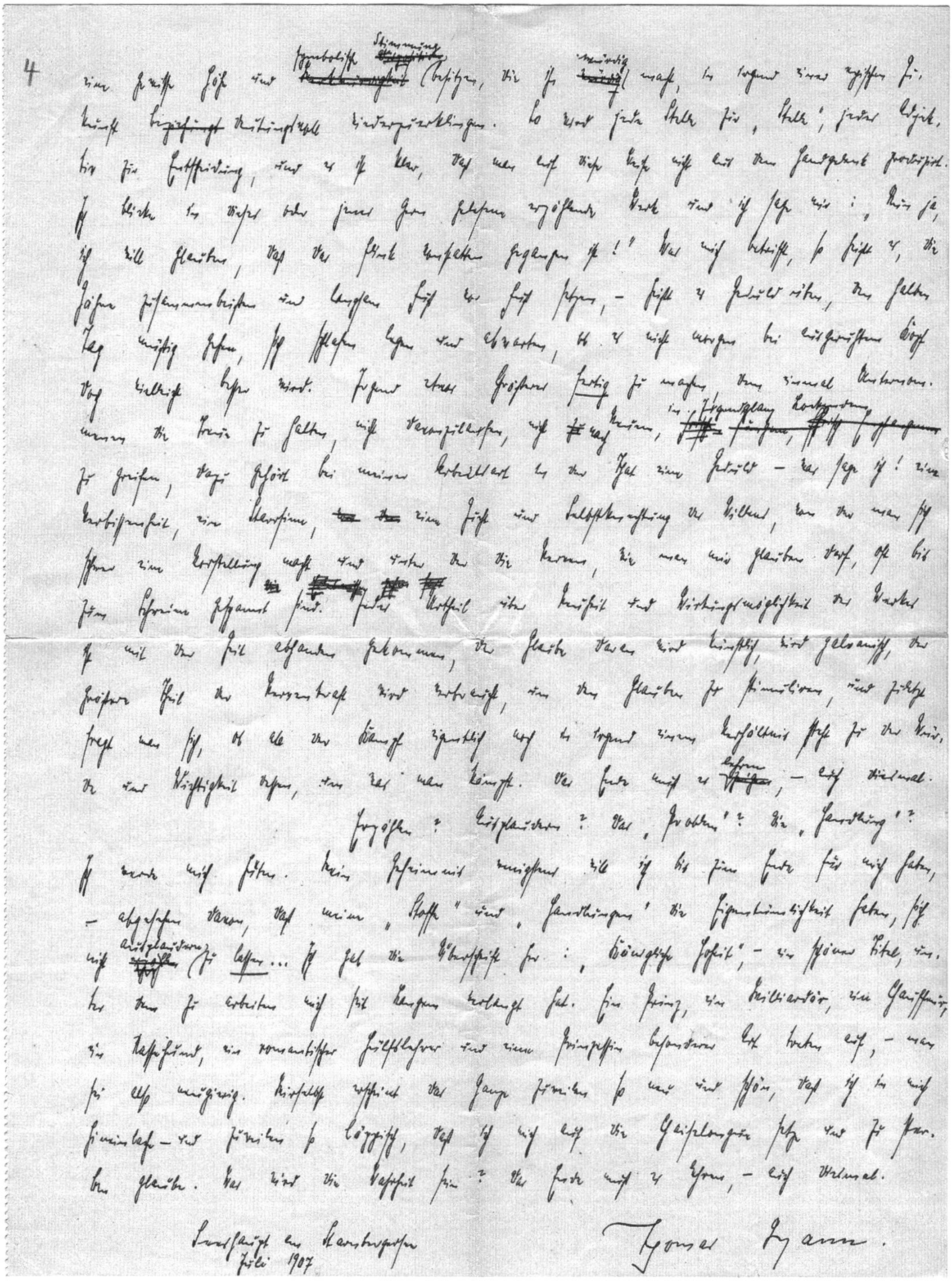

4 eine gewisse Höhe und ~~[illegible]~~ symbolische ~~[illegible]~~ Stimmung besitzen, die ich ~~[illegible]~~ notwendig mache, um irgend einem äußeren Ge-
schehnis ~~[illegible]~~ Wirkungskraft hinzuzugewinnen. So wird jede Stelle zur „Stelle", jedes Adjektiv
eine Entscheidung, und es ist klar, daß man auf diese Weise nicht aus dem Handgelenk produziert.
Ich blicke in dieses oder jenes Buch gelesener erzählender Werke und ich sage mir: „Nun ja,
ich will glauben, daß das flink vonstatten gegangen ist!" Was mich betrifft, so heißt es, die
Zähne zusammenbeißen und langsam Schritt vor Schritt setzen, – heißt es Geduld üben, den halben
Tag müßig gehen, sich schlafen legen und abwarten, ob es nicht morgen bei ausgeruhtem Kopf
doch vielleicht besser wird. Irgend etwas Größeres fertig zu machen, dem einmal Entworfenen
die Treue zu halten, nicht davonzulaufen, nicht nach Neuem, ~~[illegible]~~ in Jugendplan Entworfenem ~~[illegible]~~
zu greifen, dazu gehört bei meiner Arbeitsart in der That eine Geduld – was sage ich! eine
Verbissenheit, ein Starrsinn, ~~[illegible]~~ eine Zucht und Selbstbeherrschung des Willens, von der man sich
schwer eine Vorstellung macht und unter der die Nerven, wie man mir glauben darf, oft bis
zum Schreien gespannt sind. ~~[illegible]~~ Jedes Urtheil über Reinheit und Wirkungsmöglichkeit des Werkes
ist mit der Zeit abhanden gekommen, der Glaube daran wird künstlich, wird [illegible], der
größere Teil der Nervenkraft wird verbraucht, um den Glauben zu stimulieren, und schließlich
fragt man sich, ob all der Kampf eigentlich noch in irgend einem Verhältnis steht zu der Würde
der und Wichtigkeit dessen, um das man kämpft. [illegible] ~~[illegible]~~ [illegible], – auch diesmal.

Verzählen? Ausplaudern? Das „Problem"? Die „Handlung"?

Ich werde mich hüten. Mein Geheimnis wenigstens will ich bis zum Ende für mich haben,
– abgesehen davon, daß meine „Stoffe" und „Handlungen" die Eigentümlichkeit haben, sich
nicht ~~[illegible]~~ ausplaudern zu lassen ... Ich hab die Überschrift her: „Königliche Hoheit", – ein schöner Titel, um
den zu arbeiten mich seit langem verlangt hat. Ein Prinz, ein Milliardär, ein Chauffeur,
ein [illegible], ein romantischer Hilfslehrer und eine Prinzessin besonderer Art treten auf, – man
sei also neugierig. Vielleicht erscheint das Ganze zuweilen so [illegible] und schön, daß ich es mich
hineinlese – und zuweilen so [illegible], daß ich mich auf die [illegible] setze und zu sterben glaube. Was wird die Wahrheit sein? [illegible] – auch diesmal.

Seeshaupt am Starnbergersee
Juli 1907

Thomas Mann.

Die Briefe an Carl Enders

Thomas Mann an Dr. Carl Enders, Bonn

Seeshaupt a. Starnbergersee[1]
d. 12.VII.1907

Sehr geehrter Herr!
Ich verdanke Ihre Adresse Herrn Professor Litzmann, der Sie mir als Empfänger der Beiträge[2] für das September-Oktober-Heft der „Mitteilungen der L.G.B."[3] nannte. Zu meinem Bedauern habe ich Ihnen mitzutheilen, dass ich den kleinen Beitrag, den ich Herrn Professor Litzmann versprach,[4] noch nicht bis zum 15ten d.M. – dem vorgeschriebenen Termin – sondern erst einige Tage später, etwa a. 20sten werde einliefern können. Ich hoffe, dass der Redaktionsschluß des Heftes sich bis dahin verschieben lässt.

In ausgezeichneter Hochachtung
Thomas Mann

Thomas Mann an Dr. Carl Enders, Bonn

Seeshaupt am Starnbergersee
d. 10.VIII.1907

Hochgeehrter Herr:
Wenn es Ihnen keine Unbequemlichkeiten macht, möchte ich Sie bitten, mir von meinem kleinen Beitrag[5] Correktur zugehen zu lassen.

Mit vorzüglicher Hochachtung
Thomas Mann

[1] Von Mitte Juni bis Ende September 1907 befindet sich Thomas Mann zu einem Ferienaufenthalt am Starnberger See in der Villa Hirth.

[2] Enders betreute die Publikationen der Literarhistorischen Gesellschaft in Bonn redaktionell.

[3] Mitteilungen der Literarhistorischen Gesellschaft Bonn.

[4] In einem Brief an Litzmann vom 29.6.1907 schreibt Thomas Mann, dass er kein „Manuskript", d.h. keine größere Arbeit fertigmachen könne, da er zurzeit „in eine Arbeit verbissen" sei. Es handelt sich dabei um die Arbeit an dem Roman Königliche Hoheit. Er wolle aber „ein paar Worte" bis Mitte Juli senden.

[5] Bei dem kleinen Beitrag von Thomas Mann handelt es sich um den Essay *Mitteilung an die Literarturhistorische Gesellschaft in Bonn.*

Thomas Mann an Dr. Carl Enders, Bonn

München, den 12. III. 1917
Poschingerstr. 1

Sehr geehrter Herr Professor:
Haben Sie Dank für Ihr interessantes Schreiben. Der Plan ist sehr schön, und von Herzen gern würde ich einen Beitrag zu dem Sammelwerk[6] liefern, – ich muss und will es durchaus thun, aber ob es ein „Originalbeitrag", ein eigens zu diesem Zweck verfaßter, wird sein können, das ist leider die Frage. Eine große Arbeit, die mir von den Zeitereignissen aufgedrängt wurde und aus inneren und äußeren Gründen unbedingt gefördert muß,[7] nimmt mich dermaßen in Anspruch, dass Improvisationen mir jetzt sehr schwer fallen, ja unmöglich sind. Ich sinne auf einen Ausweg, und mir fällt ein, dass ich vor Jahren einmal für die Mitteilungen der literarhistorischen Gesellschaft und zwar für das Heft „Ziele und Wege deutscher Dichtung nach Äußerungen ihrer Schöpfer" (1907 No.7) einen Beitrag[8] schrieb, der über die eigene Arbeitsart allerlei ausplauderte. Sie führen auch „Bekenntnisse zum eigenen Schaffen" als für Ihre Zwecke geeignet an. Wie wäre es also, wenn man den kleinen Aufsatz von damals in das Sammelwerk aufnähme – da es ja auch damals schon an die Literarhistorische Gesellschaft gerichtet war? Am Ende wäre es eine Auskunft, eine Verlegenheitsauskunft meinetwegen, aber es wäre eine. Unglücklicher Weise habe ich das Heft nicht zur Hand, ich würde sonst gleich zusehen, ob und wie das Artikelchen für den Nachdruck zuzustutzen wäre. Aber es wird Ihnen ja ohne Schwierigkeiten zugänglich sein.
Lassen Sie mich gütigst wissen, ob Ihnen mein Vorschlag annehmbar erscheint, und nennen Sie mir, bitte, auch das genaue Datum von Geheimrat Litzmanns Geburtstag!

Ihr sehr ergebener
Thomas Mann

6 Es geht um die Festschrift zum 60. Geburtstag von Berthold Litzmann am 18.4.1917. Enders plant einen Band mit literaturwissenschaftlichen Beiträgen und einen zweiten mit Texten von „schaffenden Künstlern". Zustande gekommen ist letztendlich verspätet 1920 der erste Band: Festschrift für Berthold Litzmann zum 60. Geburtstag 18.4.1917. Im Auftrag der Literarhistorischen Gesellschaft Bonn. Hrsg. von Carl Enders. Bonn: Cohen 1920.

7 *Betrachtungen eines Unpolitischen* (erschienen 1918).

8 Bei dem genannten Beitrag handelt es sich um den Essay *Mitteilung an die Literaturhistorische Gesellschaft in Bonn.*

Thomas Mann an Dr. Carl Enders, Bonn

Feldafing a/ Starnbergersee[9]
den 29. III. 20

Sehr geehrter Herr Professor:
Ich danke bestens für Ihren Brief und sende die Bestellkarte ein.
Mein Versprechen kam von Herzen, war aber ziemlich leichtsinnig und ganz auf den Spruch Kommt Zeit, kommt Rat gegründet. Nun ist die Zeit gekommen, und Rat ist immer noch teuer. Was kann ich bieten? Ich bin in einen Roman[10] vertieft und habe nichts Ungedrucktes. Von Dingen, die wenigstens in Buchform noch nicht erscheinen sind, ist eine Reihe von Aufsätzen über verschiedene Gegenstände vorhanden, darunter eine kleine lyrisch-philosophische Studie, betitelt: *„Süßer Schlaf“*, die einmal vor einer ganzen Reihe von Jahren in der Neuen Freien Presse[11] stand. Diese habe ich in meiner Not ins Auge gefasst. Sie hat mit dem Anlaß des Buches natürlich nichts zu Thun, keine Beziehungen zur Person des Empfängers, sondern wäre eben nur irgend eine bescheidene Gabe, eine Betrachtung über die Wohlthat des Schlafes. Ich weiß nichts Besseres und schicke Ihnen das Blatt, sobald ich wieder in München bin, d.h. in 3 bis 4 Tagen. Hoffentlich finden Sie es annehmbar. Es wäre mir schmerzlich und beschämend, in dem Festbuche nicht vertreten zu sein.

Ihr sehr ergebener
Thomas Mann

9 In Feldafing verbrachte Thomas Mann zwischen 1919 und 1923 mehrere Ferienaufenthalte in einem Sommerhaus, welches von Thomas Mann „Villino“ genannt wurde. Dort entstanden einige Kapitel vom *Zauberberg*.

10 Siehe Fußnote 9.

11 Publiziert am 30.5.1909 (Wien). Erste Buchveröffentlichung in: Rede und Antwort. Gesammelte Abhandlungen und kleine Aufsätze. Berlin: Fischer 1922.

Thomas Mann an Dr. Carl Enders, Bonn München. Poschingerstr. 1
den 4. IV. 20

Sehr geehrter Herr Professor:
Es ist mir im Augenblick unmöglich, das alte Zeitungsblatt aufzutreiben, das den für das Litzmann-Buch eigentlich bestimmten Aufsatz enthält. Ich habe rasch etwas anderes ausgewählt, was am Ende dieselben Dienste thun wird: ein paar Bemerkungen über das Theater, aus dem Jahr 1907 stammend. Sie gehören zu einem größeren Ganzen, einem „Versuch über das Theater“[12], der ebenfalls so gut wie unbekannt und für den geplanten Band „Ges. Aufsätze“[13] bestimmt ist. Hoffentlich ist Ihnen damit gedient!

Ihr sehr ergebener
Thomas Mann

[12] Der Essay *Versuch über das Theater* wurde vollständig erstmals in der Zeitschrift Nord und Süd 1908 abgedruckt. In der Ausgabe vom Januar 1908 (Jg. 32, Band 124, H.370) erschien auf den Seiten 116-119 das Kapitel I, in der Februar-Ausgabe (H.371) wurden die Kapitel II bis VI. auf den Seiten 259-290 publiziert. Ein erster Auszug des Essays, das Kapitel V *Das Theater als Tempel*, wurde schon 1907 in der Zeitschrift Morgen (26.Juli 1907, Jg. 1, Nr. 7, S. 214-217) veröffentlicht.

[13] Rede und Antwort. Gesammelte Abhandlungen und kleine Aufsätze. Berlin: Fischer 1922.

Thomas Mann Professor Carl Enders, Bonn

München, Poschingerstr. 1
28. III. 1928

Sehr verehrter Herr Professor:
Ich bin Ihnen sehr dankbar für Ihren Hinweis auf den bevorstehenden sechzigsten Geburtstag Adele Gerhard's.[14] ich werde nicht verfehlen, der liebenswürdigen Dichterin meine herzlichsten Glückwünsche, sei es telegraphisch, sei es persönlich, wenn ich gerade in Berlin sein sollte, zum 8. Juni auszusprechen, bin aber leider beim besten Willen nicht in der Lage, jetzt zu dem geplanten Festbuch irgend etwas Taugliches beizutragen.[15] Gerade in diesen Wochen haben sich die kleineren literarischen Aufgaben, die ich neben meiner Hauptarbeit [16]und einer anspruchsvollen Korrespondenz zu erledigen habe, in einer Weise gehäuft, dass ich kaum ein und aus weiß, und zur Abwehr gezwungen bin. Ich soll über Beethoven[17] schreiben, soll über Dürer schreiben[18] und müsste, um nun auch noch über Adele Gerhard zu schreiben, mich aufs Neue in ihre Werke vertiefen, wozu ich ganz einfach in absehbarer Zeit die Muße nicht finde. Ich muß also um Nachsicht und Entschuldigung bitten und begrüsse Sie, sehr verehrter Herr Professor,

als Ihr sehr ergebenr [sic]
Thomas Mann

[14] Die Schriftstellerin (1868-1956) kennt Thomas Mann seit 1920 und hat bis 1947 brieflichen Kontakt mit ihm. Sie wurde am 8.Juni 1928 60 Jahre alt.

[15] Es gelingt Thomas Mann aber trotzdem, für die Festschrift *Stimmen der Zeit. Adele Gerhard zum 60. Geburtstag am 8. Juni 1928* (Berlin: Horen-Verlag, 1928) einen kurzen Beitrag zu schreiben.

[16] Bei dieser Arbeit handelt es sich um den *Joseph-Roman* (Die Geschichten Jaakobs).

[17] Eine Arbeit über Beethoven lässt sich nicht nachweisen.

[18] Der Aufsatz *Dürer. Zum 400. Todestag* erscheint u.a. am 6. April 1928 im Hannoverschen Kurier.

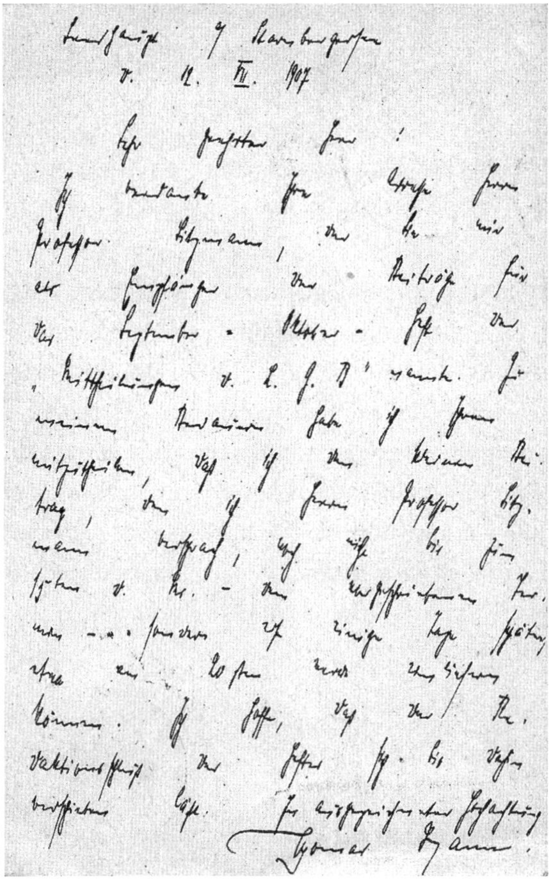

Postkarte vom 12.7.1907 von Thomas Mann an Carl Enders

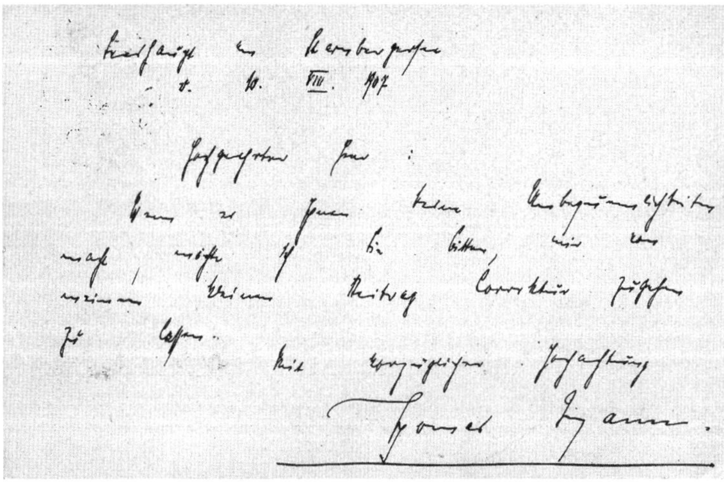

Postkarte vom 10.8.1907 von Thomas Mann an Carl Enders

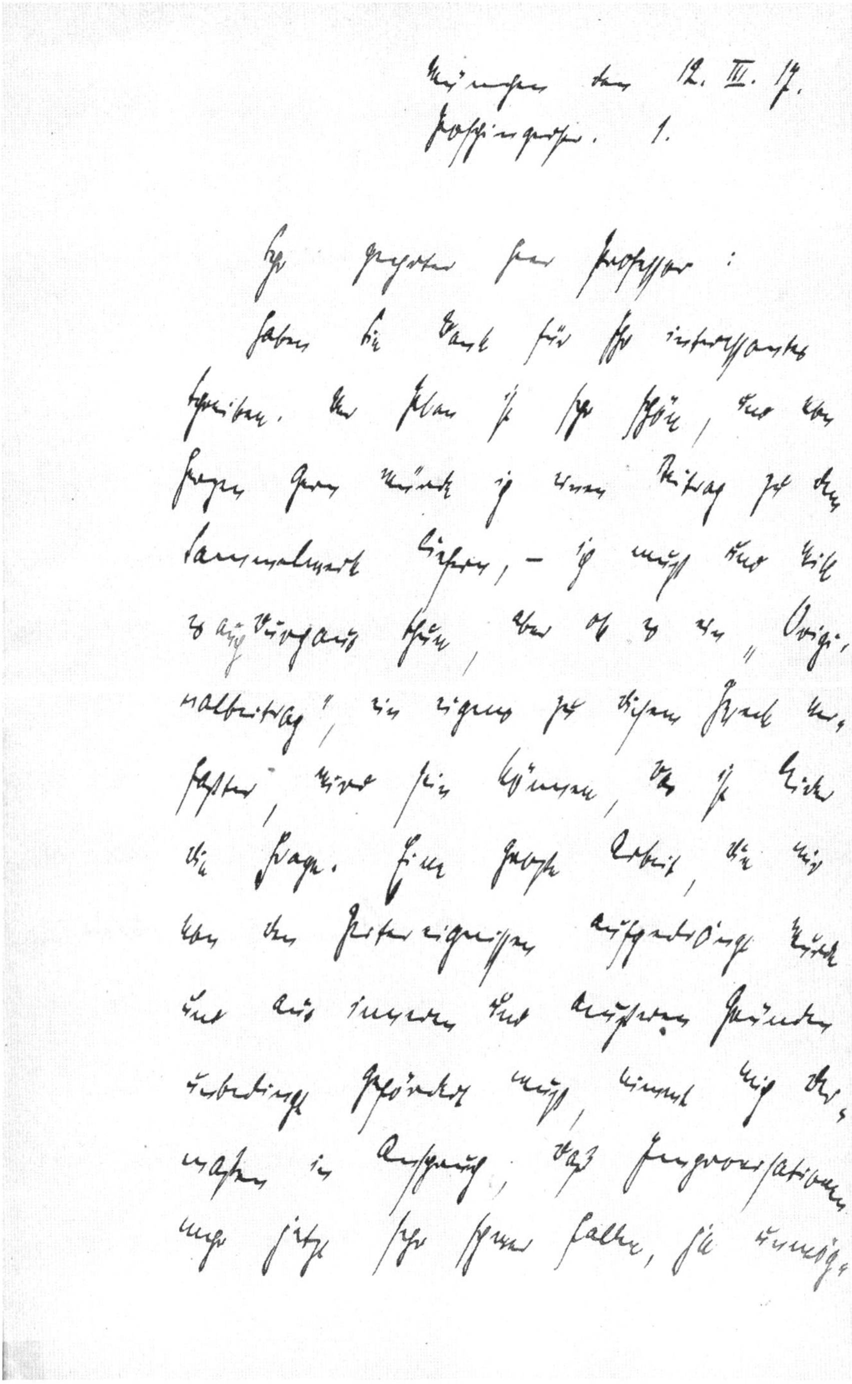

München, den 12. III. 17.
Poschingerstr. 1.

Sehr geehrter Herr Professor:

Haben Sie Dank für Ihr interessantes Schreiben. Der Plan ist sehr schön, und von Herzen gern würde ich einen Beitrag zu der Sammelschrift liefern, – ich muß und will es [illegible] thun, aber ob es ein „Originalbeitrag", ein eigens zu diesem Zweck verfaßter, wird sein können, das ist leider die Frage. Eine große Arbeit, die mir von den Zeitereignissen aufgedrängt wurde und aus inneren und äußeren Gründen unbedingt gefördert werden muß, nimmt mich derartig in Anspruch, daß Improvisationen mir jetzt sehr schwer fallen, sie unmög-

Brief vom 12.3.1917 von Thomas Mann an Carl Enders

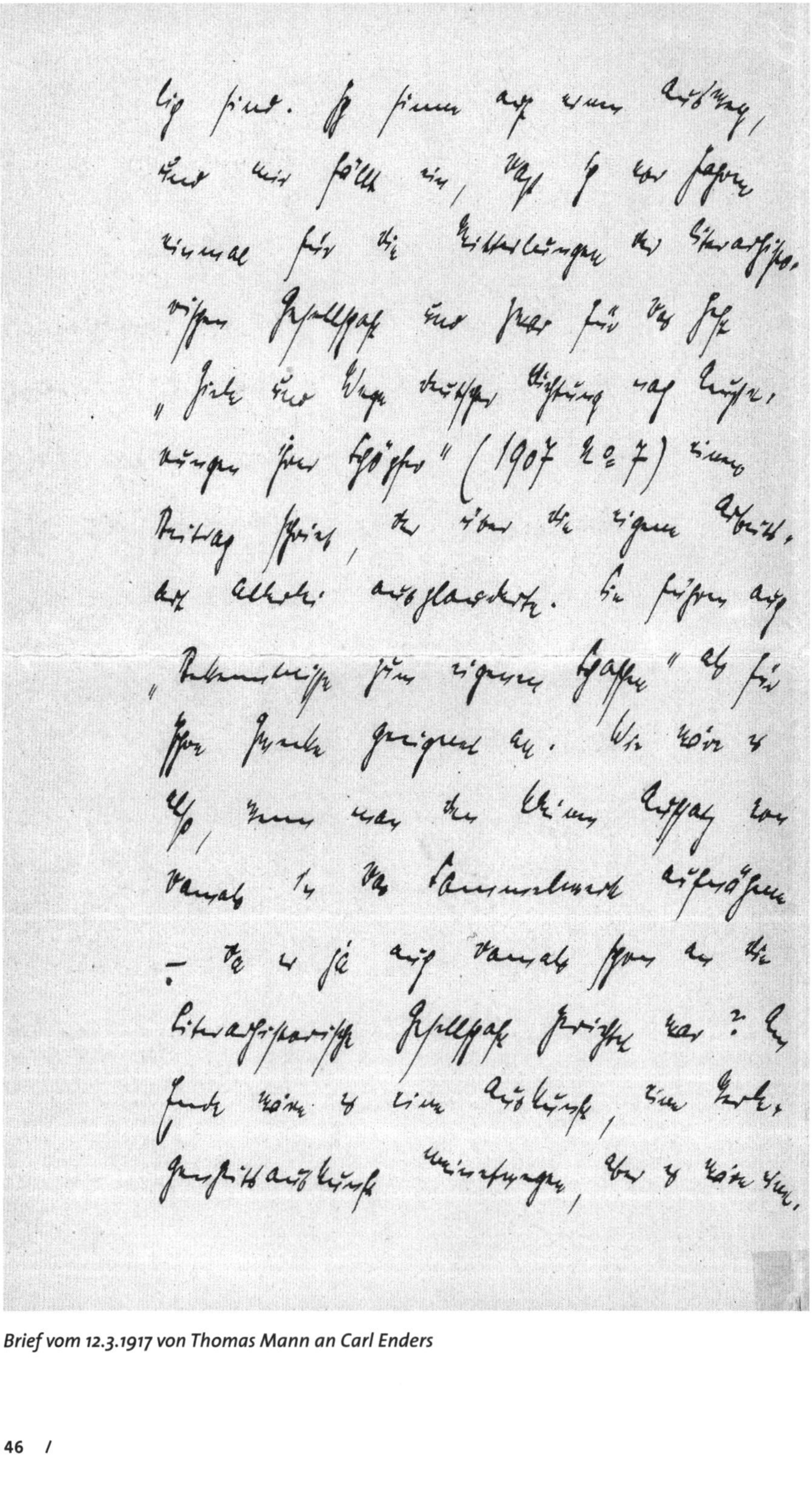
lich sind. Ich stieß auf einen Aufsatz,
und mir fällt ein, daß ich vor Jahren
einmal für die Mitteilungen der Literarhistorischen Gesellschaft und zwar für das Heft
„Ziele und Wege deutscher Dichtung nach Äußerungen ihrer Schöpfer" (1907 No 7) einen
Beitrag schrieb, der über die eigene Arbeit,
[illegible] ausplauderte. Sie fassen auch
„Bekenntnisse zum eigenen Schaffen" als für
Ihre Zwecke geeignet an. Wie wäre es
also, wenn man den kleinen Aufsatz von
damals in das Sammelwerk aufnähme
– da er ja auch damals schon an die
Literarhistorische Gesellschaft gerichtet war? Ich
finde, wäre es eine Auskunft, eine Verlegenheitsauskunft einzufügen, aber es wäre ein,

Brief vom 12.3.1917 von Thomas Mann an Carl Enders

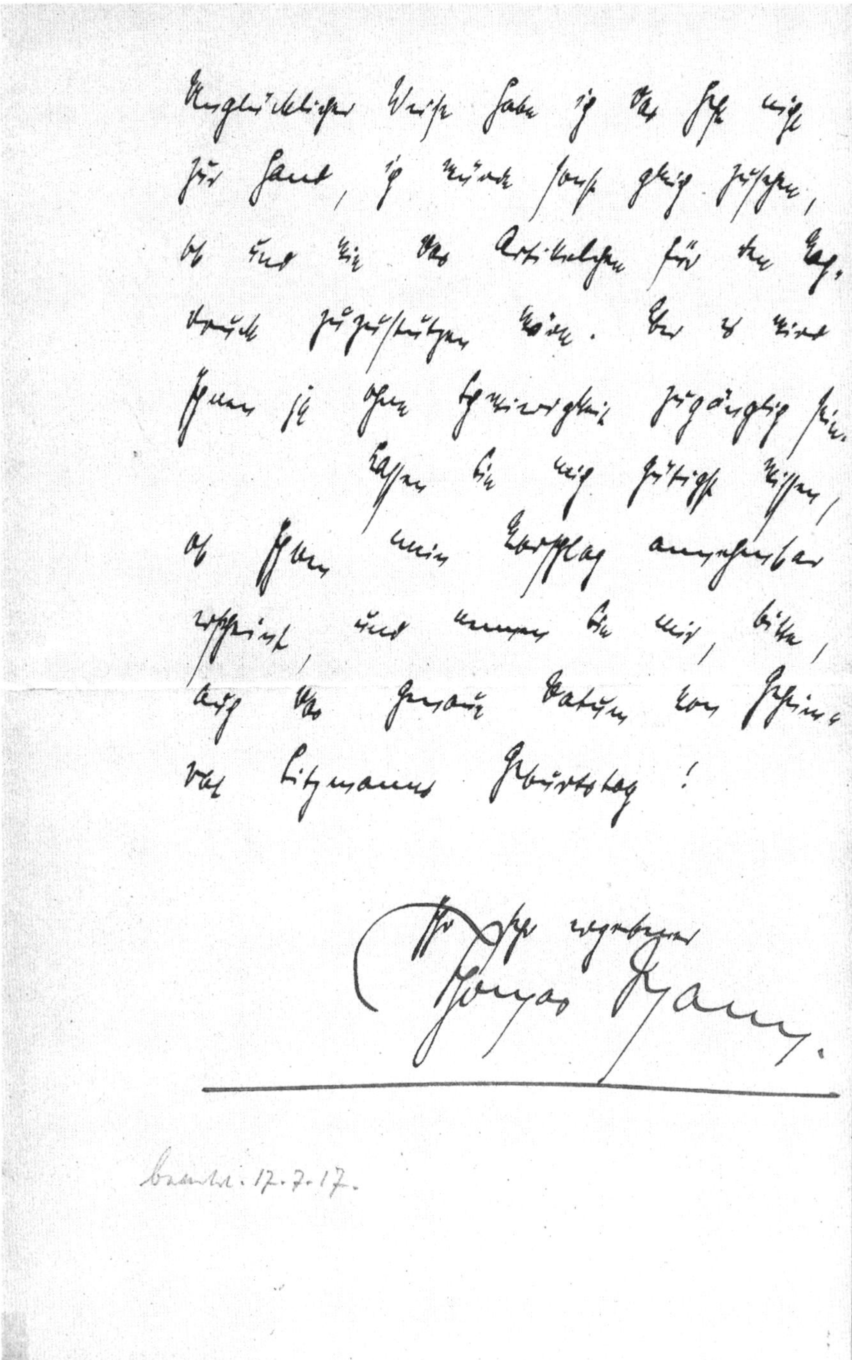

Unglücklicher Weise habe ich das Heft nicht
zur Hand, ich würde sonst gleich sehen,
ob und wie das Artikelchen für den Ab-
druck zuzuschneiden wäre. Aber es wird
Ihnen ja Ihre [illegible] zugänglich sein.
Lassen Sie mich freundlich wissen,
ob Ihnen mein Vorschlag annehmbar
erscheint, und nennen Sie mir, bitte,
auch das genaue Datum von Geheimrat Litzmanns Geburtstag!

Ihr sehr ergebener
Thomas Mann.

beantw. 17.7.17.

Brief vom 12.3.1917 von Thomas Mann an Carl Enders

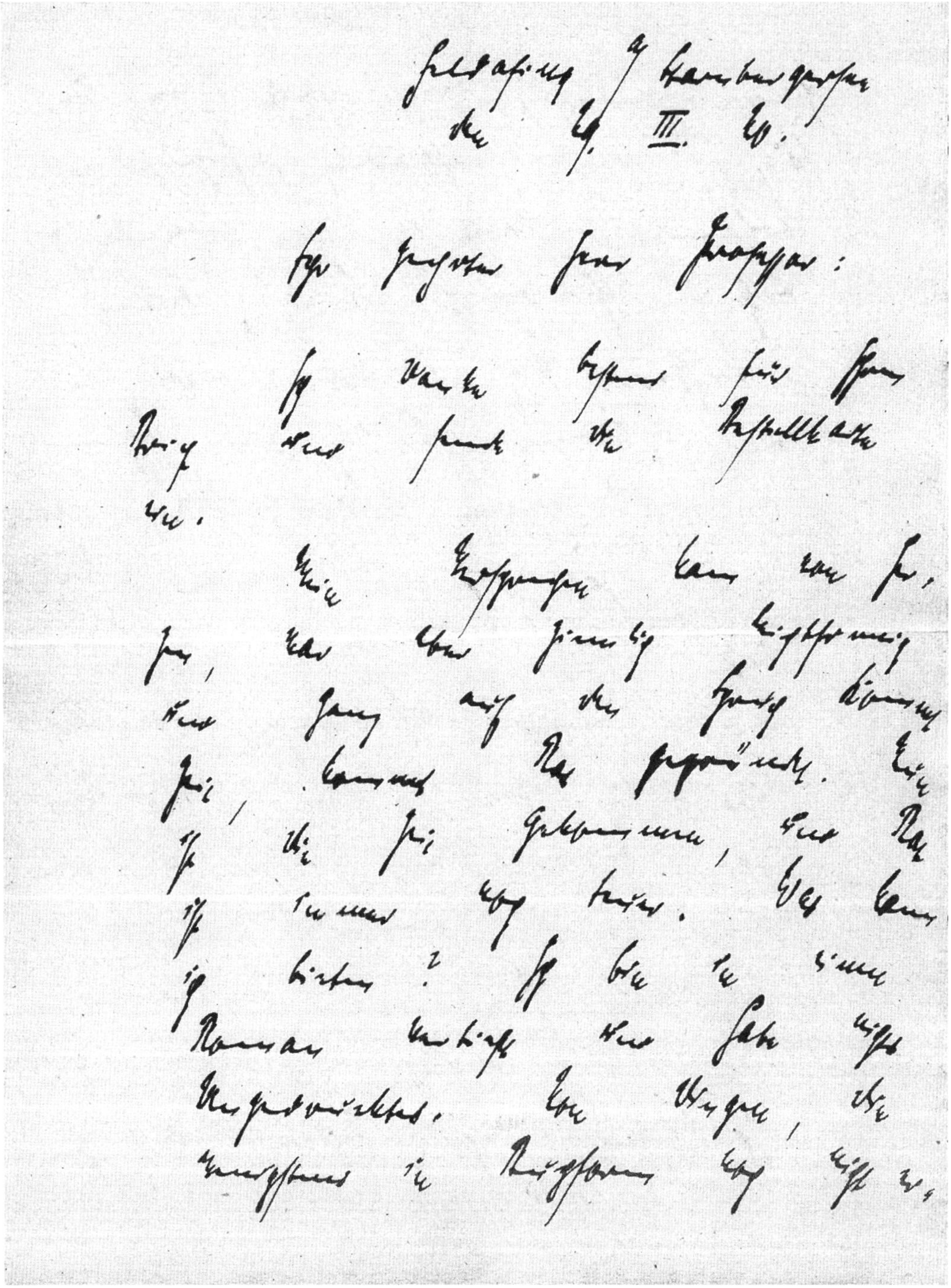

Brief vom 29.3.1920 von Thomas Mann an Carl Enders

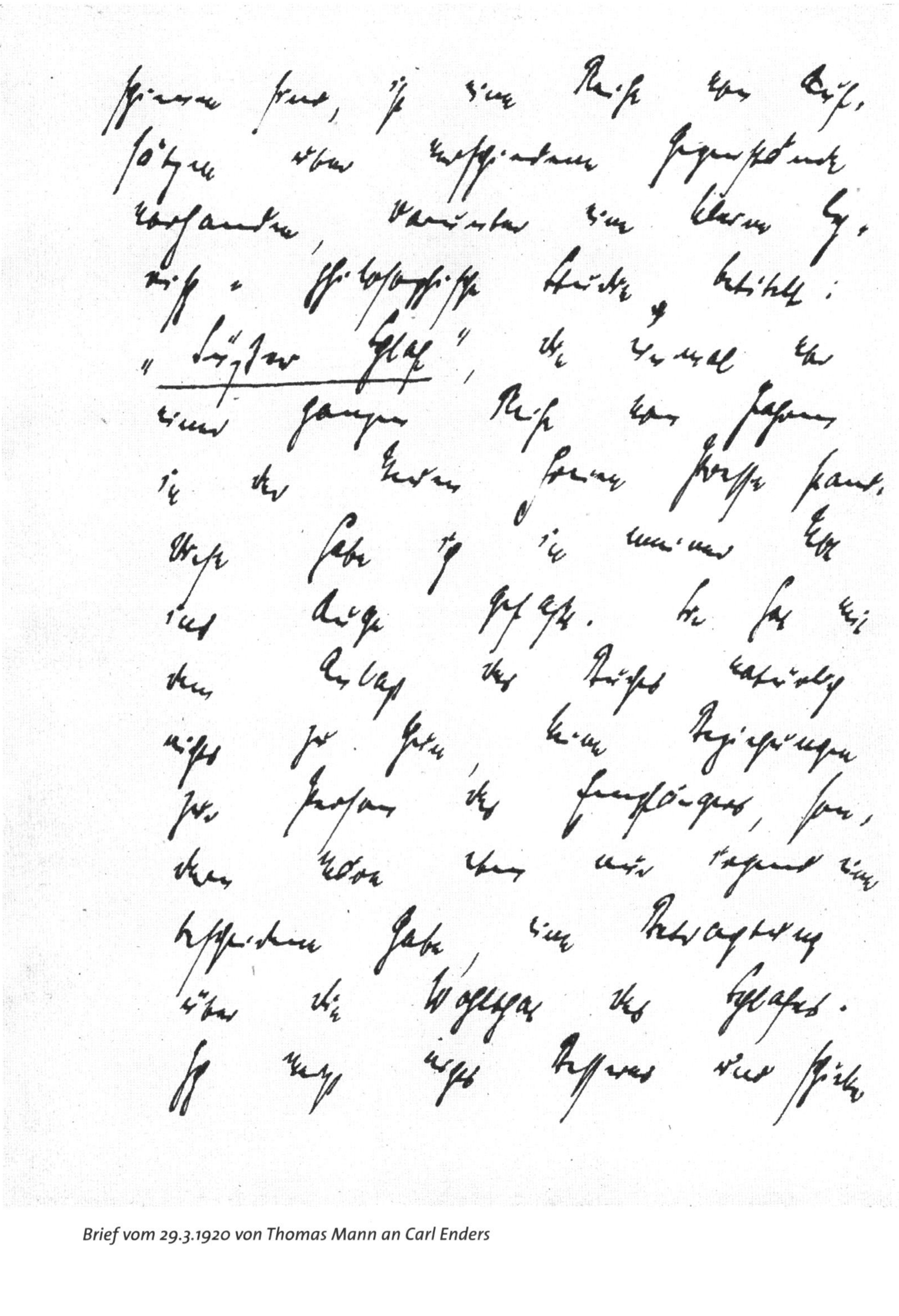

Brief vom 29.3.1920 von Thomas Mann an Carl Enders

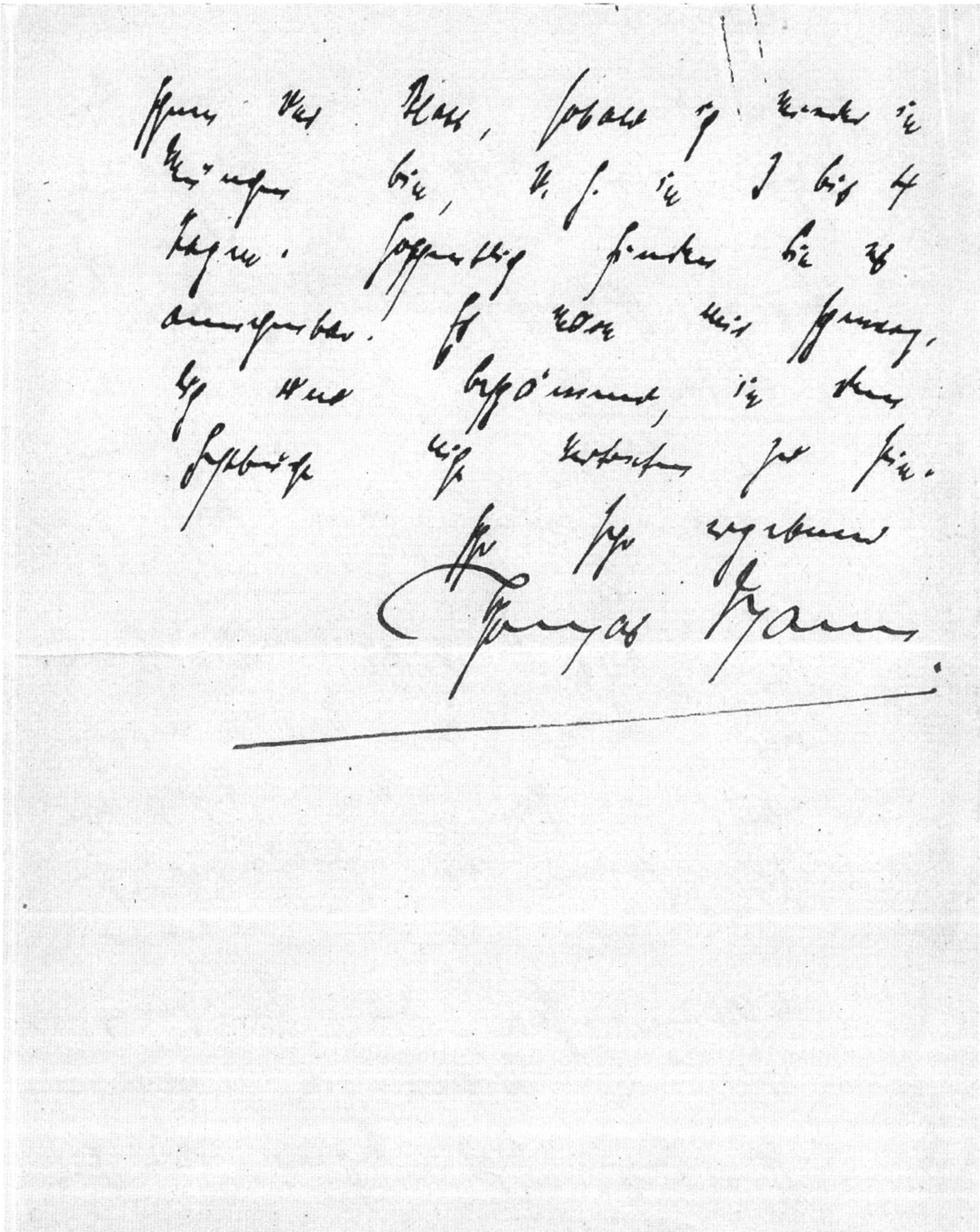

Brief vom 29.3.1920 von Thomas Mann an Carl Enders

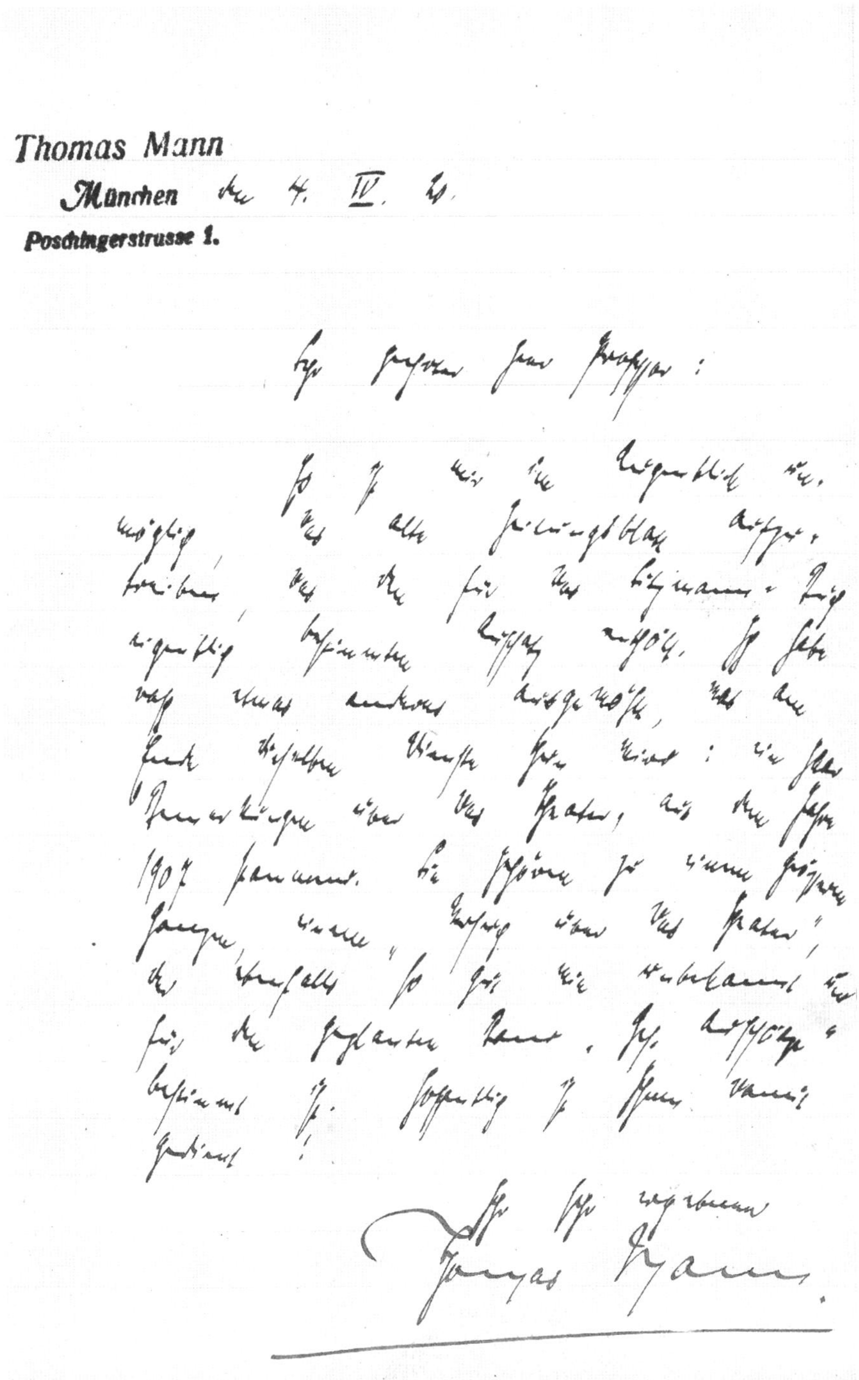
Thomas Mann
München den 4. IV. 20.
Poschingerstrasse 1.

Brief vom 4.4.1920 von Thomas Mann an Carl Enders

DR. THOMAS MANN

MÜNCHEN 27, DEN
POSCHINGERSTR. 1 28.III.28.

Sehr verehrter Herr Professor:

Ich bin Ihnen sehr dankbar für Ihren Hinweis auf den bevorstehenden sechzigsten Geburtstag Adele Gerhard's. Ich werde nicht verfehlen, der liebenswürdigen Dichterin meine herzlichsten Glückwünsche, sei es telegraphisch, sei es persönlich, wenn ich gerade in Berlin sein sollte, zum 8. Juni auszusprechen, bin aber leider beim besten Willen nicht in der Lage, jetzt zu dem geplanten Festbuch irgend etwas Taugliches beizutragen. Gerade in diesen Wochen haben sich die kleineren literarischen Aufgaben, die ich neben meiner Hauptarbeit und einer anspruchsvollen Korrespondenz zu erledigen habe, in einer Weise gehäuft, dass ich kaum ein und aus weiss, und zur Abwehr gezwungen bin. Ich soll über Beethoven schreiben, soll über Dürer schreiben, und müsste, um nun auch noch über Adele Gerhard zu schreiben, mich aufs Neue in ihre Werke vertiefen, wozu ich ganz einfach in absehbarer Zeit die Muße nicht finde. Ich muss also um Nachsicht und Entschuldigung bitten und begrüsse Sie, sehr verehrter Herr Professor

als Ihr sehr ergebenr

Thomas Mann

Brief vom 28.3.1928 von Thomas Mann an Carl Enders

Thomas Rütten

Thomas Manns Briefe an Adolf von Grolman

„Gestern zum Thee Grolman, dessen Albernheit mich langweilte und ärgerte. Ging nicht mehr aus." Diese Tagebucheintragung Thomas Manns vom 13. November 1918 war nicht dazu angetan, das Interesse der Thomas-Mann-Forscher auf Adolf v. Grolman (1888-1973)[1] zu lenken oder hinter der Schelte das Krisenzeichen einer Freundschaft zu vermuten, die auch bessere Zeiten kannte. Wie riskant das Vertrauen auf die überlieferten Tagebucheintragungen sein kann, die erst im Herbst 1918 einsetzen, zeigen Briefe, die Thomas Mann vor jener unheilvollen Teestunde an Adolf v. Grolman schrieb und die im Frühjahr 2002 in einem Familienarchiv aufgetaucht sind.[2] Obwohl die Gegenbriefe v. Grolmans an Thomas Mann sämtlich als verschollen gelten, lassen sich die 22 gefundenen Schreiben, von denen das Buddenbrookhaus in Lübeck inzwischen 21 erworben hat, durch die tagebuchähnliche Korrespondenz ergänzen, die der damals in München lebende v. Grolman zeitgleich mit seiner Mutter in Karlsruhe führte, sowie durch Rezensionen, Publikationen und weitere Briefschaften v. Grolmans, wie sie noch ungehoben in besagtem Archiv und im Generallandesarchiv in Karlsruhe schlummern.

Das Gesamtbild, das sich aus solchen bis vor kurzem gänzlich unbekannten Dokumenten ergibt, steht zu dem prima facie-Eindruck des eingangs zitierten Tagebucheintrags in diametralem Gegensatz. Denn 15 von den insgesamt 22 erhal-

[1] Zu v. Grolman vgl. Philipp Leibrecht: Adolf von Grolman, in: Die Neue Literatur 33. Jg. (1932) 58-66; [Red.], Adolf v. Grolman. Arbeit und Amt. Ad. v. Grolman wird am 6. Oktober 50 Jahre alt, in: Die Neue Literatur 39. Jg. (1938) 485-488 (mit einer von Ernst Metelmann zusammengestellten Verwandtschaftstafel als Beilage); Günther Röhrdanz: Im Dienst und Kampf für deutsche Dichtung, in: Der Führer. Hauptorgan der NSDAP Gau Baden 12 (6.10.1938) 4; Horst Oppel: Wesen und Werk am Oberrhein. Adolf v. Grolman zur Würdigung, in: Straßburger Monatshefte 6. Jg. H. 3 (1942) 148-152; Hanns Martin Elster: Adolf von Grolman. Zu seinem 65. Geburtstag am 2. Oktober, in: Die Neue Literatur 54. Jg. (1953) 67-69; Wolfgang Leiser: von Grolman, Adolf Karl Friedrich Wilhelm Maximilian, Schriftsteller, in: Badische Biographien. Neue Folge, Bd. 1, im Auftrag der Kommission für Geschichtliche Landeskunde in Baden-Württemberg hrsg. von Bernd Ottnad, Stuttgart: W. Kohlhammer 1982, 148-151; [Red.]: ‚Grolman, Adolf Karl Wilhelm Friedrich Maximilian von', in: Internationales Germanistenlexikon 1800-1950, hrsg. von Christoph König, Berlin, New York: Walter de Gruyter 2003, 618-620.

[2] Diesen Fund machte erstmalig publik Thomas Rütten: "Für Menschen hat er allerdings nicht viel übrig". Unbekannte Briefe von Thomas Mann, in: Neue Zürcher Zeitung (11.1.2003) 49. Er kam zustande, nachdem der im Familienbesitz verbliebene Teilnachlass v. Grolmans nach Hannover transferiert worden war und Klaus Hartung v. Hartungen den Kontakt zwischen dem neuen Nachlassverwalter, einem Nachfahren Adolf v. Grolmans, und dem Verfasser hergestellt hatte. Letzterer erhielt im Mai 2002 erstmalig die Gelegenheit, den Teilnachlass zu sichten. Dem Ehepaar Dirk und Hannelore v. Grolman gebührt sein herzlicher Dank für ihre Gastfreundschaft und ein unvergessliches Wochenende, Herrn v. Hartungen für die freundliche Vermittlung, Herrn Dirk v. Grolman für seine unermüdliche Hilfe bei der Durchsicht seiner Archivbestände und für die großzügige Bereitstellung von Dokumenten. Seinen Verwandten, Frau Sibylle Meyer und Herrn Harald v. Grolman, sei gedankt für telefonische Auskünfte über Adolf v. Grolman, dem Deutschen Literaturarchiv in Marbach und dem Generallandesarchiv in Karlsruhe, namentlich Herrn Rainer Fürst, für diverse „Amtshilfen", dem Fischer Verlag für die Erteilung der Druckgenehmigung in folgender Erstveröffentlichung: Thomas Rütten: Thomas Mann und die Medizin. 4 Essays und ein Anhang, Remscheid 2006.

tenen Briefen Thomas Manns an Adolf v. Grolman sowie relevante Äußerungen v. Grolmans gegenüber seiner Mutter belegen ein recht enges freundschaftliches Verhältnis zwischen den Briefpartnern, das vom Herbst 1916 bis zum Herbst 1918 währte und damit in eine Lebensspanne Thomas Manns fällt, von der keine Tagebücher mehr zeugen.

Offenbar war Adolf v. Grolman nicht nur ein willkommener Korrespondenzpartner, sondern auch ein gern gesehener Gast im herrschaftlichen Domizil an der Münchner Poschingerstr. 1, das die Manns am 5.1.1914 bezogen hatten.[3] Seiner Mutter, der Hochwohlgeboren Frau Mathilde v. Grolman geb. du Jarrys, schrieb v. Grolman am 14.10.1916, unmittelbar nach einem Besuch bei Thomas Mann:

> Am Samstag mittag war Th. Mann. Er ist reizend, so schlicht und liebenswürdig. Hat eine nette Frau (Tochter d. Geh.-rat Pringsheim v. d. Universität) 4 Kinder. Das Mädel von 11 erschien einen Moment. Es war sehr angeregte Unterhaltung. Hernach gingen er und ich noch eine Stunde in der Dämmerung. Von seinen Werken wird fast nicht gesprochen. Es war *ungemein* interessant. Ich hatte ihn mir anders gedacht. Er macht durchaus den Eindruck des Offiziers in Zivil. *Gar* nicht, was man so dichterisch nennt. Freilich ist er äusserst zurückhaltend, vorsichtig, muss es auch sein. Ich denke, dass es nicht das letzte Mal gewesen ist. Man würde ihn sich ganz anders vorstellen nach seinen Werken. Er ist weder verträumt noch allzu ironisch. Für Menschen hat er allerdings nicht viel übrig, und das kann ich von seinem Standpunkt aus verstehen.[4]

Am darauf folgenden Tag fiel ihm noch ein Nachtrag ein:

> Th. Mann war gerührt, dass sie [d. i. v. Grolmans Großmutter mütterlicherseits] sich mit den *Buddenbrooks* beschäftigt. Ich bin *sehr* zufrieden und vergnügt, allmählich kommt immer mehr Ordnung in die ganze Sache, eine gewisse Ruhe und Harmonie.[5]

Am 20.10.1916 notiert v. Grolman, seine Besprechung der neuesten Hervorbringungen von Georg Munk[6] in Die Pyramide, der Literaturbeilage zum Karlsruher Tagblatt, habe Thomas Mann auf diesen Autor [sic] aufmerksam gemacht. Am 21.10.1916 überbringt v. Grolman dem Dichter eigenhändig einen weiteren Artikel über Georg Munk aus seiner Feder[7] sowie zwei Bände jener Autorin, die er Thomas Mann zur Lektüre auslieh. Seine Hoffnung, Thomas Mann werde etwas für die Unterbringung

[3] Vgl. GKFA 22, 497. Dem Haus, das bis zum 11.2.1933 das Domizil der Familie Mann blieb, widmet de Mendelssohn in seiner unvollendet gebliebenen Thomas Mann-Biographie ein ganzes Kapitel. Vgl. Zauberer, Bd. 2, 1549-1553.

[4] Es handelt sich um ein Zitat aus der tagebuchartig angelegten Korrespondenz, die Adolf v. Grolman mit seiner Mutter, die in der Hirschstr. 71 in Karlsruhe wohnte, führte und die sich in einem Privatarchiv erhalten hat.

[5] Ebenda. Vgl. Thomas Mann an Paul Amann mit Brief vom 25.3.1917 (GKFA 22, 180-181 und 676 sowie BrA, 53), in dem Thomas Mann „kein Hehl daraus" macht, dass ihn solche Nachrichten freuen. Es sei ihm „in letzter Zeit von verschiedenen Seiten gemeldet", dass man *Buddenbrooks* wieder lese, und das Beispiel einer 16-Jährigen, das er im Folgenden gibt, neben der hier in Rede stehenden Großmutter, illustriert, wie populär das Buch, das vielen zu „leben geholfen" hätte, gleichermaßen bei jung und alt war.

[6] Adolf v. Grolman: Georg Munk, in: Die Pyramide (20.10.1916) 270. Georg Munk, ein Pseudonym, unter dem die Schriftstellerin Paula Buber, geb. Winkler (1877-1958) publizierte. Vgl. in diesem Buch: Die Briefe Thomas Mann an Adolf v. Grolman, Anm. 17.

[7] Nicht ermittelt. Vielleicht handelt es sich um eine frühere Fassung einer der drei Arbeiten, die v. Grolman zwischen 1925 und 1927 über Georg Munk veröffentlichte. Vgl. in diesem Buch: Die Briefe Thomas Mann an Adolf v. Grolman, Anm. 17.

seines Artikels tun, wurde indes enttäuscht, wie ein Brief an seine Mutter vom 28. Oktober 1916 zeigt. „Aber es ist immerhin gut, dass er ihn vorzüglich findet."

Die nächste persönliche Begegnung fand am 17. März 1917 statt, nachdem Thomas Mann am 19. Februar „charmant" geschrieben hatte. Jener Brief scheint wie so mancher aus der Korrespondenz zwischen v. Grolman und Thomas Mann verloren gegangen zu sein[8], doch berichtete der Dichter seinem jungen Freund Hans v. Hülsen (1890-1968) von jener Begegnung:

> Gestern Nachmittag hatten wir das Vergnügen, Ihre Gattin[9] bei uns zu sehen und hörten teilnehmend von Ihren kriegerischen Schicksalen. Noch ein junger Herr war dabei, Dr. von Grolmann [sic] aus Karlsruhe, Jurist eigentlich, aber zur Literatur übergegangen, und man unterhielt sich recht gut. Auch von Ihrem Platen-Roman war die Rede, der, wie wir mit Überraschung und Genugthuung hörten, vollendet ist. Meine Gratulation![10]

Auch v. Grolman bestätigt in seiner Korrespondenz mit der Mutter den Besuch bei den Manns, der wieder einmal auf einen Samstag fiel.

Für Sonntag, den 27. Mai 1917, verabredeten sich Thomas Mann und Adolf v. Grolman für 9 Uhr zu einem Spaziergang. Die ganze Familie Mann war mit von der Partie, man wanderte 4 Stunden lang, „er war äusserst nett, ein reizendes Familienleben mit den 4 Kindern".[11]

8 So z.B. auch die Briefkarte an v. Grolman, die Thomas Mann laut Tagebucheintrag vom 4.1.1919 schrieb, oder der vierseitige Brief, den Thomas Mann laut Tagebucheintrag vom 21.3.1920 an v. Grolman schrieb.

9 Die Schriftstellerin und Journalistin Ilse v. Hülsen, geb. Reicke (1893-1989). Sie war von 1915 bis 1930 mit Hans v. Hülsen verheiratet. Vgl. Lydia Marhoff: Zwischen Abwehr und Anpassung. Strategien der Realitätsverarbeitung in den Texten nichtfaschistischer junger Autorinnen von 1930-1945, Berlin 2002, 20, 41-45, 49, 61-62, 78-83, 170-171, 210-211, 252-256 (Werkverzeichnis) und 266 (Sekundärliteratur). Siehe auch GKFA 22, 537. Zu den „kriegerischen Schicksalen" von Hülsens siehe dessen Autobiographie: Zwillingsseele. Denkwürdigkeiten aus einem Leben zwischen Kunst und Politik, 2 Bde., München: Bernhard Funck 1947, Bd. 1, 79-83 (unter den Zwischenüberschriften „Vergil als Kronzeuge", „Auf der Schlachtbank" und „Mögen die Mütter mir verzeihen").

10 Thomas Manns an Hans v. Hülsen mit Brief vom 18.3.1917. Vgl. GKFA 22, 177. V. Grolman rezensierte v. Hülsens 1918 erscheinenden historischen Roman, in dem v. Platens Lebensspanne zwischen dem Erlanger Studienbeginn im Frühjahr 1818 und dem Verlassen Deutschlands im Jahre 1826 behandelt wird, in der Allgemeinen Zeitung vom 9.11.1919. In seiner Besprechung zieht v. Grolman eine Parallele zwischen Thomas Manns „Tod in Venedig" und v. Hülsens Platenroman „Den alten Göttern zu", insofern ihr gemeinsames Thema des „gleichgeschlechtliche[n] Liebesleben[s]" „vielen als ein ihnen nicht angenehmes Thema zu einem Roman ärgerlich" sei. „Mit Grauen" erinnere man sich vielleicht an „B. Isemanns ‚Kritische Abwehr'" [Bernd Isemann: Thomas Mann und Der Tod in Venedig, München: Bonsels 1913; vgl. auch Friedrich Markus Huebner: Der Fall Bernd Isemann, in: Der Sturm 4. Jg. Nr. 173/174 (August 1913) 87], an „dieses wahrhaft böotische Produkt, welches sich gegen Th. Manns ‚Tod in Venedig' wendete und in seiner ästhetischen und literarischen Enge und Einseitigkeit, in seiner seelischen Unfreiheit recht charakteristisch war." V. Hülsens Roman verdiene eine solche absehbare Kritik ebensowenig, da er sich „mit Platens freundschaftlichen Neigungen" in „einer unerhört feinfühligen, taktvollen und keuschen Weise" beschäftige. Allein in der Princeton University Library haben sich aus den Jahren 1908-1934 54 Briefe und 48 Karten Thomas Manns an Hans v. Hülsen, den Verfasser überwiegend historischer Romane, Novellisten, Journalisten, späteren Hauptmannbiographen und Auslandskorrespondenten des NWDR erhalten. Zu v. Hülsen vgl. Gunnar Och: August von Platen, Hans von Hülsen, Thomas Mann. Eine Dokumentation mit bislang unveröffentlichten Briefen aus dem Archiv der Platen-Gesellschaft, in: „Was er wünscht, das ist ihm nie geworden". August Graf von Platen 1796-1835, hrsg. von Gunnar Och, Erlangen: Universitätsbibliothek Erlangen 1996 (= Schriften der Universitätsbibliothek Erlangen-Nürnberg, Bd. 29), 150-165; Peter Oliver Loew: Hans von Hülsen. Ein Schriftsteller zwischen Danzig und Rom, in: Studia Germanica Gedanensia, H. 6 (1998) 81-92; Peter Sprengel: Kandidat für den Hauptmann-Orden: Hans von Hülsen (1890-1968), in: Weggefährten Gerhart Hauptmanns. Förderer – Biographen – Interpreten, hrsg. von Klaus Hildebrandt und Krzysztof A. Kuczyński, Würzburg: Bergstadtverlag W. G. Korn 2002, 157-174. Siehe auch GKFA 22, 258-259, 763-764. Zu Isemanns Kritik und den Reaktionen, die sie zeitigte, vgl. Ellis Shookman: Thomas Mann's Death in Venice. A Novella and Its Critics, Rochester, N.Y.: Camden House 2003, 16-19.

11 So Grolman an seine Mutter mit Brief vom 30.5.1917 [Privatarchiv].

Am 18. Juli folgte der nächste belegbare Besuch:

> Am Mittwoch war ich bei Th. Mann, abends nach dem Nachtessen, zusammen mit dem Komponisten Pfitzner, aus dessen Werk man vor kurzem die Pfitzner-Woche hier gab. Mit Th. Mann stehe ich geradezu freundschaftlich, werde auch demnächst über ihn etwas schreiben. Es wurde sehr spät.[12]

Am 10. Dezember ist Adolf v. Grolman abermals zu Gast im Hause Mann[13], und auch für das folgende Jahr lassen sich noch vier weitere Besuche (28.3.1918, 13.4.1918, 12.6.1918, 1.7.1918) nachweisen, ehe es zu jener Teestunde kam, die für das Nachleben v. Grolmans in der Thomas-Mann-Forschung so fatale Folgen hatte. Den Abendspaziergang in exklusiver Gesellschaft des Dichters vom 13. April 1918 fand v. Grolman „prächtig"[14], am 12. Juni 1918 war es immer noch „sehr nett"[15]. Über einen Zeitraum von fast zwei Jahren (Oktober 1916 bis Juni 1918) dinierte, musizierte und spazierte man Seite an Seite und mit gegenseitigem Wohlgefallen – im Schnitt alle acht Wochen.

Die rekonstruierbare Besuchsfrequenz ist umso erstaunlicher, wenn man bedenkt, dass Thomas Mann am 28.5.1917 einem seiner damals engsten Freunde, Ernst Bertram, schrieb, er sei „jetzt von einer Wundheit und Reizbarkeit, daß es sehr wenig Menschen (und sogar wenig Lektüre) giebt, in deren Gesellschaft ich mich vor Aerger und Beleidigung sicher fühle."[16]

V. Grolman gelang es offenbar zumindest über zwei Jahre, Thomas Manns gewecktem „Sinn für Freundschaft"[17] Nahrung zu geben und ihn zu diversen Lektüren zu animieren, ohne ihm auf die Nerven zu gehen. Grund genug zu fragen: Wer war dieser Mann, der von sich einmal behauptete, einer der besten Geister Deutschlands zu sein, und hinzufügte, wenn er seine Biographie schriebe, werde „den Lesern nie wieder ein froher Tag"? [18]

Der am 6. Oktober 1888 in Karlsruhe geborene Sohn eines 1890 verstorbenen Premierleutnants und Regimentsadjutanten und dessen Frau Mathilde, geb. Freiin du Jarrys v. La Roche, hatte nach dem Abitur im Jahre 1907 zunächst Jurisprudenz in Genf, Heidelberg, München, Berlin und Freiburg studiert, 1911 das juristische

12 Ebenda, 24.7.1917. Höhepunkt der Pfitzner-Woche war die Uraufführung der Oper *Palestrina* am 12.6.1917 im Münchner Prinzregententheater unter dem Dirigat von Bruno Walter. Vgl. GKFA 22, 202 und BrA, 56 sowie GW XII, 423-424. Thomas Mann hörte die Oper weitere Male am 28.6.1919, 26.9.1919, 29.8.1920. Vgl. H/S, 79, 85, 92, 104. Die angekündigte Arbeit über Thomas Mann dürfte sein: Adolf v. Grolman: Märchendichtung, in: Die Pyramide (21.10.1917) 169.

13 Adolf v. Grolman an seine Mutter mit Brief vom 8.12.1917 [Privatarchiv].

14 Adolf v. Grolman an seine Mutter mit Brief vom 14.4.1918. [Privatarchiv].

15 Adolf v. Grolman an seine Mutter mit Brief vom 15.6.1918 [Privatarchiv].

16 Thomas Mann an Ernst Bertram mit Brief vom 28.5.1917. Vgl. GKFA 22, 192 und BrB, 48.

17 Thomas Mann an Ernst Bertram mit Brief vom 28.8.1916. Vgl. GKFA 22, 150 und BrB, 40-41.

18 Adolf v. Grolman an Will Vesper mit Brief vom 14.1.1940 [Deutsches Literaturarchiv, Marbach].

Staatsexamen und die juristische Doktorprüfung bestanden und als Rechtspraktikant am Großherzoglichen Amtsgericht in Ettlingen bzw. am Großherzoglichen Oberlandesgericht in Karlsruhe gearbeitet. Im Winter 1913/14 indes beschloß er, seinen juristischen Beruf an den Nagel zu hängen, da er, wie er im Lebenslauf seiner zweiten Dissertation bekannte, die Unmöglichkeit erkannte, „ethische Probleme in unserer Rechtsanwendung zu verwirklichen". Zwar blieb er nach einer schöpferischen Pause zunächst noch als Schriftführer und Gesamtvorstandsmitglied des Badischen Landesvereins vom Roten Kreuz bis zum 22. Juli 1916 juristisch tätig, doch betrieb er schon damals seine berufliche Umorientierung, die er schließlich mit einem geisteswissenschaftlichen Zweitstudium (Literaturwissenschaft, Geschichte und Kunstgeschichte) in den Jahren 1916 bis 1918 und einer Dissertation an der Münchner Universität im Sommer 1918 abschloss, ehe er sich schon im darauf folgenden Frühjahr in Giessen für das Fach Literaturwissenschaft habilitierte. Bis zum Wintersemester 1921/22 arbeitete v. Grolman – unbezahlt – als Privatdozent in Giessen, ehe er aus Krankheitsgründen ausschied. Die Inflation führte zu einem finanziellen Engpaß, der ihn veranlasste, das Angebot eines Brotberufs als juristischer Berater beim Bund der Auslandsdeutschen anzunehmen. Auch diese Stelle verlor er Ende 1923, so dass ihm nichts anderes übrig blieb, als seinen Haushalt in Karlsruhe mit dem seiner Mutter und Großmutter zusammenzulegen und es mit der Existenz eines freischaffenden Literaturkritikers und Autors zu versuchen. 1926 resümierte v. Grolman diese seine Lebensphase so:

> Meine berufliche Lage ist sonderbar: ich begann ohne große Lust als Iurist und leistete wenig. Dann wurde ich in Baden Rechtspraktikant, ein junger Mann mit Vermögen und Chancen. Ich gefiel mir nicht in diesen Bureau- und Iuristenumständen, war aber flüssig, da ich mir sagte, dass ich mit meinem gegenwärtigen und zu erwartenden Vermögen plus der Reste aus der Familienstiftung und mittlerem Gehalt bzw. Pension daraus bald privatim leben könnte. Der Gedanke an eine weitere Wirksamkeit kam mir nicht, und der Umgang in den sog. ersten Kreisen der Gesellschaft war nicht dazu angetan, an anderes denken zu lassen. Ich bereitete den Assessor langsam vor und kam durch Tolstoi in ethischen Konflikt rechtsphilosophischer Natur. Dazu trieb es mich mit aller Gewalt von besagter Gesellschaft weg. Ich bekam „Nerven" und nahm Ende 1913 für ein Jahr Urlaub. Noch während dieser Monate begann ich zu schreiben, kleine Skizzen voll Sehnsucht nach der Allgemeinheit und nach Betätigung meines Eros. Dann kam der Krieg und ich ging ins Rote Kreuz. Von der Arbeit dort erhoffte ich bei fortdauernder innerer Entfremdung von den Menschen viel. Aber ich fand organisierte Stellenjägerei und schreiendes Unrecht, sah aber das alles mehr von der lustigen Seite an. Ich geriet immer mehr in Opposition zur „Gesellschaft" und *ihrem* Krieg. Es war nicht schwer – gut informiert wie ich war – den vermeintlichen Ausgang dieses deutschen Kriegsabenteuers vorauszusagen. Ich ging vom roten Kreuz in den Vorbereitungskrieg zurück, mit literarischen Neigungen, ohne Freude und ohne Teilnahme. Da riet mir Notar [unleserlich], die Iurisprudenz zu verlassen. Eberlein riet ab. Er sagte damals, dass ich den akademischen Intrigen nicht gewachsen wäre. Ich ging anno 16. In München liess sich alles leidlich an, man brauchte Schüler, junge Leute waren rar, Geist wurde weder geboten noch vorausgesetzt. Einerlei: ich arbeitete zum erstenmal so

gut ich konnte, ohne Rat und ohne Anleitung. Zum schülerhaften Studentenbeginn war ich zu unabhängig und zu alt, doch hatte ich Geld und das genügte. Dann promovierte ich und hoffte auf München, weil ich annahm, man sei gerecht genug, mir die juristischen Jahre irgendwie anzurechnen. Dies geschah nicht, hier so wenig wie später, weil man offenbar auch bei mir den sog. Ochsentrott der Carrière erzwingen wollte. Ich arbeitete weiter und ging im Mai 1919 nach Giessen. Das war eine unglückliche Wahl. Denn diese kleine Universitätsstadt bot gerade alles das, was ich in Karlsruhe und München leidlich überwunden hatte, in Reinkultur. Aber noch hatte ich Geld, und dadurch eine gewisse Stellung, um die Viele mich beneideten, ohne dass ich es merkte. Mit der Gesellschaft zerfiel ich immer mehr, die Arbeit nahm über das von mir zu bietende Maass [sic] zu, die Auseinandersetzung mit all den literarischen und Giessener Erscheinungen verbrauchte viel Kraft. Da begann die Wirtschaftsnot. Ich verlor meine Rente, mein Vermögen, meine Ruhe und damit meine Position, die das alles voraussetzte. Ich begann, zu ringen, fand mich in einer mir eigentlich nicht zukommenden Opposition, ohne Hilfe und ohne Rat. Ich erkrankte im November 21, doch wollte ich, entgegen dem Rat Dr. Brauns, das Semester in Giessen beschliessen. Das war das Ende, denn im Januar fiel ich kraftlos in Krankheit, die Inflation hatte mich gepackt, es war aus und als im Vorsommer 22 in Karlsruhe mir Oberlandesgerichtspräsident Beck die (Kl. X) Stelle als jur. Berater beim Bund d[er] Auslandsdeutschen verschaffte, *musste* ich zugreifen, blos [sic] um mit Mutter und Grossmutter überhaupt leben zu können. Die Giessener venia legendi war ganz wertlos, denn erst 24 begann man, den Privatdozenten einen %Satz aus Gruppe X zu geben. So war ich nun glücklich zweierlei, die Inflation ging ihren Gang und trotz aller Versprechungen für die Zukunft, welche mich stark mitbestimmt hatten, jenen Posten anzutreten, wurde alles am 15. Nov. 23 auf 1.I.24 „abgebaut" – aus. Einen Erwerb zu finden, war aussichtslos. Zur Universität zurück, war unmöglich, denn wir 3 konnten materiell nur existieren, wenn wir die 3 kleinen Einnahmen zusammenlegten. Das geschah also. Ich wurde „freier" Schriftsteller und hatte nun alle Mühe, mein Niveau zu halten und nicht abzusinken. Wohl hätte ich mich verkaufen können, aber ich tat es nicht, bzw. die Jugendbewegung, in der ich arbeitete, hielt mich in mir selbst. Ich versuchte Vieles und manches ist gelungen. Nun ist schon das 3. Jahr, das ich so lebe, materiell an Karlsruhe gebunden, ohne Aussichten, ohne Chancen, ohne Amt, ohne Konnex mit Kreisen oder Leuten von Einfluss. Sehr schwierig und sehr aufreibend, ohne Gehalt, ohne Altersversorgung, aber eines: frei, ganz frei, das strikte Gegenteil von meiner Berufspraktikantenzeit. Langsam wächst ein Kreis von Leuten, der meinen Bemühungen wenigstens nicht ausgesprochen feindlich gesinnt ist. [19]

Doch scheint die Rückkehr v. Grolmans in seine Heimatstadt und die Zuflucht zu Mutter und Großmutter auch einem Versuch zu entspringen, die Jugend, v. Grolmans erklärtes Vorzugsalter und favorisiertes Forschungs- und Betätigungsfeld, in der eigenen Vita zu konservieren und die Lebensart eines Studenten zu perpetuieren. Dass v. Grolman selbst seinen Berufswechsel eher als Entwicklung denn als Zäsur empfand, geht aus einem autobiographischen Rückblick hervor, den er 1938 verfasste. Darin heißt es:

Mich selbst hat das Leben so geführt, daß ich, ungeachtet aller künstlerischen und literarischen Interessen, zunächst (1907) als Jurist in die harte, damals obligatorische Schulung der

[19] Generallandesarchiv Karlsruhe, Abt. N, Dr. Dr. A. v. Grolman, Nr. 11: Tagebücher mit Zeitungsausschnitten, Bemerkungen zu Tagesereignissen 1921-1934, Eintrag vom 18.1.1926. Unter Nr. 17 wird in demselben Nachlass ein Zeugnis für v. Grolman von H. Beck, Senatspräsident Karlsruhe, über seine Tätigkeit beim Oberlandesgericht als Rechtspraktikant aus dem Jahre 1922 verwahrt.

römisch-rechtlichen Begriffsjurisprudenz genommen wurde; das belehrt in seiner gnadenlosen Verpflichtung zur Scheidung und Unterscheidung. Es kam im Laufe der Jahrzehnte hinzu, daß außer der Jurisprudenz auch das Gefühl für die Gerechtigkeit gegenüber den verkannten, totgeschwiegenen oder mißdeuteten Autoren mich entscheidend bestimmte. So konnte ich für eine Reihe von Geistern (Sebastian Franck, Kleist, Hölderlin, Eichendorff, Stifter u. a. m.) geradezu zu einer Art von seelischem Anwalt gegen den Strom gegnerischer, entstellender und fälschender Vorurteile werden.[20]

Im Übrigen hatte v. Grolman dank der Sammlung deutscher Gedichte für Schule und Haus, die sein Deutschlehrer Gustav Wendt[21] herausgegeben hatte und die zu dieser Zeit gerade in 8. Auflage erschienen war, bereits als 13-Jähriger seine Liebe zur Dichtung entdeckt und in den folgenden Jahren profiliert. Schon als Teenager fand er mit Chamissos terziner Tetralogie *Salas y Gomez* sein Lebensthema einer Existenz auf der „Einsamkeitsinsel" und entwickelte eine geradezu physische Abneigung gegen Goethe und Vorlieben für Platen, Gottfried Keller u. a. Neben dieser „Schullektüre" hatte er privatim mit 17 Jahren bereits die Dichtung von Jacobson, Hölderlin, Ibsen, Lenau, Byron gelesen[22], so dass die berufliche Orientierung in Richtung Literaturwissenschaft nicht von ungefähr kam.

Ursprünglich hatte v. Grolman jedoch nicht die Metamorphose vom Advokaten zum Literaturkritiker vorgeschwebt – und das bedeutet in seinem Selbstverständnis zum publizistischen Sachwalter des „seelischen Erbgutes der Nation"[23] und Anwalt

[20] Adolf v. Grolman: Arbeit und Amt, in: Die Neue Literatur 39. Jg. (1938) 485-488, 486. Dem Text, der auf die Anfrage der Zeitschriftenredaktion zurückging, v. Grolman möge anlässlich seines 50. Geburtstages die Gelegenheit ergreifen, sich über sein „Wollen und Schaffen" zu äußern, wurde eine Verwandtschaftstafel beigefügt, die Ernst Metelmann, der Bibliograph und ständige Mitarbeiter der Zeitschrift, zusammengestellt hatte. Aus ihr geht hervor, dass v. Grolman seine Abstammung auf Melanchthon und Reuchlin, Goethe und die Brüder Grimm zurückführte. In einem Kommentar der Redaktion heißt es: „Besonderes Interesse verdient in diesem Zusammenhang eine aus dem Institut für menschliche Erbforschung und Rassenpolitik in Jena hervorgegangene Arbeit von Heinz Brücher über ‚Ernst Haeckels Bluts- und Geistes-Erbe. Eine kulturgeschichtliche Monographie' (mit 16 Abb. u. 2 Sippschaftstaf.; J. F. Lehrmann, München; 8.80 M, Lein. 10 M); im Gegensatz zu den bisher üblichen biographischen Aufzeichnungen gilt die Bemühung Brüchers einer Lebensdeutung, die sich der schicksalbestimmten Kraft des Geschlechtererbes bewußt ist und in ihm den entscheidenden und ursächlichen Anstoß für die schöpferische Tätigkeit eines Menschen findet. In diesem Sinne möchte auch die ‚Verwandtschaftstafel Adolf v. Grolman' verstanden werden." Vgl. ebenda, 534. Brücher (1915-1991) habilitierte sich 1940 und war danach am Kaiser Wilhelm-Institut für Züchtungslehre in Müncheberg bei Berlin tätig. Auf Befehl des Reichsführers-SS wurde er zum 1.9.1943 als Leiter des neu errichteten Instituts für Pflanzengenetik, SS-Versuchsgut in Lannach bei Graz bestellt. Nach dem Zweiten Weltkrieg wanderte Brücher nach Argentinien aus und erhielt dort 1948 eine Professur für Genetik und Botanik an der Universität Tucuman, später dann in Caracas (Venezuela), Ascunion (Paraguay) sowie in Mendoza und Buenos Aires (Argentinien). Er war ebenso Direktor des Entwicklungsprojekts für tropische Saatzucht in Trinidad (Westindien) und als UNESCO-Berater für Biologie tätig. Wissenschaftlich bekannt wurde er u. a. durch seine Bücher Stammesgeschichte der Getreide (1950), Tropische Nutzpflanzen. Ursprung, Evolution und Domestikation (1977) und Useful plants of neotropical origin and their wild relatives (1989). Am 17.12.1991 wurde er auf seiner Farm Condorhuasi im Distrikt Mendoza (Argentinien) Opfer eines Gewaltverbrechens. Zu Metelmann, vgl. Gerd Simon: „Art, Auslese, Ausmerze..." etc. Ein bisher unbekanntes Wörterbuch-Unternehmen aus dem SS-Hauptamt im Kontext der Weltanschauungslexika des 3. Reichs, Tübingen: Gesellschaft für interdisziplinäre Forschung 2000 (= Wörterbücher im 3. Reich, Bd. 7) 24-35; Grete Grewolls: Wer war wer in Mecklenburg-Vorpommern. Ein Personenlexikon, Bremen: Ed. Temmen 1995, 286.

[21] V. Grolman besuchte das Karlsruher Gymnasium, dessen Direktor Gustav Wendt (1827-1912) der Herausgeber der 1867 erstmalig erschienenen Gesichtsammlung war. Zu Wendt vgl. Kurt Abels: s. v. ‚Wendt, Karl Gustav Adolf Philipp', in: Internationales Germanistenlexikon 1800-1950, 2012-2013. Zur Geschichte des Karlsruher Gymnasiums siehe 400 Jahre Gymnasium illustre 1586-1986, Karlsruhe 1986.

[22] Adolf v. Grolman: Kinderzeit, 19.8.1942, 19 [Privatarchiv].

[23] Adolf v. Grolman: Arbeit und Amt, in: Die Neue Literatur 39. Jg. (1938) 485-488, 485 und 486.

verkannter bzw. unbekannter AutorInnen[24] -, sondern die vom Advokaten zum Dichter. Das geht jedenfalls aus dem ersten der 22 erhaltenen Schreiben Thomas Manns an ihn hervor, das vom 28.6.1914 datiert. Darin ermuntert Thomas Mann den jungen Ratsuchenden, ihm „ein paar Skizzen zu schicken, die Sie für Ihre besten halten". Die übersandten Arbeitsproben enthielten u.a. einen Roman, dessen Durchsicht Thomas Mann am 10.7.1914 zu einem vergleichsweise vernichtenden Urteilsspruch veranlasste[25], was v. Grolman, der sich einbildete, seinen Schreibstil an *Tonio Kröger* ausgerichtet zu haben[26], überrascht haben dürfte.

Der betreffende „Roman" hat sich in einer überarbeiteten Fassung aus dem Jahre 1916 erhalten. Sein Titel lautet: *Der graue Tod. Eine Geschichte von der Musik, von der Liebe und von der Einsamkeit.* Es ist die Geschichte eines Einzelkindes namens Ernst-Emanuel, der – dreizehnjährig verwaist – bei entfernten Verwandten aufwächst. Sein ebenfalls dort wohnender Großonkel väterlicherseits, der den Knaben zunächst in dessen Welt aus Musik, Märchen und Träumerei belässt bzw. bestärkt, stirbt bald, wonach der Junge ein bei aller Freude an der Musik und bei allen Trostmitteln, die die Natur für ihn bereit hält, im Grunde liebloses und einsames Dasein fristet. Erst die Freundschaft mit einem Orgel spielenden Oberprimaner namens Gerhard verheißt einen Ausweg aus der Isolation. Doch stehen einer beiderseits erfüllenden und beglückenden Freundschaft Ernst-Emanuels unerwiderte homoerotische Empfindungen entgegen, so dass die Freundschaft „schnell und still" (S. 24) zu Grunde geht. Die unglückliche Liebe zu einem französischen Mädchen namens Yvonne, das mit seiner Mutter vorübergehend bei Ernst-Emanuel und seinen Pflegeeltern wohnt, lässt ihn zweifeln, „ob sein Wesen überhaupt für Mädchen geschaffen sei" (S. 47). Desillusioniert, verbittert und enttäuscht tritt er sein erstes Studiensemester

[24] Dazu zählen etwa Emil Strauss (1866-1960), Ernst Bacmeister (1874-1971), Friedrich Huch (1873-1913), Erwin Guido Kolbenheyer (1878-1962). Zu Strauß vgl. Wolfgang Claus und Manfred Kluge: s. v. ‚Emil Strauss', in: Kindlers Neues Literaturlexikon, hrsg. von Walter Jens, 20 Bde., München: Kindler 1991, Bd. 16, 63-64; zu Bacmeister siehe Wulf Piper: s. v. ‚Ernst Bacmeister', in: ebenda, Bd. 2, 37-38; zu Huch vgl. Manfred Kluge: s. v. ‚Friedrich Huch', in: ebenda, Bd. 8, 111-113; zu Kolbenheyer vgl. Anneliese Gerecke und Haide Gaiser: s. v. ‚Erwin Guido Kolbenheyer', in: ebenda, Bd. 9, 601-604.

[25] Siehe Thomas Mann an Adolf v. Grolman mit Brief vom 10.7.1914 (GKFA 22, 647-648 und hier im Anhang). Einen sehr ähnlichen Brief erhielt Hans von Hülsen, der Thomas Mann als frischgebackener Abiturient Arbeitsproben in die Franz-Joseph-Str. 2 geschickt hatte, um zu erfahren, ob er Talent hätte. Den Text des Antwortschreibens druckte v. Hülsen in seiner Autobiographie ab: „Ich habe gestern gleich den Sonntag benutzt, um Ihre Sachen zu lesen. Gut sind sie nicht. Halten Sie mich nicht für hart und grob, weil ich Ihnen das unumwunden sage. Ich würde es nicht tun, wenn ich nicht glaubte, dass Sie mit der Zeit Besseres hervorbringen werden, und wenn ich Sie nicht abhalten möchte, mit diesen Vorübungen sich öffentlich zu präsentieren. Alles ist noch im Werden, unfertig, anfangsmäßig. Und wie dürfte es anders sein? Was ich in Ihren Jahren machte, taugte, glaub' ich, noch weniger. Wenn Sie die Literatur wirklich lieben, wenn Sie zu erleben wissen, aus Leben und Büchern Nahrung zu ziehen verstehen, mit einem Worte: wenn Sie Talent haben (worüber endgültig heute noch niemand urteilen kann), so wird jeder Ihrer Schritte sicherer werden, und in ein paar Jahren werden Sie über Ihre Verse lachen." Hans v. Hülsen: Zwillings-Seele, Bd. 1, 24-25.

[26] Adolf v. Grolman: Aphorismen, S. 100, Eintrag vom 7.11.1955 [Privatarchiv]: „Tonio Kröger ist vor 1900 geschrieben – sehr reif, auch dort, wo der Christ vieles anders sieht... dazu die Prosa; daran lernte ich z.B. ‚schreiben'." Die sogenannten Aphorismen stellen Exzerpte aus Briefen Adolf v. Grolmans dar, die die 1946 mit zwei Novellen schriftstellerisch hervor getretene Gerda Hoefer zwischen dem 20.6.1935 und dem 3.12.1944 erhalten hatte und eigenhändig zusammenstellte.

in München an, wo er den Kontakt zu Gerhard wieder aufnimmt, sich in dessen Bekannte Alice verliebt und abermals enttäuscht wird.

> Und wie auf weitem Eisfeld sich dem Menschen der ‚weisse Tod' nähert und ihn erstarren lässt, wie der giftige Hauch der Krankheit von den Menschen den Namen ‚der schwarze Tod' erhalten hat, so näherte sich Ernst-Emanuel in Kummer und Not, in Schmerz und Sorgen der grauenvollste, ‚der graue Tod' still und gleichmässig, unerbittlich grau in grau. Es war kein Gefährte in Einsamkeit und Alleinsein, er war die sorgenvolle Einsamkeit der Menschenseele selber. Er begann sein Opfer zu umschleichen, zog immer engere Kreise um es herum.[27]

Eine Lungenentzündung bereitet dem „Traumleben einer Künstlerseele", „das nie verwirklicht werden kann" und doch „das Höchste" geträumt hatte, „was ein Menschenherz erträumen kann: selbstlose, gebende Liebe"[28], ein jähes Ende.

Der Roman weist zahlreiche Parallelen zu den Denk- und Schreibwelten Thomas Manns auf: die Verwendung von Leitmotiven, die Problematik der Künstlerseele, die Tonio-Kröger-Perspektive[29], das unvermittelte Einbrechen einer Krankheit (Lungenentzündung) in den zum Tode bereiten Helden, die Motivkoppelung von Meer und Melancholie, die Assoziation der Liebe mit dem Französischen, die Verknüpfung von Intertexten mit Werken der Musik-, Kunst- und Literaturgeschichte. Zugleich stellen diese Schnittmengen Grundthemen im Wesen und Wirken v. Grolmans dar. Allein die Wahl eines jugendlichen Helden zwischen Pubertät und Studium kann geradezu als Orgelpunkt im Schaffen Adolf v. Grolmans verstanden werden. Jenes Alter, das v. Grolman wie auch der Held seiner Geschichte, Ernst-Emanuel, unter schwierigsten Vorzeichen und darum vielleicht umso intensiver erlebt haben dürfte[30], stiftet nicht nur die Perspektive für v. Grolmans Romanzyklus *Pariser Romane*,[31] es ist auch das

[27] Adolf v. Grolman: Der graue Tod. Eine Geschichte von der Musik, von der Liebe und von der Einsamkeit, Typoskript (1914), 2. Fassung: 1916 [Generallandesarchiv Karlsruhe, Abt. N, Dr. Dr. A. v. Grolman, Nr. 190].

[28] Ebenda, 74.

[29] Ebenda, 26-27: „Wenn abends auf der Digue getanzt wurde, stand er wie so oft von fern und schaute zu, äusserlich vornehm-zurückhaltend und ablehnend, innerlich voller Sehnsucht. Dann stieg ein Gefühl in ihm auf, wie eine Beklemmung und er ging sacht hinunter ans Wasser und weinte, ohne zu wissen, weshalb."

[30] In einem Brief vom 14.1.1940 an Will Vesper [Deutsches Literaturarchiv Marbach] blickt v. Grolman in seine frühe Kindheit zurück: „[...] ich habe z.B. mit 4 1/2 Jahren mein Bein gegen einen verbrecherischen deutschen Arzt gerettet, der es amputieren wollte; ich ganz allein!! Ich habe gehen lernen müssen, mit und dann ohne Krücken; ganz allein; das verbraucht Energien, davon wissen Sie nichts; ich habe mein ganzes Leben infolge der Folgen des Beinleidens allein stehen müssen, immer auf der Wehr gegen all die Verbrecher, die mich töten wollen, damals bis heute! und denen bekanntlich kein Mittel zu schlecht ist, wie Sie wissen." Solche Erfahrungen und deren seelische und körperliche (v. Grolman hinkte zeitlebens) Folgen werden nicht ohne Einfluss auf seine Charakterbildung geblieben sein. V. Grolman war übrigens 1 1/2 Jahre alt, als sein Vater starb.

[31] Der 1946 bei Lambert Schneider in Heidelberg veröffentlichte Roman „Ferien" stellt den ersten Band in diesem Zyklus dar. Die übrigen, im Findbuch zum Grolman-Nachlass des Generallandesarchivs Karlsruhe unter den Nummern 99-187 gelisteten und zwischen 1957 und 1967 geschriebenen 87 (!), auf Deutsch und Französisch geschriebenen Bände sind bislang unveröffentlicht. In einer Aufstellung aus dem Jahre 1964 heißt es: „[...] alle diese Romane sind streng nach einem Schema von 5 Büchern à 5 Kapitel gearbeitet und jeder Roman hat seinen eigenen Titel [...] und jeder Roman befasst sich (in einem immer weiter werdenden Zusammenhang) mit den nur möglich werdenden Problemen des europäischen Menschen zwischen 1900 – 1950 [...] gesehen a. im Blickwinkel junger Menschen zwischen 12 – 18 Jahren b. gesehen und bezogen auf die Stadt Paris im Ganzen und bis in sehr unbekannte détails." V. Grolman nennt das Romanwerk das grösste in deutscher Sprache. Es sei zugleich „eine Kritik des gesamten westlichen Europa der letzten 50 Jahre ... und zwar eine radicale, d.h. an die Wurzeln

Thema zahlreicher literaturhistorischer Arbeiten, deren prominenteste sein 1930 erschienenes Buch *Kind und junger Mensch in der Dichtung der Gegenwart*[32] ist.

Thomas Mann erteilte dem schriftstellerischen Aspiranten indes eine Lektion, die saß. Noch über 30 Jahre später erinnert sich v. Grolman ihrer: „Thomas Mann riet: Werden Sie nie Dichter; halten Sie sich auf jenem Zwischenfeld, das an beides grenzt; Literaturwissenschaft und Dichtung."[33] Der Roman verschwand in der Versenkung, und v. Grolman brauchte zwei Jahre, sich die Schriftstellerei vorläufig aus dem Kopf zu schlagen und einen anderen beruflichen (Aus-)Weg zu finden. Am 22.7.1916 war es so weit. Er reichte sein Abschiedsgesuch ein und quittierte den badischen Staatsdienst. Doch der Stachel saß tief und löckte vielleicht noch, als er über die Rolle von Kindern und Jugendlichen in Thomas Manns Werk räsonierte:

In seiner Monographie *Kind und junger Mensch in der Dichtung der Gegenwart* aus dem Jahre 1930, in der es ihm um die Mobilisierung des „Reservat-Gebiet[s]"[34] Kindheit seitens der zeitgenössischen Literatur ging, widmete er den Kinderfiguren in Thomas Manns Werk vier Seiten, die aufschlußreich sind sein unverändert kritisches Verhältnis zu dem einst verehrten Dichter:

> Thomas Mann schätzt es nicht, junge Menschen außerhalb eines größeren künstlerischen oder belletristischen Zusammenhangs auch nur zu erwähnen; er hat einen Begriff von Ganzheit, der ihm dies verbietet; einerlei, wo und wie, ist der junge Mensch immer Präludium oder Postludium: als die große Geschichte des Verfalls einer Familie zur Aufgabe stand, wurde Hanno Buddenbrook das ausführlich, einsam verklingende Nachspiel; die „königliche Hoheit" (1909) hat samt ihren Geschwistern ein vorbereitendes und gleichsam verzahnendes Vorspiel; die Bekenntnisse des Hochstaplers Felix Krull zeigen einstweilen nur ein einleitendes Jugendkapitel, das immer wieder auf das Kommende, Eigentliche hinweist. Und Tonio Kröger bringt vor dem Eigentlichen nur wenige knappe Abschnitte. Warum? Thomas Mann ist immer und je Erwachsener; seine Theorie von Künstlersein und Kunstwerk verbietet ihm jedes jugendliche „Sichgehenlassen"; äußert er sich also trotzdem dazu, so geschieht dies aus Absicht und artistischer Berechnung. Das darf man nicht vergessen, wenn man sich seinen „jungen Menschen" (?) zuwendet. Sehr viele verfallen der – entschuldbaren – Täuschung, als könnten diese jungen Menschen wie Selbstwerte betrachtet werden; das steht der Mannschen Doktrin, die er mit Beharrlichkeit immer und immer wieder vorträgt, diametral entgegen. Wenn also Thomas Mann in diesem Buch überhaupt genannt wird, so geschieht es ein für allemal unter dieser einschränkenden

gehende Kritik ... die Hauptsache darinnen aber sind die psychologischen Möglichkeiten der Heranwachsenden ... Dinge, die aus ‚Kind und Junger Mensch' von 1930 (gedruckt) selbstverständlich erwuchsen." Sexualia fehlten darin völlig, die jungen Helden stammten aus unterschiedlichen Ländern, und das beschriebene Paris sei „jenes abseits aller Fremdenindustrie, und die Intimität des französischen Lebens wird allemal direct oder indirect mit den Intimitäten des damaligen deutschen Lebens in Bezug gesetzt". Politisches stehe „seinem Rang entsprechend – ganz am Rande da und dort." Vgl. Adolf v. Grolman: „Vorläufige Aufstellung über Manuscripte, Druckwerke, Bibliothek etc. des Herrn Dr. Dr. von Grolman, K[arlsru]he" vom 12.11.1964 [Privatarchiv]. Es wäre sicher wünschenswert, wenn sich die Germanistik dieser belletristischen Hinterlassenschaft v. Grolmans, der sich zeitlebens als Schriftsteller fühlte, auch wenn er das Leben eines freiberuflichen Literaturkritikers bzw. literaturwissenschaftlichen Privatgelehrten führte, einmal annähme.

32 Adolf v. Grolman: Kind und junger Mensch in der Dichtung der Gegenwart, Berlin: Junker und Dünnhaupt 1930.

33 Adolf v. Grolman: Urbes et nomina, S. 11 unter dem 31.12.1947 [Privatarchiv]. Diese Zitatensammlung geht auf Briefe A. v. Grolmans an Gerda Hoefer zurück. Sie ist auf den 12.9.1954 datiert.

34 Adolf v. Grolman: Kind und junger Mensch in der Dichtung der Gegenwart, 1.

Voraussetzung; streng genommen, hat Thomas Mann mit dem Thema nie und in nichts auch nur das allergeringste zu tun; ihm kommt es *ausschließlich* auf Erwachsene an, und „Kind und junger Mensch" sind für ihn beiläufige Nebensache, die allerdings mit großer Präzision, ja Akkuratesse ausgearbeitet und dargestellt wird, weil Thomas Mann in ihnen wesenhafte, niemals aber entscheidende Voraussetzungen sieht (deutliches Beispiel: Tadziu in „Der Tod in Venedig").

Hanno Buddenbrook also ist ein schmerzliches Finale, ist ein schmerztragender Nachkomme, nicht einmal ein „Erbe"; was er hat, ist zerbrochen (Fragment), was er will, ist ohne Wesen, was man von ihm will, ist Täuschung, was er bietet, ist – bestenfalls musikalisch hörbare – Improvisation. Eigentlich – macht man sich von Suggestionen frei – ist Hanno Buddenbrook eine Vogelscheuche schlimmster Art, nur wird sie in vieler Hinsicht „sympathisch" (zu deutsch: ein Mit-Erleiden verursachend); frühalt und bleich, gehemmt und wissend, bedingt und zurückhaltend, ein Leidender wider Willen, dekadent und traurig, degeneriert und trostlos: er gilt nie für sich allein, sondern immer nur angesichts der abgestorbenen Familie. Er ist wie ein Friedhof, darin Gespenster umgehen und *ihr* Wesen treiben; auch wenn es zu Zeiten nicht so aussieht. Hanno Buddenbrook (1901) hat nichts mehr zu sagen; allenfalls klingt noch seine Musik, doch hört sie nur der ebenso dekadente Altersgenosse; dann ist auch sie verhallt. Alles, was geschieht, bezieht Hanno Buddenbrook auf sich; langsam muß er es für sich geistig erwerben. Das ist genau dasselbe wie bei dem 14jährigen „Tonio Kröger" (1903): „Die Sache war die, daß Tonio Hans Hansen liebte, und schon vieles um ihn gelitten hatte. Wer am meisten liebt, ist der Unterlegene und muß leiden, – diese schlichte und harte Lehre hatte seine 14jährige Seele schon vom Leben entgegengenommen; und er war so geartet, daß er solche Erfahrungen wohl vermerkte, sie gleichsam innerlich aufschrieb und gewissermaßen seine Freude daran hatte, ohne sich freilich für seine Person danach zu richten und praktischen Nutzen daraus zu ziehen." Tonio Kröger ist Künstler von Anbeginn an, er ist ein etwas kräftigerer Vetter von Hanno Buddenbrook; er kommt über die kritischen Jahre mit Verzicht und entsagungsvoller Leistung hinweg; daran wird er weise und sieht in der Ferne diejenigen, welche das Leben bevorzugt hat; er will sauber und ehrlich bleiben, insoweit sein Künstlertum nicht des Abenteuerlichen genug in sich trägt. Felix Krull jedoch ist der geborene „Hochstapler"; gewissermaßen ist er darin auch etwas wie ein „Künstler", deshalb schreibt er als Gealterter einen recht preziösen Rückblick („Die Bekenntnisse des Hochstaplers Felix Krull. Buch der Kindheit", 1923); die Kindheit wird, wie immer bei Thomas Mann, höchst mittelbar gesehen, Felix ist alles andere, als „der Glückliche"; zwar hat er Lebenswillen; doch der ist von Anfang an gebrochen, wie der Lichtstrahl im Prisma; denn zwischen Schein und Sein sind beliebig viele Möglichkeiten des Abenteuers und des Ausweichens, dazu kommt das brüchige Elternhaus samt den brüchigen Erscheinungen, die dort verkehren: daher die eigentümlichen, ich-bezogenen Vorzeichen, unter denen alles geschieht: „Ein Vater ist stets das natürlichste und nächste Muster für den sich bildenden und der Welt der Erwachsenen zustrebenden Knaben" (S. 55). So sieht es Krull; er nennt dann wohl seine „große Freude" (S. 89), erledigt aber das ganze Sexualproblem mit gelassener Entschiedenheit: „Ich bin weit entfernt, mich ausführlich über eine Episode verbreiten zu wollen, die zu gewöhnlich ist, als daß ihre Einzelheiten das gebildete Publikum fesseln könnten" (S. 83). Spürt man den starken Doppelsinn? Spürt man die abgründige Ironie? Die Äußerung eines Menschen, der in keinem echten Erlebnis zu Hause sein kann (Hochstapler!)? Kein Wunder, daß eben ein solcher Mensch, und nur er, das Heikelste zum Übertritt des Kindes in die Kreise des jungen Menschen sagen kann, wenn es heißt: „Kleine Kinder sind wohl unwissend und in dieser Bedeutung auch unschuldig; daß sie aber unschuldig im Sinne wirklicher Reinheit und engelhafter Heiligkeit seien, ist ohne Zweifel ein empfindsamer Aberglaube, der einer nüchternen Prüfung nicht standhalten würde" (S. 81). So vollzieht sich Felix Krulls Eintritt in die Zeit jungen Menschseins unter den mageren Klängen eines spaßhaften Musikapparates, der beim Türöffnen „Freut euch des Lebens" spielt, und den der pfändende Gerichtsvollzieher überhört hat; das Maschinchen klingelt seine Weise fort, je weniger von Leben, Freude und Aufforderung dazu die Rede sein kann. Natürlich beobachtet der Thomas Mannsche Hochstapler genau und findet auch mancherlei deutlichen Ausdruck dafür; die Rede ist so geschliffen, daß auch sie dauernd im Doppelseitigen webt und aller „Ja- und Nein-Position" schlau und unauffällig aus dem Wege geht. Auf sich bezogen stehen alle jungen Menschen bei Thomas Mann da; sie sehnen sich bisweilen, vor allem nach der Erlösung im Kontrast, im Widerspiel. Tonio Kröger leidet seine Sehnsucht durch, er sieht dabei weniger den Menschen als den ihm versagten Typus in Mädchen und Knaben – und er geht vorbei an dem, was sich ihm aus irgendwelcher Verwandtschaft anbietet oder doch bereit hält; dieses Wählen inmitten verzichtender Not ist für Thomas Manns junge Menschen bezeichnend: sie könnten alle auch anders; aber da sie letzthin keine „jungen Menschen" sind, sondern nur Willenskreaturen des Schriftstellers, stehen und fallen sie mit dem, worauf es dem Schriftsteller ankommt, auch dann, wenn es scheinen könnte, als führten sie eine künstlerisch gewünschte und erzeugte Eigenexistenz.[35]

Die Kritik liest sich wie eine post festum Rationalisierung der harschen Kritik, die v. Grolman einst von Thomas Mann für sein Jugendwerk, das von einem Jugendlichen erzählte, geerntet hatte. Wie dem auch sei, erst 1916 trat v. Grolman abermals mit Thomas Mann in Kontakt, dieses Mal nicht als dilettierender Schriftsteller, sondern als universitär eingeschriebener Literaturkritiker, der eine seiner ersten Besprechungen[36] am 7. September 1916 „ehrerbietigst überreicht" – die Druckfahne mit Widmung findet sich noch im Thomas Mann Archiv in Zürich. Mit dieser Kartenabgabe ruft sich der einstige Ratsuchende bei dem Dichter, der soeben einigermaßen verstimmt ob der mühsamen Arbeit an seinen *Betrachtungen* aus seinem Sommersitz in Tölz nach München zurückgekehrt ist, als Rezensent der 1916 erschienenen Thomas Mann Monographie von Franz Leppmann in Erinnerung. Die in Die Pyramide erschienene Besprechung zeugt von einiger Hellsicht, da v. Grolman in ihr zum einen Leppmanns Vergleich zwischen dem *Tod in Venedig* und Goethes *Wahlverwandtschaften* als oberflächlich kritisiert, zum anderen für eine psychologische Beleuchtung der Venedig-Novelle sowie für die Berücksichtigung von Märchenstoffen bei der Deutung Mannscher Werke plädiert, mit welch letzterem Desiderat, nebenbei bemerkt, Michael Maar im Jahre 1995 Ernst machte.[37] Dieser Artikel bildete den Auftakt zu einer Reihe von Arbeiten, in denen v. Grolman das Werk Thomas Manns und die Sekundärliteratur, die es nach sich zog, kritisch unter die Lupe nahm.

Am 21. Oktober 1917 widmete v. Grolman Thomas Manns 1909 erschienenem Roman *Königliche Hoheit* einen Artikel.[38] Nachdem er den Niedergang des Märchenerzählens als kulturelle Praxis beklagt hat, fährt er fort:

35 Ebenda, 119-123.

36 Adolf v. Grolman: Eine Monographie über Thomas Mann, in: Die Pyramide (10.9.1916) 151-152.

37 Michael Maar: Geister und Kunst. Neuigkeiten aus dem Zauberberg, München: Hanser 1995.

38 Adolf v. Grolman: Märchendichtung, in: Die Pyramide (21.10.1917) 169.

Und wenn nun auch wirklich niemand mehr da ist, wenn sich mancher liebe Mund geschlossen hat, trotzdem gibt es wieder einmal eine Gelegenheit, sich hinausheben zu lassen in eine vergangene Welt und Mannigfaltiges, Ernstes, Rührendes, Heiteres vor sich aufsteigen zu sehen, treuherzig und etwas unwahrscheinlich, chronikenhaft und doch gegenwärtig, gelegentlich ironisch, ja etwas bissig vielleicht, aber doch verklärt von manchem guten Gedanken und vor allem von jener wohltuenden Loslösung vom Alltäglichen. Die wohlfeile Neuausgabe Thomas Manns: „Königliche Hoheit" möge hier kurz angemerkt sein. Denn da ist viel von der Gelassenheit des freundlichen Märchenerzählers, wenn er uns berichtet von dem Leben des einsamen und kränklichen Prinzen, der entsagen und auf so viel verzichten muß, in einem strengen und nur dem unbeteiligt Zuschauenden als glänzend erscheinenden Leben. Und doch kommt ihm nach langem Warten ein Glück in der fernen Prinzessin; es ist zwar alles so ganz anders, wie man es sich gedacht hatte, und mancherlei Seltsames erfährt man auch noch so nebenbei. Bisweilen will der nüchterne Verstand Einspruch erheben, oder witzige Laune regt sich, Satire steckt an. Da beginnt man, Parallelen zu suchen, Vergleichsmöglichkeiten zu bedenken. Man fühlt sich in der jüngsten Vergangenheit, merkt, daß da mancher Auswuchs und manche Lächerlichkeit bloßgestellt wird. Man könnte dem Erzähler mit einem Wenn und Aber gut ins Wort fallen. Der aber läßt sich durchaus nicht beirren, sondern erzählt fort und bald ergibt man sich ihm von neuem, gefesselt von dem bunten, melancholisch-heiteren Treiben in irgend einer kleinen Residenz, diesem belustigenden Hin und Her. Man wird wieder geführt und vergißt sogar die national-ökonomischen Erwägungen. Das Bissige so manchen Hinweises mildert sich und schließlich ist man fest überzeugt, daß es so und nur so hat gehen können, daß dieser einsame Prinz seine ferne Prinzessin bekommt zu einem „strengen Glück". Dann denkt man sinnend zurück an die „Hemmung" und an das gute Wort (S. 36): „viele Leute leben und wirken unter schweren Beeinträchtigungen". Jetzt bekommen die gelegentlichen spitzen Bemerkungen einen ganz eigentümlichen Reiz und es mag sein, daß man ein gewisses anderes Wort sich noch einmal aufsucht und anstreicht (S. 372): „Haltung, Prinz! Ich bin der Meinung, daß es nicht erlaubt ist, sich gehen zu lassen, sondern daß man unter allen Umständen Haltung bewahren muß."

Das ist das Wesen des Märchens, daß ein Unwahrscheinliches sich mühelos ereignet. Der Alltag und der Feiertag des Herzens mischen sich lieblich nach einem lässigen und etwas neckischen Widerstreit. Sehnsucht endet sich und Leid findet seinen Trost. Das alles aber spielt sich auf einer Lebensbühne ab, der man „Zuschauer", wesensfremd und doch teilnehmend verbunden ist. Nicht ohne Grund sind es Prinzen und Prinzessinnen, die in dem Märchen ihr Dasein haben, und wieder nicht ohne Grund ist der Roman gerade mit dem Titel „Königliche Hoheit" ein tiefes und wehmütiges Symbol für das ferne und arbeitsame, entsagende und doch so beruhigende Wirken des „Künstlers", der dem Leben gegenübersteht mit der aufrechten Hilflosigkeit eines Klaus Heinrich; wie aber gerade er sein Leben auf die Leistung stellt und in der außerordentlichen Verpflichtung seine Hoheit findet, wenngleich ihm oft nur scheinbar gegeben ist, „einen ordentlichen Nachnamen zu haben, Doktor Fischer zu heißen und einem ernsten Berufe nachzugehen."

Von all diesen Problemen soll absichtlich gar nicht die Rede sein, obwohl eine gewisse Entsagung auch darin liegt, auf das eine oder andere nicht besonders hinzuweisen. Aber so wie aus dem Märchen jeder Hörer sich seine „Moral" nimmt und vielleicht ganz froh ist, wenn er gut dabei wegkommt, so auch hier. Unsere Zeit hat manches gebracht, das später, viel später sicher wie ein Märchen anmuten wird. Dergleichen jetzt in täglicher Wirklichkeit zu erleben, ist schwer: so benutze man die Gelegenheit, sich einmal aus diesem Treiben der Gegenwart hinwegzubegeben in eine Märchenwelt aus der jüngsten Vergangenheit, in der der Dichter ein Wort sagen läßt, das sehr aktuell ist (oder sein sollte [S. 37/38]): „Kein gleichstellendes Prinzip wird je verhindern können, daß sich inmitten des gemeinsamen Lebens Ausnahmen und Sonderformen erhalten, die in einem erhabenen oder anrüchigen Sinn vor der bürgerlichen Norm ausgezeichnet sind. Der Einzelne wird gut tun, nicht nach der Art seiner Sonderstellung zu fragen, sondern in der Auszeichnung das Wesentliche zu sehen und jedenfalls eine außerordentliche Verpflichtung daraus abzuleiten. Man ist gegen die regelrechte, und darum bequeme Mehrzahl nicht im Nachteil, sondern im Vorteil, wenn man eine Veranlassung mehr, als sie, zu ungewöhnlichen Leistungen hat.[39]

V. Grolmans Produktivität jener Jahre – Studium, Abfassung eigener Werke und Rezensionen – lässt darauf schließen, dass er schon damals einem Tagesrhythmus folgte, den er fast zwanzig Jahre später einem befreundeten Doktoranden als Kur empfahl. Der Ratsuchende war kein geringerer als der aus dem Elsass stammende Germanist Robert Minder (1902-1980)[40]:

...dann heben Sie an, beginnen höchst pünctlich nach kurzem Morgengang, Gymnastik und Frühstück mit 3 [d. h. die nur in Notizen vorliegenden Teile zu ordnen und überhaupt klar und knapp zu fassen, eine überwiegend productive Arbeit], pausieren gegen 10 Uhr, fahren mit 1 [d. h. das bisher in Manuscript Vorliegende zu Ende zu redigieren, eine überwiegend ordnende Tätigkeit] fort, bis gegen 13 Uhr; dann Pause, Spaziergang, Kaffee, und dann 2 [d. h. die brouillons zu Text für das Buch zu schreiben, eine halb ordnende, halb productive Arbeit], und dies Tag für Tag, auch Sonntags, abends ab 5 Uhr arbeiten Sie nicht mehr, sondern suchen sich Umgang, der zerstreut, jeden Tag jemand anders, gehen um 10 Uhr zu Bett und stehen um 6 Uhr mit dem Wecker auf, mönchisch, hart unerbittlich und voller Ironie, wie sich Ihr Bruder Leib darüber überraschen wird.[41]

Und da das Glück bekanntlich mit dem Tüchtigen ist, versetzte es v. Grolman am 2. Dezember 1917 in den Besitz einer literarischen Seltenheit:

Es handelt sich um: Wälsungenliebe, Novelle von Thomas Mann.[42] Es ist, auf 32 Schreibmaschinenseiten festgelegt, eine Novelle, die in der Neuen Rundschau erscheinen sollte (wann?[43]) und die von Manns Schwiegervater, Geh[eim]rat Pringsheim, aufgekauft wurde und eingestampft werden sollte.[44] Angeblich aber nahmen die S. Fischer den Bogen als Packpapier zu Jaffée[45] in München, wo ein Angestellter[46] etwa 20 Kopien davon herstellen

[39] Ebenda.

[40] V. Grolman und Robert Minder standen mindestens seit dem Jahre 1933 in brieflichem und persönlichem Kontakt, wie die in einem Privatarchiv erhaltene Korrespondenz zeigt. V. Grolman unterstützte Minder mit bibliographischen, literaturwissenschaftlichen und logistischen Ratschlägen bei der Abfassung von dessen Promotionsschrift, die 1936 unter dem Titel *Die religiöse Entwicklung von Karl Philipp Moritz auf Grund seiner autobiographischen Schriften, Studien zum ‚Reiser' und ‚Hartknopf'* bei Junker und Dünnhaupt in Berlin erschien. Er gab auch juristischen Rat, was den Autorenvertrag anbelangte, und lobte das Werk in einer Besprechung. Zu Minder vgl. Hélène Pialoux: s. v. ‚Minder, Robert', in: Internationales Germanistenlexikon 1800-1950, 1232-1234. In einem Manuskript zu einer in gekürzter Form gehaltenen Rede anlässlich der Verleihung des Hebelpreises in Hausen (Baden) am 10.5.1963 [Privatarchiv] nannte Minder v. Grolman „de[n] Vielverkannte[n]". Der Beziehung zwischen v. Grolman und Robert Minder geht Anne Kwaschik in ihrer in Arbeit befindlichen Dissertation nach.

[41] Adolf v. Grolman an Robert Minder mit Brief vom 30.5.1933 [Privatarchiv].

[42] Gemeint ist *Wälsungenblut*, geschrieben im Sommer 1905. Vgl. GKFA 2.2, 314-341.

[43] 1905.

[44] Auch Arthur Schnitzler vermerkte in seinem Tagebuch, Thomas Manns Schwiegervater habe die Kosten von 6000 Mark getragen, die das Zurückziehen der Erzählung aus dem bereits fertigen Heft der Neuen Rundschau und der Neudruck desselben verursachten. Vgl. Hans Rudolf Vaget: „Von hoffnungslos anderer Art." Thomas Manns Wälsungenblut im Lichte unserer Erfahrung, in: Thomas Mann und das Judentum, hrsg. von Manfred Dierks und Ruprecht Wimmer, Frankfurt/Main 2004, 35-57 (= TMS XXX).

[45] Münchner Buchhandlung von Heinrich Jaffe (1882-1922). Vgl. GW X, 843-845.

[46] Rudolf Brettschneider, der von diesem seinem Fund 1920 bekannte, er sei „eine Zeit lang ohne Zweifel der kostbarste Besitz" seiner „damals noch recht bescheidenen Bibliothek" gewesen. Vgl. Rudolf Brettschneider: Die Entdeckung des „Wälsungenblut", in: Die Bücherstube (1920) 110-112.

liess.[47] Pringsheim hat die Novelle aufgekauft, weil er und seine Familie allen kenntlich in der Novelle portraitiert seien. Statt der Novelle sei damals in der Neuen Rundschau schnell ein anderer Artikel eingesetzt worden, wodurch eine kleine Auslieferungsverspätung entstand – Die Novelle ist sicher echt und keine Fälschung. Sie steht dem Milieu nach der *K[öni]gl[ichen] Hoheit* sehr nah, der Stimmung nach zum Teil dem *Tristan*. Sie ist typisch Mannisch, voll der nur ihm eigenen, feinen Bemahnungen und Perspectiven, voll gewählten Witzes und ironischer Ausdrucksfinesse. Von Fälschung gar keine Rede. Es beginnt mit dem Tätigwerden des Dieners Wendelin, 7 Minuten vor 12 Uhr. Er läutet zu Tisch; um 12 Uhr zum 2. Mal. Man versammelt sich, Vater Aarentholt, Mutter, Konrad, Marit und die Zwillinge Sieglinde und Siegmund. Man wartet noch auf Sieglindes Vater Aarentholt, „an entlegener Stelle im Osten geboren", hat grosse Aehnlichkeit mit Spoelmann. Er leidet an Krankheitserscheinungen des Sonnengeflechts unter dem Magen, muss also mit dem Essen vorsichtig sein und das bildet einen Ausgangspunkt. Denn durch skrupellose Ausbeutung eines Bergwerkes (Frau Mann erzählte mir einmal in anderem Zusammenhang von dem Bergwerk ihrer Familie) reich geworden, ist er nun ein Sammler von literarischen Erstausgaben, kostbaren und modrigen Büchern. Über Beckrath, der auf sich warten läßt, fallen böse Bemerkungen. In der Familie, die die Grenze des Luxus überschritten hat, ist ein gespitzter Ton hypertrophiert kühler Geistigkeit üblich, ein Spielen mit dem Ausdruck, ganz à la Emma Spoelmann, von der Sieglinde in allem eine getreue Kopie ist. Diese Zwillinge lieben sich nun, obwohl „ihre Hände zu feuchter Wärme neigen", stark körperlich, sie sehen sich ähnlich und die Beschreibungen des Siegmund in und ohne Kleider ist getragen von jener fast perversen greifbaren Anschaulichkeit, die nachher bei Aschenbach-Tadziu viele stutzen machte. Er ist Ephebe von 19 Jahren, muss sich aber am Tag 2 mal rasieren. Im übrigen „liebt" [sic] er und seine Zwillingsschwester sich sehr sichtlich, sie gehen immer Hand in Hand, sie betet ihren „Gige" an. Das ist nun auch das bewegende Moment in der Novelle. Von Beckerath kommt schließlich unter Entschuldigungen trivialster Art, durch die er sich in einen beachtlichen Kontrast zu der Familie setzt, und das kleine Diner beginnt. Er, der in 8 Tagen heiraten wird und mit seiner Braut noch auf „Sie" steht, gibt seine Einwilligung, dass die Geschwister die abendliche Aufführung der Walküre (in schlechter Besetzung) allein besuchen, ausdrücklich ohne ihn, der einmal daran dachte, sich „der guten Besetzung halber", anzuschließen. Es soll dieser Theaterabend so gewissermassen eine Art von Abschied sein. Das kleine, aber gepflegte Diner, das Treiben der Diener, die Konversation wird eingehend geschildert. Dann kommt der Einschnitt, wie ihn Mann auch im *Tod in Venedig* bringt. Die Exposition ist breit, gediegen, notwendig, um das geistig und seelisch verstiegene, fast bedenkliche Milieu durch unsägliche viele kleinste Züge so zu schildern, dass man es auch nach einmaligem Lesen nicht vergisst und sich an das Menu, bouillon .... so genau erinnert wie daran, dass es in 3facher Fassung vor Herrn A[arentholt] auf dem Tisch liegt, dass dieser sich eine breite Cigarette nach Tisch anzündet, wie daran, dass im Treppenhaus eine flache, alte Orgel steht und v. Beckerath ein simpler Mensch, ja ein Tier ist, weil er – er verschweigt es zwar – schon zu Tees im Smoking gekommen ist. Die Novelle hat nicht den grossen Anstieg, wie etwa im *Tod in Venedig* oder im *Tristan* es zu erleben ist. Das Descriptive überwiegt. Wir erleben Siegmund bei der stundenlangen Toilette für das Theater, wir erhalten Einblick in seine Tageseinteilung und in das gewählt-zwecklose dieses Zeitablaufs. Beinahe zur Abfahrt bereit, kommt Sieglinde und es entwickelt sich eine sehr warme, aber doch etwas fragwürdige Liebesszene. Die Zwillingsgeschwister küssen sich die

47 Vgl. den Brief Thomas Manns an Samuel Fischer vom 6.2.1906 (Fischer/Autoren, 405; DüD I, 227): „Man berichtet mir, daß ein hiesiger Buchhändler eine Buchsendung von S. Fischer erhalten habe, eingeschlagen in einen Druckbogen, der einen Theil von ‚Wälsungenblut' enthielt. Das geht nicht. Auf diese Weise wird die Unterdrückung illusorisch. Sie glauben nicht, wie man hier nach der Geschichte giert. Wenn Sie wollen, daß ich Frieden vor all der Dummheit und Bosheit haben soll, die, seit ich hier persönlich an sichtbarerer Stelle stehe, mich umlauert, so tragen Sie Sorge, daß dergleichen Unvorsichtigkeiten nicht wieder vorkommen. Schicken Sie mir die vorhandenen Anzüge oder vernichten Sie sie; das wäre das Beste." Vgl. auch GKFA 2.2, 321. V. Grolmans Plaudereien aus der Münchner Gerüchteküche und die Ausführlichkeit, in der sich sein Stolz, mit dem Raubdruck ein *rarissimum* zu besitzen, kundtut, gehen in manchen Details über den Forschungsstand zur Entstehungsgeschichte der Novelle hinaus. Vgl. GKFA 2.2, 314-322.

Hände, den Mund, geraten in ein wildes Spiel. Dann Hinfahrt ins Theater, vielleicht das beste vom ganzen, ungemein warm und tatsächlich durchaus geschlossen im Kolorit. Die nun folgende Schilderung der ganzen Walküreaufführung ist, durch alle 3 Acte hindurch, viel zu breit. Einzelnes wäre schon ganz erheiternd, so, dass Siegmund einen brotfarbenen Bart trägt und Sieglinde flehende Blicke auf den Kapellmeister um ihren Einsatz wirft. Aber diese Spöttereien stören, fallen aus dem Rahmen, halten auf. Denn der Grundgedanke, dass sich der Siegmund in der Loge mit dem Siegmund darin identifiziert, dass beide eine fragwürdige [unleserlich] erdulden – dieser Gedanke ist nicht stark genug, um die ganze Novelle zu halten. Denn, so lang sie ist, so umständlich und anspruchsvoll ist sie aufgebaut und anstatt eines Höhepunktes in dem Theaterabend erlebt man eine unsäglich geschickt gemachte, aber doch so gar nicht überzeugende Darstellung oder Abhandlung. Das Thema liegt zu offen, man weiss schon vorher, und was im *Tristan* genial wirkt, ist hier – allerdings sehr gute und gepflegte – Wiederholung eines Stilmittels. Die absolut drohnenhafte und egoistische Nichtstuerei, die auch ohne seelisches Erlebnis ist, kann nur gewaltsam mit Wagners Walküre zusammengebracht werden, und diese Gewaltsamkeit ernüchtert. Wenn es Mann auch gelungen ist, das langsame Anschwellen einer entscheidenden sexuellen Spannung zwischen den Zwillingsgeschwistern von Akt zu Akt, nach der Heimfahrt, beim Abendessen unglaublich überzeugend und beunruhigend aufzuzeigen, wenn er auch taktvoll genug ist, uns durch einen geschickten Seitensprung mit diesem Anschwellen allein zu lassen, so dass man seine Konsequenzen ziehen mag, wie es einem beliebt (Incest oder nicht ganz) – trotzdem ist der aufgewendete Apparat zu gross, das Ergebnis zu fragwürdig. Die Parallele mit der Walküre mit der Verlassenseinstimmung Siegmunds ist fein gedacht, aber nicht künstlerisch notwendig, wie es im *Tristan* gewesen war. So endet das Ganze mit einer spöttischen Bemerkung der Braut über von Beckerath, und Siegmund hoffe, dass jener immerdar eine etwa interessante Rolle in ihrer Existenz spielen solle. Ob das Frivolität ist? Man kann kaum anders empfinden! Mann hat in Sieglinde seine eigene Frau dargestellt, von der stadtbekannt war und ist, dass sie und ihr Zwillingsbruder[48] sich auffallend stark lieben. Das ist mehr denn nachdenklich. Ob der Vater Pringsheim *deshalb* die Novelle aufkaufte? Oder war es die in der Novelle selbst so discret aber unbarmherzig gegeisselte Ängstlichkeit des durch Kniffe reich gewordenen Juden? – Es ist bezeichnend, wie sehr ein Bild eines Künstlers sich durch einen einzigen Zug, wie ihn diese Novelle enthält, fragwürdig verschieben kann.[49]

Adolf v. Grolman scheint dem Dichter nichts von seiner Mitwisserschaft verraten zu haben. Jedenfalls hat sich kein Brief erhalten, in dem Thomas Mann um Auslieferung der widerrechtlich angefertigten Vervielfältigung gebeten hätte, wie es in einem anderen Falle geschah.[50] So blieb v. Grolman im Hinblick auf *Wälsungenblut* Teil dessen, was Terence Reed und Malte Herwig kürzlich die erste Rezeptionsphase beim „nicht intendierten Publikum"[51] genannt haben. Der Schlusssatz des soeben zitierten Eintrags legt die Vermutung nahe, dass die Lektüre dieser Novelle und die Besinnung auf ihren autobiographischen Hintergrund v. Grolmans Wertschätzung

[48] Klaus Pringsheim. Zu dessen Version des Wälsungenblut-Skandals vgl. ders.: Ein Nachtrag zu Wälsungenblut, in: Neue Zürcher Zeitung aus dem Jahr 1961. Wieder abgedruckt in: Georg Wenzel: Betrachtungen und Überblicke, Berlin: Aufbau 1966, 253-268, 254.

[49] Generallandesarchiv Karlsruhe, Abt. N, Dr. Dr. A. v. Grolman, Nr. 10 (2): Tagebücher mit Zeitungsausschnitten, Bemerkungen zu Tagesereignissen 1917-1920, Eintrag vom 2.12.1917.

[50] Vgl. Tb, 10.6.1919: „Ein Berliner Buchhändler teilt mir mit, er besitze eine Maschinenabschrift von ‚Wälsungenblut' u. wünsche, es zu verlegen. Ich ersuchte um Aushändigung."

[51] Vgl. GKFA 2.2, 323.

des Dichters Thomas Mann Abbruch tat und zur Abkühlung des Verhältnisses, wie es sich 1919 abzeichnete, beigetragen hat, zumal sich die „Wälsungenliebe" zwischen Katia und Klaus Pringsheim nach v. Grolmans Urteil „früh zwischen Klaus und Erica wiederholt" hat, „zum gaudium des frivolen Erzeugers."[52] Hier war v. Grolmans Grenze von Geschmack überschritten, wenn nicht sogar ein religiös stark besetztes Tabu gebrochen von jemandem, den er dereinst – an dessen Todestag – den „ungläubige[n] Thomas" nennen würde.[53] Hier war von der feinen Sublimation, wie sie Mannsche Helden wie Gustav v. Aschenbach charakterisierten und wie sie sich v. Grolman, zumindest für sein Werk und seine *persona publica*, selbst auferlegt hatte, nichts mehr zu spüren. Hier wurde zudem der Leser v. Grolman an ein jüdisches Stereotyp erinnert, dem zufolge Juden neureich, geschäftstüchtig, gewinnorientiert sind, ein Stereotyp, an dessen Wahrheitsgehalt er, wie sich bald herausstellte, selbst glaubte, soweit es die Literaturszene (und Frau Katia Mann) betraf. Seiner Meinung nach hatten es jüdische Autoren bei ihren jüdischen Verlegern besser als ihre christlichen Kollegen bei christlichen Verlegern, weil die jüdischen Verleger besser zahlten, stärker die Werbetrommel rührten und den Absatz ihrer Bücher beförderten. Allerdings hielt v. Grolman den jüdischen Autoren und auch (dem frühen) Thomas Mann zugute, bessere Bücher zu schreiben, insofern sie „die Wirklichkeit" sehen „und zu wirklichen Menschen sich" wenden.[54] Wenn sich die so genannte „Judenfrage" für v. Grolman jemals stellte, dann unter dem Gesichtspunkt des Berufsneids, der umso größer wurde, je mehr sich seine wirtschaftlichen Verhältnisse seit der Inflation und Wirtschaftskrise in den frühen 20er Jahren verschlechterten. Wie ein Kontrapunkt durchzieht seitdem das ostinate Lamento über knappe Finanzressourcen seine sämtlichen Korrespondenzen. Sozialhistorisch spricht daraus die ungeheure Schwierigkeit, sich als freiberuflicher Schriftsteller, Literaturwissenschaftler, Feuilletonist und Essayist in den wechselvollen Zeiten von Weimarer Republik, „Drittem Reich" und Nachkriegsdeutschland über Wasser zu halten. In diesem Zusammenhang verdient ein Schreiben Erwähnung, in dem Adolf v. Grolman Albert Schweitzer für die Zuwendung von 700 DM dankt. Das Geld stammte aus dem Friedenspreis des Deutschen Buchhandels, der Schweitzer 1951 zugesprochen worden war. In seinem Dankschreiben spricht v. Grolman davon, dass die „Lage" der „Freischaffenden" „in Westdeutschland in materieller Hinsicht geradezu verzweifelt und auf die Dauer

52 Generallandesarchiv Karlsruhe, Abt. N, Dr. Dr. A. v. Grolman, Nr. 13 (2): Tagebücher mit Zeitungsausschnitten, Bemerkungen zu Tagesereignissen 1955-1961, Eintrag vom 29.5.1955.

53 Generallandesarchiv Karlsruhe, Abt. N, Dr. Dr. A. v. Grolman, Nr. 13 (2): Tagebücher mit Zeitungsausschnitten, Bemerkungen zu Tagesereignissen 1955-1961, Eintrag vom 12.8.1955.

54 Adolf v. Grolman an Will Vesper mit Brief vom 20.5.1931 [Deutsches Literaturarchiv Marbach].

Adolf v. Grolman in jungen Jahren

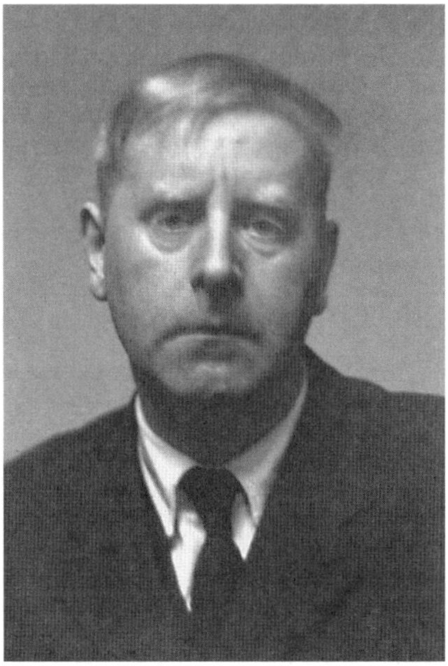

Adolf v. Grolman

Adolf v. Grolman 1955 in Paris

Adolf v. Grolman 1971

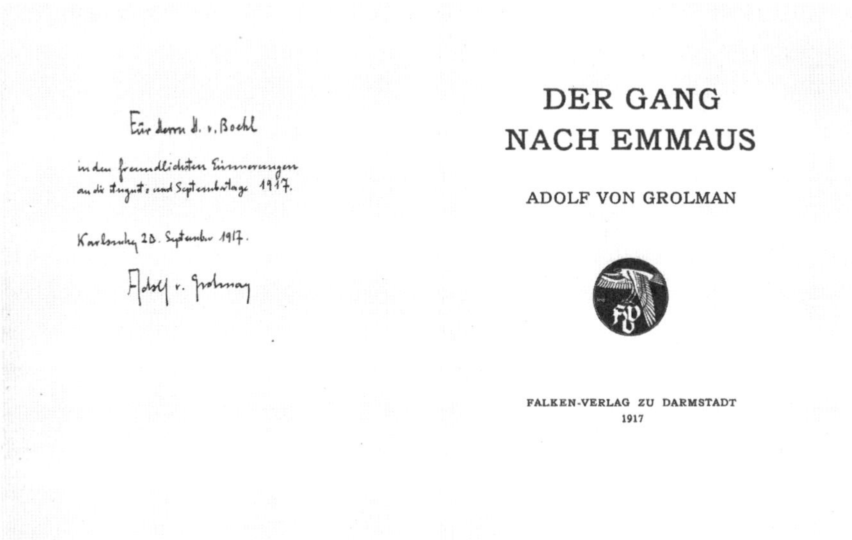

Für Herrn H. v. Boehl

in den freundlichsten Erinnerungen
an die August- und Septembertage 1917.

Karlsruhe 20. September 1917.

Adolf v. Grolman

DER GANG
NACH EMMAUS

ADOLF VON GROLMAN

FALKEN-VERLAG ZU DARMSTADT
1917

Adolf v. Grolman: Der Gang nach Emmaus. Innentitel mit Widmung von Adolf v. Grolman

GERD GRUMBACH

VOM ETHOS DES
WAHREN SCHRIFTSTELLERS

—

Zum 60. Geburtstag Adolf von Grolmans
am 6. Oktober 1948

Grolman
6. 10. 48

Gerd Grumbach: Vom Ethos des wahren Schriftstellers. Titelblatt mit Signatur von Adolf v. Grolman

practisch kaum durchführbar" sei. Das „Finanzschifflein eines solchen homme de lettres" werde dank des Geldgeschenks „plötzlich einmal flott". Er verwandte die Summe u.a. dazu, die Friedhofspacht für jene Grabstellen, in denen seine Mutter und andere Verwandten begraben lagen, für einige Jahre zu erneuern.[55]

Während v. Grolman darbte, besonders zu Zeiten der Hyperinflation, schien Thomas Mann seine Feder immer geschickter in den Dienst gewinnträchtiger und öffentlichkeitswirksamer Zwecke zu stellen und neben der hohen Literatur mehr und mehr Gelegenheitsarbeiten zu produzieren. Die Kommerzialisierung der Literatur, ihre Ausbeutung und Degradierung zum Zwecke des Broterwerbs bzw. der Gewinnmaximierung, die Verschwendung schriftstellerischen und künstlerischen Talents auf dem Buchmarkt und dem politischen Parkett – das meinte v. Grolman Thomas Mann vorhalten zu müssen, und die Schuldige an dieser Zwischenkriegsentwicklung sah er in dessen Finanzministerin, Katia Mann.[56] Die Aktualisierung des antijüdischen Stereotyps durch die eigene wirtschaftliche Kalamität konnte jedoch erst 1922/1923 geschehen, so dass sie den Bruch zwischen v. Grolman und den Manns allenfalls unterhalten, jedoch nicht verursacht haben kann.

Von solchen Tendenzen und Friktionen konnte also vor dem Bruch des Jahres 1919 noch nicht die Rede sein, wie eine weitere Besprechung zeigt, die Adolf v. Grolman am 26. Oktober 1918 für Die Pyramide zu Papier brachte:

> Seit September 1918 erlebt die deutsche Seele Ueberraschung nach Ueberraschung; es stürmt an Neuem, an Ersehntem und an Unerwünschtem fast täglich so viel auf sie ein, so vieles erregt, enttäuscht und kränkt sie, daß man geradezu von einer Generaloffensive gegen die innere Ruhe der deutschen Seele sprechen kann; gleichsam eine Zusammenfassung aller Einzelheiten des langen Krieges, eine abrechnende Synthese, ein Herbststurm, in dem das abfällt, was sterben muß – und trotz der 4 ½ Jahre Krieg wird die unermüdliche deutsche Seele noch mehr denn je beeindruckt, wird hin- und hergetrieben, flattert unsicher, aber nicht „zwischen Zeit und Ewigkeit", sondern zwischen Entscheidungen und Streit über Gegenwartsfragen, über Politik, über Demokratisierung. In all diesen Ueberraschungen erhielt der Freund der deutschen Literatur nun noch eine besondere für sich in Thomas Manns neuester Veröffentlichung: *Betrachtungen eines Unpolitischen.* Ein dicker Band, enggedruckt, in 12 verschieden langen Kapiteln, von denen drei z. T. bereits in der Neuen Rundschau veröffentlicht worden waren. Die Gewissenhaftigkeit und Gründlichkeit Thomas Manns zeigt sich schon darin, daß er dem umfangreichen Schriftwerk, das Abhandlung, Bekenntnis, Polemik, Meditation in einer elegischen Mischung und individualistische „Erbostheit" und Ironie enthält – daß der Verfasser also diesem Ganzen, das wie eine geistige Festung anmutet, noch eine lange Vorrede gibt, die sich noch einmal über Wesen, Sinn und Zweck des Ganzen Rechenschaft abzulegen versucht, ein genialer Versuch, alle nur erdenkbaren Einwände und Angriffe gegen den Inhalt des Werkes gleich

[55] Vgl. Adolf v. Grolman an Albert Schweitzer mit Brief vom 5.11.1951 [Privatarchiv]. Aus dem Brief geht hervor, dass v. Grolman mehrfach Gast bei den Schweitzers in Günsbach war.

[56] Am Todestag Thomas Manns brachte v. Grolman seinen Vorbehalt auf die Schmähformel: „[...] seine Gattin née Brings-heim (das Geld nämlich)". Generallandesarchiv Karlsruhe, Abt. N, Dr. Dr. A. v. Grolman, Nr. 13 (2): Tagebücher mit Zeitungsausschnitten, Bemerkungen zu Tagesereignissen 1955-1961.

zu Beginn in Klassen zu ordnen und zu widerlegen. Denn daß es an Opposition gerade bei diesem Buch nicht fehlen werde, wußte sein Verfasser im Voraus. Aber um was handelt es sich denn nun eigentlich in diesem sonderbaren Buch? – Es ist eine Art von Synthese des deutschen Geisteslebens im Krieg, gesehen von einem Künstler, der es für seine innerlichste Verpflichtung erachtete, seine Aufzeichnungen und Anmerkungen zu Tag und Stunde, in ein großes Ganzes zu vereinigen, der der großartigen Versuchung erlag, all sein Leid, seinen Kummer, aber auch seine Freuden und Hoffnungen sich in einer Art von synthetisierendem Gebilde von der Seele zu schreiben, und nichts von dem zu vergessen, das ihm auf den Nägeln brannte. Von dieser seelischen Einstellung aus kam die große Beichte zu stande, dieser – erst bei langem Studium in seiner ganzen Größe erkennbare Versuch, Selbsterklärung und Selbstaufklärung im Namen einer alles umwälzenden Kriegszeit zu erzwingen, dieses Buch, in dessen Natur es liegt, daß es in Exkursen ständig von seinem Hauptgedanken abkommen muß (obgleich diese Abschweifungen vielleicht gerade in ihrer Losgelöstheit vom Ganzen das Verständnis dieses Ganzen erst ermöglichen). So kommt es, daß eben einfach alles in dieses Buch hineingehört, „das ein Dokument sein und als solches zurückbleiben möchte, wenn die Wasser sich verliefen" (S. 172). Natürlich kann tatsächlich nun alles nicht darin enthalten sein, und so ist das Werk von vornherein Torso, Ruine, lastendes Massiv, das stürzen und dabei Schaden anrichten, das aber auch stehen bleiben kann und „manch' einem leben hilft, weil der Verfasser es sich hat sauer werden lassen" (S. 200). Dieser würdige Ernst und diese Selbstzucht gibt Thomas Mann Verpflichtung und Recht zu dem Werk als solchem und zu dessen abertausend Einzelheiten, von denen viele bald oder erst im Lauf der Zeit sich als irrig, einseitig gesehen und unhistorisch erweisen können, von denen andere wieder in späteren Zeiten eine große Macht ausströmen werden, wie dieses: „Nie war die individualistische Differenzierung des Ich vom ganzen so sehr ein Gebot des Anstandes, ein Gebot des Stolzes und der Bescheidenheit, wie heute, da persönliche Wichtigkeit sich hinter dem nationalen Vorzeichen bläht und mancher Lump sich einbilden mag, weniger ein Lump zu sein, weil er sich einen deutschen Lumpen nennen darf." (S. 125/126)

Auf dem ganzen Werk lastet ein tragisches Mißgeschick: es ist historisch geworden längst vor seinem Erscheinen. Die Aufzeichnungen heben bald nach Kriegsbeginn an und enden im Jahre 1917. Wenn die Daten der jeweiligen Entstehung beigefügt wären, so würde die Verständlichkeit der Ausführungen größer sein. Denn vieles spielt auf Dinge, Menschen und Verhältnisse an, die damals bei der Niederschrift wichtig waren und heute vor der Flut des Neuen – vielleicht sogar mit Recht – vergessen und ohne Kommentar fast nicht mehr verständlich sind. Aber noch eines: selbst wenn dies alles nicht der Fall wäre, so ist das Buch gerade um ein Jahr zu spät erschienen. Es kam in den Tagen der politischen Neuorientierung heraus, nicht zu der Zeit, als man sie beriet, sondern da, wo das Prinzip bereits statuiert war. Ein Jahr früher, Vieles würde haben beeinflussen können [sic] und vor allem stünde das Werk nicht in vielem stark in Gegensatz zu den Prinzipien der neuen Regierung. Das ist beklagenswert, – viele werden sich auch gerade darüber freuen. Immerhin – ein Versuch vorliegender Art wird und muß historisch werden, um in seiner ganzen Wichtigkeit beurteilt werden zu können. Spätere Geschlechter werden gerade diesen Torso Thomas Manns der eindringlichen Untersuchung und einem kritischen Studium zu unterwerfen haben, und vieles, das im Augenblick diskutabel, ja, für den oder jenen ein Aergernis ist, wird sich seinerzeit berichtigen, mildern und erst dann zu einer Rückwirkung kommen. Denn die Quintessenz des Buches findet sich in dem (augenblicklich unzeitgemäßen) Satz: „es ist so und nicht anders, daß in Deutschland die Bejahung des Nationalen die Verneinung der Politik und der Demokratie in sich schließt – und umgekehrt" (S. 249), wobei aber ja nicht unterlassen werden darf, hinzuzusetzen, was gleich nachher kommt (S. 270): „Wenn Zwei Demokratie sagen, so ist es von vornherein wahrscheinlich, daß sie etwas sehr verschiedenes meinen; man muß einzeln mit ihnen diskutieren." – Diese weise Besonnenheit gibt dem Studium des Werkes einen großen Reiz; es ist stolz, liebevoll, einsiedlerisch, ironisch, gelehrt, boshaft, kritisch, erhaben über das Alltagsgeschwätz – alles, was man will; aber es ist vor allem der Ausdruck von Güte, ein Umstand, den viele Leser über ihnen unangenehmen Einzelheiten vergessen werden. Diese Güte und die Ehrfurcht im Goetheschen Sinn (vgl. S. 244) berechtigen den Verfasser zu dem, was er tut, und mit dem man in vielem nicht einig gehen kann und braucht; wenn aber die Einigkeit über jene seelische Grundtendenz: Güte und Ehrfurcht besteht, so lassen sich die Meinungsverschiedenheiten von der Härte befreien, die sie andernfalls hätten.[57]

Niemand kann sich mit dem in jedem Sinn enormen Inhalt dieses Ergebnisses mehrjähriger Arbeit in Kürze und im einzelnen auseinandersetzen. Man wird entweder langsam und gründlich studieren und überlegen, oder aber jede Kenntnisnahme von vornherein aufzugeben haben. Die Fülle der Einzelheiten zwingt dazu, weil sie ein innerer und wohldurchdachter Grundgedanke zusammenhält. Vor allem muß man mit dem festen Willen zur Duldsamkeit und zum Eingehenwollen an diese Konfession eines Künstlers herantreten. Denn das literarische Künstlerproblem, die Auseinandersetzungen mit Romain Rolland und mit jenem fast dramatisch belebt dargestellten Typus des „Zivilisationsliteraten", ferner der Exkurs über Eichendorffs *Taugenichts* und Pfitzners *Palestrina* – dies alles und noch viel mehr kreist im letzten um das Thema: „was mich empört, ist die Erscheinung des geistigen Satisfait, der sich die Welt im Zeichen des demokratischen Gedankens systematisiert hat und nun als Rechthaber, Rechthabender lebt. Was mir Galle macht und wogegen ich mich zur Wehr setze, ist die gefestigte Tugend, die selbstgerechte und tyrannische Hartstirnigkeit des Zivilisationsliteraten, welcher den Grund gefunden hat, der ewig seinen Anker hält, und verkündigt, daß jedes Talent verdörren müsse, das sich nicht eilends demokratisch politisiert, – sein Unterfangen also, Geist und Kunst auf eine demokratische Heilslehre zu verpflichten." (S. 323.) Denn Thomas Mann stellt sich mit vollster Energie auf den Standpunkt, daß bei einem Deutschen „das Tiefste im Menschen Politisches überhaupt nicht aufzurühren vermag." (S. 329.) Es mag sein, daß man sich an diesen Standpunkt dereinst, vielleicht in Wehmut, noch öfters erinnern wird. Wie dem auch sei: „das Werk, das sich so scharf gegen den „wölfischen Merkantilismus" (S. 133), gegen die „Verwechslung von Liebe und Massenvertrieb von Dichtung" (S. 183) wendet, das so viele feine Klugheiten über dies und das zu sagen hat – dieses Werk ist in seiner ehrlichen Unmöglichkeit doch nur scheinbar resultatlos. Nachdem es nun um ein Jahr zu spät gekommen ist, wird es lange und entsagungsvoll daneben stehen müssen, bis die Zeiten für es wieder aufnahmefähig geworden sind. Damit ist nichts gegen das Werk als solches gesagt. Die äußeren Umstände haben eine gleichsam tragische Konstellation gezeitigt, nicht die einzige in diesen Tagen.

Literarhistorisch sind diese *Betrachtungen eines Unpolitischen* nicht leicht zu charakterisieren: es sind patriotische Phantasien, wobei aus Anlaß des Begriffes „patriotisch" das Problem des Künstlertums, der schriftstellerischen Wirksamkeit in ihren verschiedenen Abwandlungen und Phasen autobiographisch und in bezug auf das subjektive Kriegserlebnis abgehandelt werden. Man erwarte kein „politisches Lied", das doch immer ein arges Lied wäre, wohl aber eine Prosadichtung, die innerlich dem Roman *Königliche Hoheit* sehr nahe steht. Wenn auf dem Reklameumschlag behauptet wird, man könne hierbei von den „intellektuellen Buddenbrocks [sic]" sprechen, so scheint das eher irreführend, als erläuternd. Denn wenn in den *Buddenbrocks* [sic] ein chronikenhafter Charakter angestrebt und vom Dichter in schönster Weise auch geschaffen ist – jene Präzision in Aufbau und Disposition, jene Einheitlichkeit und Geschlossenheit sind hier nicht wieder erreicht. Und vor allem ist jene Realität hier nicht wieder zu finden, auch nicht der Realismus, aus dem jenes Werk damals entstanden ist. Die *Betrachtungen eines Unpolitischen* sind vielmehr offenbar eine Art von Märchendichtung, wie jener andere Roman in typischer Weise eine solche ist, d. h. die nächstliegenden Bezüge zum Gegenwartsleben werden in vielfach sym-

[57] Laut Hans v. Hülsen charakterisieren Ernst und Güte nicht nur das Werk Thomas Manns, sondern seine Persönlichkeit: „es ist sein menschliches Teil, das stark und unvergeßlich auf mich wirkte: Ernst und Güte." Vgl. Hans v. Hülsen: Zwillings-Seele, Bd. 1, 25.

bolischer Weise abgewendet zu einer halb ironischen und halb wehmütigen Variationenfolge über das Thema: so „ist" es und leider nicht anders. Man muß diesen Unterschied wohl immer sich gegenwärtig halten. Denn sonst wäre es nicht zu verstehen, warum ein Kunstwerk dichterischen Gehaltes eine Fülle tatsächlicher Angriffspunkte darbieten sollte für Menschen, die ihm wie den Anschauungen des Verfassers aus irgend welchen Gründen fernstehen (vgl. S. 108 oben). Noch viel mehr als in seinen bisher veröffentlichten Werken stellt Thomas Mann sich und sein Seelenleben einer Kritik jeder Art dar, gibt er sich Anfeindungen preis, von denen für Werk und Verfasser nicht viel Frohes zu erwarten ist. Das Werk wendet sich an einige wenige, die es angeht. Wer dies aber sei, läßt sich nur von Fall zu Fall vom jeweiligen Leser feststellen und wiederum nur für seine eigene Person. An dieser Schwierigkeit ist nicht vorbeizukommen, und diese Schwierigkeit ist es auch gerade, die das Werk literaturhistorisch so außerordentlich wertvoll und wichtig macht. Denn die Vornehmheit des Verschweigens ist bei aller Bloßstellung durchaus gewahrt und die Problematik unserer Zeit spiegelt sich auf das allerdeutlichste in den Ausführungen, die so leicht und doch wieder so schwer von jedem Einzelnen und von Fall zu Fall zu kritisieren sind. Auch hier zeigt sich die Tragik von Werken, die an der Wende von Weltaltern stehen, vorwärts und rückwärts schauend, mutig und doch resigniert. Und wenn Thomas Manns Aufsatz *Friedrich und die große Koalition* so viel einseitige und hämische „Kritik" (?) hat erleiden müssen (vergl. S. 165), so wird dies im vorliegenden Werk noch in ungleich höherem Maß der Fall sein. Hierbei ist aber nur immer daran zu erinnern, daß es Hauptsache ist, wenn die Sache gefördert wird, mag man auch über Mittel und Wege dazu nicht immer gleicher Meinung sein.

Die äußeren Umstände sind über das Werk als Ganzes hinweggeschritten, haben es historisch gemacht. Widerlegt haben sie es noch nicht; das wird man erst später beurteilen können. Aus dem Jahre 1916 stammt z. B. der Satz (S. 185): „Denn um nationale Leidenschaft in Deutschland möglich zu machen, ist tiefste Erniedrigung, äußerstes Elend nötig, und dieser Krieg, unselig nicht, weil er nicht ganz gut, sondern weil er nicht ganz schlecht geht, – diese Halbheit, die das Land in Sicherheit läßt, Gleichgültigkeit gegen die Ereignisse, öffentliche Apathie und individuelle Korruption züchtet; – ich gebe zu, daß im nationalen Sinne nichts Schlimmeres hätte kommen können." Bei diesem und noch manch anderem Satz spürt man, daß die Ereignisse noch lange nicht über alles im ganzen Buch hinweggeschritten sind oder gar es widerlegt hätten, und es könnte möglich sein, daß aus der Ueberraschung für den Freund der deutschen Literatur, welche in Th. Manns Werk zweifellos und nicht restlos erfreulich sich ihm darbot, – daß aus dieser Ueberraschung noch manche andere in diesen Tagen folgen kann, wo die Welt aus ihrem Schlaf aufgestört ist und die Zeit zum künstlerischen und wissenschaftlichen Wiederaufbau sich erst langsam zu nähern scheint.[58]

V. Grolmans Besprechung ist aus mehreren Gründen interessant, und die Forschung wird sich ihrer noch ausführlicher annehmen. An dieser Stelle sei lediglich auf die Charakterisierung des Buches als „Märchendichtung" hingewiesen. V. Grolman rückt es als solche in die Nähe des Romans *Königliche Hoheit* und weg von dem realistisch-naturalistischen Erstlingsroman, den *Buddenbrooks*. Auf diese Weise entpolitisiert und dekontextualisiert er einen Text, an dessen politischer Zündkraft zum Zeitpunkt seines Erscheinens kaum ein Zweifel bestehen konnte. V. Grolmans Rezension versieht die in der Thomas Mann Forschung der Nachkriegsjahre popu-

58 Adolf v. Grolman: Auch eine literarische Ueberraschung, in: Die Pyramide (3.11.1918) 174-175.

läre Deutung der *Betrachtungen* im Kontext der Konservativen Revolution[59] oder als reaktionäres Manifest mit einem unübersehbaren Fragezeichen.

Der Kontakt, wenn auch bilateral getrübt durch die Lektüre von *Wälsungenblut* einerseits und v. Grolmans angebliche Albernheit zur Teestunde des 12.11.1918 andererseits, blieb zunächst auch erhalten, als v. Grolman nach Giessen übersiedelte und dort im Sommersemster 1919 das Werk Thomas Manns zum Gegenstand einer Vorlesung machte, für die der Dichter ihn mit Materialien versorgte.[60] Die Verleihung der Ehrendoktorwürde an Thomas Mann seitens der Philosophischen Fakultät der Universität Bonn im August 1919 bildet den letzten Anlaß zu einem knappen und deutlich kühleren Kartenaustausch. Danach scheint v. Grolman den Kontakt zu Thomas Mann abgebrochen zu haben, sieht man einmal von seinem zaghaften Annäherungsversuch aus dem Jahre 1927 ab.

Über die Gründe dieses Bruchs, der nachhaltig war, läßt sich vorerst, wie bereits angeklungen, nur indizienhalber sprechen, und man tut gut daran, gut thukydideisch Gründe von Anlässen zu unterscheiden.

Positive Äußerungen zur Person und zum Werk Thomas Manns haben seither Seltenheitswert und beziehen sich fast ausschließlich auf das Frühwerk bis zum Erscheinen des *Zauberberg* im Jahre 1924. Im Juniheft der Zeitschrift Die schöne Literatur, Jahrgang 1927, gedenkt v. Grolman Thomas Manns „tiefergreifende[r] Abschiedsworte", die dieser im Mai 1913 am Grabe des vierzigjährig verstorbenen Friedrich Huch (1873-1913) gesprochen habe und nennt sie „vielleicht das Menschlichste", „was er je geäußert hat".[61] Und vollends aus der Reihe der Invektiven gegen Thomas Mann, die v. Grolman seit den 20er Jahren drucken ließ, seinen Briefpartnern mitteilte oder seinem Tagebuch anvertraute und die auch Thomas Manns Tod im Jahre 1955 überdauerten, tanzt der folgende Satz vom 4. Juni 1943: „Thomas Mann ist halt nach wie vor der einzige, der deutsch schreiben kann."[62]

Doch was ansonsten von jenen Jahren der Freundschaft und Liebe übrig blieb, war der bittere Nachgeschmack tiefster Enttäuschung und lebenslange Funkstille zwischen den einst Befreundeten. V. Grolman machte in der Folgezeit seiner Bitterkeit gelegentlich Luft als Rezensent und Autor literaturkritischer oder -historischer Arbeiten, indem er zum Teil recht unvermittelte Seitenhiebe auf das Werk und die

[59] Vgl. Armin Mohler: Die Konservative Revolution in Deutschland 1918-1932 (Stuttgart: Friedrich Vorwerk 1950) Graz: Leopold Stocker 1999^5, 67 f. und 127.

[60] Tb, 26. und 27.5.1919.

[61] Vgl. Adolf v. Grolman: Friedrich Huch, in: Die Schöne Literatur 28. Jg. (1927) 241-246, 241. Siehe auch Hans v. Hülsen, Zwillings-Seele, Bd. 1, 20: „Thomas Mann, der ihn liebte, hielt ihm die schöne Grabrede."

[62] Adolf v. Grolman: Aphorismen, Eintrag vom 4.6.1943 [Privatarchiv].

Person Thomas Manns losließ. Sein wichtigstes Forum wurde die Zeitschrift Die schöne Literatur, die 1931 in Die Neue Literatur umbenannt werden sollte und deren ständiger Mitarbeiter v. Grolman im Jahre 1924 wurde.[63] Der Herausgeber der Zeitschrift war Will Vesper (1882-1962)[64]. Er machte sich einen Namen als völkisch-nationaler Schriftsteller und Gefolgsmann der Nationalsozialisten, der Führer-Gedichte schrieb, „seine Kinder mit dem Siebenstriem dressiert und beim Lesen seiner eigenen Gedichte in Tränen ausbricht"[65]. In einem Fragment gebliebenen Romanessay seines Sohnes Bernward Vesper, das unter dem Titel *Die Reise* erst sechs Jahre nach dem Freitod seines Verfassers im Jahre 1971 von Jörg Schröder im März Verlag herausgegeben und zum Kultbuch der späten siebziger Jahre wurde, heißt es weiter: „Ja, ich wußte genau, daß ich Hitler war, bis zum Gürtel, daß ich da nicht herauskommen würde, daß es ein Kampf auf Leben und Tod ist ... aber es ist gar nicht Hitler, es ist mein Vater, ist meine Kindheit."[66]

An eben jenen Will Vesper, der in demselben Jahr der NSDAP beitritt, schreibt v. Grolman am 20.5.1931:

> Aber nennen Sie mir ein Buch, das die Wirklichkeit sieht, und zu wirklichen Menschen sich wendet? Sie können mir keines nennen? Der Erfolg des frühen Th. Mann liegt einzig und allein darin, dass er im *Tonio Kröger*, in den *Buddenbrooks*, in dem *Tod in Venedig* eben das tat, und, dass Fischer eben das Geschäft versteht, und die christlichen Autoren sind die Opfer der Vorurteile und der Eigensüchtigkeit ihrer nicht genügend kaufmännischen Verleger!! ecco, und hier nehme ich niemanden aus. Der *Freund Hein* des frühen Emil Strauss, die frühen Werke von Hesse, der frühe Gerhart Hauptmann – - ja, das sind für die damalige Zeit Wirklichkeiten gewesen. Was wird aber heute geschrieben, von nichtjüdischer Seite her? Träumereien, Phantasien, Caprizen, Capriccios, Tendenz, ... Sie wissen, dass ich gerecht bin, und dass mir die jüdische Vorherrschaft auf dem Büchermarkt und in der sichtbar werdenden Production nicht erfreulich, ja gefahrvoll erscheint; aber was tut man denn dagegen? man mault, und auch Sie maulen – Verzeihung, das tun Sie? aber wo ist der christliche Autor, welcher sich einmal mit der akuten und actuellen Wirklichkeit ohne rêverien wirklich auseinandersetze? etwa Abtreibung, Gleichgeschlechtlichkeit, Räuberinstinct, Unterwelt, Jugendbewegung, sozialer Kampf. Einzig Georg Fink tut es, und dessen Bücher werden nicht angezeigt von der n[euen] L[iteratur]? Mit Boykott auf so

[63] Zu dieser Zeitschrift, deren Erscheinen im März 1943 eingestellt wurde, vgl. Gisela Berglund: Der Kampf um den Leser im Dritten Reich. Die Literaturpolitik der ‚Neuen Literatur' (Will Vesper) und der ‚Nationalsozialistischen Monatshefte', Worms: Heintz 1980 (= Deutsches Exil 1933-45, Bd. 11); Gerd Simon: „Art, Auslese, Ausmerze...", 28-34.

[64] Zu Will Vesper vgl. Jürgen Hillesheim und Elisabeth Michael: Lexikon nationalsozialistischer Dichter. Biographien – Analysen – Bibliographien, Würzburg: Königshausen und Neumann 1993, 441-443; Susanne Schwabach: Will Vesper, in: Literatur von nebenan (1900-1945), hrsg. von Bernd Kortländer, Bielefeld, Aisthesis 1995, 366-370; Gerd Simon: „Art, Auslese, Ausmerze...", 28-30; Werner Mittenzwei: Der Untergang einer Akademie oder die Mentalität des ewigen Deutschen. Der Einfluß der nationalkonservativen Dichter an der Preußischen Akademie der Künste 1918 bis 1947, Leipzig: Faber & Faber 2003².

[65] Zitiert nach Gerd Heistermann: s. v. ‚Bernward Vesper', in: Kindlers Neues Literaturlexikon, Bd. 17, 95.

[66] Ebenda, 96. Am 27.10.1947 schrieb v. Grolman an Lambert Schneider [Privatarchiv]: „Ich bin von Vesper frühe genug aus seiner ‚Neuen Literatur' hinausgeekelt worden und kam dort ja seit 42 kaum mehr zu Worte." Wie die im Marbacher Literaturarchiv aufbewahrten Briefe zeigen, die v. Grolman Will Vesper in den 30er Jahren schrieb, war man sich uneins über die antijüdische Tendenz der Zeitschrift, von der v. Grolman abriet, über Sinn und Zweck der darin aufgenommenen Sparte „Unsere Meinung", in der auch anonym gehetzt wurde, was v. Grolman prinzipiell ablehnte, über den Grad der Politisierung, den der sich unpolitisch dünkende v. Grolman überzogen fand. Zu der Politik der Zeitschrift vgl. Gisela Berglund: Der Kampf um den Leser im Dritten Reich.

kindlicher Grundlage und ohne Besserleistung und wirtschaftliche Macht ist gar nichts geholfen, als dass der Antisemitismus zeigt, dass er zwar nicht kritisieren kann, aber auch nichts positives leisten. Ich nehme Carossa, Zerzer, Stehr, Brandenburg, Schäfer ... alles Träumer und Träume. Schäfer hat Erfolg, wie jetzt etwa mit dem Köpeniker! Aber warum hat Zuckmeyer einen grösseren? weil er – anders als Schäfer – Wirklichkeiten sieht, und nicht einen Kleiderständer, um höchst überalterte „deutsche" Vorurteile und längstverstaubte Dinge dranzuhängen.[67]

In einem Brief vom 2.9.1931 charakterisiert v. Grolman die Zeitschrift folgendermaßen:

Die Zeitschrift ist nicht einseitig, dient keiner Partei, ist offen für jeden anständigen Menschen; sie will eine, wie ich es nenne, ‚kulturkonservative' Richtung pflegen, d.h. sie lässt sich nicht von jedem xbeliebigen Neutöner oder lit. Experimentator bezaubern, sondern kämpft mitten in unserer destructiven Zeit für die Erhaltung des Erhaltenswerten, das man sich nicht will zerzausen lassen. Mit manchem darin bin ich nicht einverstanden; als es sich darum handelte, die kathol. Literatur zu übernehmen, tat ich das, weil mich immer das Wort verdross: ‚katholica [sic] non leguntur', und jetzt sind einige kathol. Mitarbeiter gewonnen, die ihr Sach recht nett machen, und ich selbst übernehme fast nur das speziell Wissenschaftliche, aber nicht ausschliesslich. Im Gegensatz zu andern schreibe ich nie anonym; was nicht mit meinem Namen gezeichnet ist, ist nicht von mir; ob ich es billige, kann ich Dir nur von Fall zu Fall sagen; es giebt eine lange Reihe von ehemaligen Mitarbeitern, die wir ausgebootet haben, als sie einseitig wurden oder zu hetzen und zu stänkern versuchten; neuerdings wehrt auch die N Lit gegen das Üble in der verjudeten Literatur, sehr mit Recht, und vor allem wendet sie sich gegen die künstlich hochgeputschten Scheingrössen, so Leute à la Thomas Mann, G. Hauptmann, St. Zweig; das siehst Du aber erst in seinen Gründen, wenn Du die letzten 3 Jahrgänge durchsiehst.[68]

Laut Günther Röhrdanz war die Zeitschrift Mitte der 20er Jahre, als v. Grolman ihr ständiger Mitarbeiter wurde, die „einzige[n] völkische Literaturzeitschrift".[69]

In dieser Zeitschrift also reitet v. Grolman, der pro domo in den 20er Jahren Literaturgeschichtsforschung nach deutschen Landschaftsstämmen im Sinne Josef Nadlers (1884-1963) propagiert, seine Attacken gegen Thomas Mann. Hier eine Kostprobe:

Am 4.9.1926 bespricht v. Grolman Thomas Manns 1926 erschienene *Pariser Rechenschaft*:

Ende Januar 1926 ist auch Thomas Mann nach Paris gefahren, zu bestimmten, sozusagen offiziösen Gelegenheiten, dort wurde er herumgereicht, hat Reden gehalten und angehört und eine Unmenge anderer Intellektueller gesehen und gesprochen. Über all das gab es seinerzeit in der Tagespresse ein ziemliches Durcheinander und verschiedenartige Berichte

[67] Adolf v. Grolman an Will Vesper mit Brief vom 20.5.1931 [Deutsches Literaturarchiv Marbach].

[68] Adolf v. Grolman an Paolo mit Brief vom 2.9.1931 [Privatarchiv]. Der Empfänger ließ sich nicht ermitteln. In seinem Antwortschreiben vom 4.9.1931 macht v. Grolmans Briefpartner ihn auf Theodor Haeckers (1879-1945) „Satire und Polemik 1914-20", erschienen 1922, aufmerksam, in dem Thomas Mann und Gerhart Hauptmann „Hiebe" bekämen, „daß es nur so klatscht".

[69] Günther Röhrdanz: Im Dienst und Kampf für deutsche Dichtung, (6.10.1938) 4. In einem Brief vom 10.9.1939 an seine Mutter [Privatarchiv] bezeichnet v. Grolman Röhrdanz als „total überarbeitet und verrückt". Im Grolman-Nachlass des Generallandesarchivs Karlsruhe hat sich unter der Nr. 33 ein Brief von v. Grolman an Röhrdanz aus dem Jahre 1935 erhalten.

wurden verschieden glossiert. Das ist alles längst vorüber und unabhängig davon legt der Heimgekehrte sich nun „Rechenschaft“ ab über den Trubel dieser neun Pariser Tage. Er weiß amüsant und – wie immer – etwas allzu gescheit über all die Dinge zu berichten, indem er sie halb ernst nimmt und sie und sich selber in dieser seiner Rolle als literarischer commis voyageur ironisiert: viele Kleinigkeiten, von jedem Etwas, jedem eine geschickte Liebenswürdigkeit, immer auf dem Sprung, gänzlich Anempfinder. Kurzum: ein „Bericht“, hingestrichelt, skeptisch, gewollt leicht; aber „Rechenschaft“? Thomas Manns wohlbekannte Terminologie versteht sonst unter „sich Rechenschaft ablegen“ ganz etwas anderes. Was hier – tant de bruit pour si peu – zu solchem Zweck von ihm zum Druck befördert wurde, ist Gelegentliches, zu umständlich und beladen, um französisch zu wirken, zu fahrig, um dem zu entsprechen, was Thomas Mann sonst als „deutsch“ auffaßt. Er hat eigentlich sehr wenig in Paris erlebt und gesehen, auch wenn er sich und dem Leser einzureden versucht, dass in den neun Tagen Dinge von Belang geschehen seien, die Begegnung mit Mereschkowski allein ausgenommen. Es ist sehr gut, wenn Deutsche vom hohen geistigen Rang und von der Lebenserfahrung Thomas Manns in Frankreich ausgleichend und verbindend wirken: nur sollte – wenn schon gedruckte „Rechenschaft“ als Buch veröffentlicht wird – diese Angelegenheit etwas substanzieller behandelt sein, als es in diesem Büchlein geschehen ist.[70]

Die Kritik an Thomas Manns Rechenschaftsbericht wird vor allem verständlich vor dem Hintergrund der lebenslänglichen Bemühungen Adolf v. Grolmans um die deutsch-französische Völkerverständigung. Als Sohn einer Französin und eines Deutschen und als Bürger von Karlsruhe mit allerlei Grenzlanderfahrungen war ihm diese Aufgabe gewissermaßen in die Wiege gelegt. In Genf hatte er als Student sein Französisch perfektioniert, war seither in Wort und Schrift zweisprachig und pflegte zahlreiche Kontakte mit Franzosen und ihrem Land, das er häufig bereiste. In einem Brief vom 6.5.1945 an einen Herrn Dr. Richter behauptet v. Grolman, der „intellectuelle Gründer des ‚Sohlbergkreises‘“ zu sein.[71] Damit stellt er sich an die Spitze einer Bewegung, deren Ziel die überbündische deutsch-französische Jugendaussprache war.[72] Vom 28.7. bis 3.8.1930 trafen sich etwa 100 junge Franzosen und Deutsche auf dem Sohlberg, einem 780 Meter hohen westlichen Ausläufer des Schwarzwaldes, von dem „der Blick an schönen Tagen weit hinunter ins Renchtal und in die Rheinebene“ wandert und „am Horizont die Silhouette des Straßburger Münsters“ erblickt.[73] An diesem symbolträchtigen Ort fand ein Gedankenaustausch in From von Referaten und Gesprächen, beim Frühsport, auf Ausflügen, bei Kammermusik und Laienspiel wie beim abendlichen Lagerfeuer statt, der „vom Elend Deutschlands und seiner täglich größer werdenden Arbeitslosigkeit, von Konflikten mit den in

[70] Adolf v. Grolman: Mann, Thomas: Pariser Rechenschaft. Berlin: S. Fischer 1926 (121 S. 80) 2.50 M; geb. 3.50 M., in: Die Schöne Literatur 27. Jg. (1926) 558.

[71] Adolf v. Grolman an Dr. Richter mit Brief vom 6.5.1945 [Privatarchiv].

[72] Roland Ray: Annäherung an Frankreich im Dienste Hitlers? Otto Abetz und die deutsche Frankreichpolitik 1930-1942, München: Oldenbourg 2000, 23-71.

[73] Ebenda, 23.

Erbfeind-Kategorien denkenden Eltern, vom französischen Sicherheitsbedürfnis und von der Notwendigkeit einer Revision des Versailler Vertrags, von Erziehungs- und Schulfragen, künstlerischen Strömungen, Forschung und Glauben" handelte.[74] Adolf v. Grolman steuerte einen Vortrag über deutsche Gegenwartsliteratur bei.[75] Die Sohlbergfahrer diskutierten den Plan einer „'Europäischen Föderation', den der französische Außenminister Aristide Briand im Mai 1930 in einem Memorandum dem Völkerbund dargelegt hatte, den die Reichsregierung jedoch ablehnte" und vollzogen im Kleinen, woran sie im Großen glaubten: „Wir sind die beiden Flügel des Abendlandes. Wer den einen zerstört, lähmt den Flug des anderen."[76] In der Sekundärliteratur zur Geschichte des Sohlbergkreises scheint der Name v. Grolman noch nicht den ihm gebührenden Platz gefunden zu haben.[77] Dass er nicht nur als Referent oder als Mitglied des Organisationskomitees seine Rolle spielte, sondern der spiritus rector dieser völkerverständigenden Initiative war, davon war er selbst auch Jahre später noch fest überzeugt. Als es 1938 angeblich einmal so aussah, als gehörte die Rede vom Erbfeind endlich der Vergangenheit an, schreibt er: „der Tag wird kommen, wo man hören wird, wer all diese Dinge geistig schuf und erlitt, auch wenn sein Name nicht genannt wird, und der bin ich. Das nur nebenbei."[78] Der Grund für diese Einschätzung liegt in seinem Verhältnis zu den treibenden Kräften des Sohlbergkreises auf deutscher Seite, Otto Abetz (1903-1958)[79], den er seit mindestens 1924 kannte, und zu dem Sohn eines jüdischen Bankiers aus Karlsruhe, Walter Strauss, den er bereits vor den 20er Jahren kennengelernt haben dürfte.[80] Auch die Referenten gehörten zum Teil zu v. Grolmans engsten Freunden, wie z. B. der Journalist Alfred Silbert[81] und

74 Ebenda, 23-24.

75 Ebenda, 24.

76 Ebenda, nach Romain Rolland: La nouvelle journée, Paris 1912, 230.

77 Ebenda, 24, 31, 52; Barbara Unteutsch: Vom Sohlbergkreis zur Gruppe Collaboration. Ein Beitrag zur Geschichte der deutsch-französischen Beziehungen anhand der Cahiers franco-allemands/Deutsch-Französische Monatshefte, 1931-1944, Münster: Kleinheinrich 1990 (= Münstersche Beiträge zur romanischen Philologie, 7), 48, 52 f., 55 f., 69.

78 Adolf v. Grolman an Will Vesper mit Brief vom 18.12.1938 [Deutsches Literaturarchiv Marbach].

79 Barbara Lambauer: Otto Abetz et les Français ou l'Envers de la Collaboration, Paris: Fayard 2001.

80 Walter Strauss an Adolf v. Grolman mit Brief vom 12.5.1947: „Lorsque tu m' as dit qu' on se connait bientôt depuis 30 ans [...]" Zu Strauss vgl. Ray, 2000, 33 und Anm. 49.

81 Vgl. dessen Bericht über das erste Sohlbergtreffen La jeunesse allemande chez elle, in: Notre Temps (24.8.1930) 411-413. Ausschnitte aus dem Artikel zitiert Ray, 2000, 47. In einem Brief vom 3.6.1946 [Privatarchiv] lässt Strauss v. Grolman wissen: „Parlons d'abord du messager. C'est Silbert, promu à un poste fort important à Berlin et qui s'arrêtra quelques jours à Baden-B[aden]. Lui, aussi bien que les autres amis, prend un vif interêt à ton sort. On pourrait certainement faire quelque chose pour toi – te faire parvenir des recommandations pour l'attaché culturel à Baden – te recommander à des services de Presse etc. Tout cela, évidamment seulement pour la zone française. Dis moi ce que tu fais, ce que tu as comme projets, comme perspectives etc. Faudra bien qu' on fasse quelque chose pour ces rares amis qui avaient une attitude non équivoque et, tout en dehors de tout cela, je songe plus tard (pas à ‚trop tard'!) et je voudrais essayer de préparer une rencontre – avant trop longtemps, si possible." Am 9.7.1946 schreibt Strauss an v. Grolman [Privatarchiv]: „Silbert est en ce moment à Paris. Il t' envoie ses grandes amitiés. Je te donnerai prochainement son adresse à Berlin laquelle ne sera fixée qu' à son retour dans cette triste ville [...]. Il n'y a que Silbert qui est resté célibataire enragé et toujours entouré de jeunes gens fort sympathiques!" In einem Brief vom 6.8.1946 an Walter Strauss [Privatarchiv] schreibt v. Grolman: „Ici, comme toujours, je ne connais personne, et voilà, le malheur que Silbert ne m'a pas visité; pour lui, quelques coups de telephone, moi – impossible de bouger de place, impos-

André Weil-Curiel[82]. V. Grolman war, was die deutsch-französische Verständigung betraf, so etwas wie ein geistiger Mentor der erstgenannten, gut 15 Jahre jüngeren Mitglieder, die, auf deutscher Seite, als die eigentlichen Aktivisten der Sohlbergtreffen in die Geschichte eingingen. Dass er sie im Rahmen der Jugendbewegung jahrelang auf solche und ähnliche Aufgaben vorbereitet hatte, indem er sie zu einem literarischen Kreis um sich scharte und Wandervogelgruppenarbeit leistete, wird zumeist übersehen. Neben der Mitarbeit im Jugendherbergswerk, dem Ausbau der Freizeitgesetzgebung für Jungarbeiter und der Pflege des Volksliedes, Volkstanzes und Laienspiels ging es der Gruppe um die Wiederannäherung zwischen Deutschen und Franzosen, um Begegnung, Austausch und Aussprache zwischen deutschen und französischen Jugendlichen. V. Grolman verschaffte ihnen umfassende Einblicke in das französische Geistesleben, er ermunterte sie zu Reisen nach Frankreich und vermittelte Kontakte. Auf diese Weise entstanden enge Freundschaften. Ihr institutioneller Rahmen wurde die Arbeitsgemeinschaft Karlsruher Jugendbünde, deren Leiter Abetz 1927 wurde. Auf französischer Seite dauerte es bis 1930, ehe Studenten der Sorbonne mit dem „Groupement universitaire franco-allemand“ (GUFA) eine Art Pendant gründeten und am Zustandekommen der Sohlbergtreffen aktiv mitarbeiteten. Am 26.10.1930, drei Monate nach dem ersten Sohlbergtreffen, konstituierte sich der Sohlbergkreis. V. Grolman scheint dabei auf deutscher Seite das gewesen zu sein, was Jean Luchaire, der Redakteur der Zeitschrift Notre Temps, auf französischer Seite war: Praezeptor, Mentor[83] und Aktivist. Ein zweites Sohlbergtreffen fand in Rethel vom 2. bis 9.8.1931[84], ein drittes in Mainz vom 20. bis 26.3.1932[85] statt. In Rethel schlug Abetz jedoch schon einen Kurs ein, vor dem v. Grolman warnte: Der Sohlbergkreis erklärte seinen Austritt aus dem GUFA. V. Grolman wirkte zwar auch weiterhin noch mit, z. B. mit einem Vortrag über Literatur am 25.1.1932[86], und blieb

sible, de ne rien faire qu'attendre. Je n'ai pas donné des demandes à personne [...] venant ici, faut savoir que nous manquons des laisser-passer (excepté les nazis, qui ont tout) pour aller à B[aden] B[aden], je ne vois aucun chemin de quitter la bagne boche. [...] Comme Silbert quitte Berlin fin août, inutile de lui écrire aujourd'hui; il ne prendra pas la lettre, mais il faut lui parler sérieusement, et n'oublie jamais la lettre de Himmler du 28. Juli 44, dans laquelle, avec sa propre signature, il ordonne de me mettre dans un KZ pour me ‚um einen Kopf kürzer zu machen'; j'en ai des photocopies, mais ici, tout cela ne sert à rien, car je ne suis pas nazi, qui gouvernent.“ Der am 27.9. und 4.12.1944 ausgebombte, auf 58 kg abgemagerte und von Haft und Verfolgung durch die Nazis traumatisierte und vollständig desillusionierte v. Grolman trug sich mit dem Gedanken, seinen Namen zu ändern und nach Frankreich auszuwandern. Von dem von Himmler unterzeichneten Todesurteil berichtete v. Grolman auch Hermann Hesse in einem Brief vom 5.9.1952 [Privatarchiv] und Otto Abetz mit Brief vom 27.10.1951 [Privatarchiv]. Vgl. Anm. 88.

82 Vgl. André Weil-Curiel: La rencontre du Feldberg, in: Notre Temps (8.2.1931) Sp. 247-248. Siehe auch Walter Strauss an A.v. Grolman mit Brief vom 20.8.1946 [Privatarchiv]: „Weil-Curiel est ici, époux d' une Tahitienne, père de 2 filles. Lui aussi me charge de te saluer très amicalement.“

83 Ray, 1996, 31, Anm. 39 bestätigt diesen Eindruck und beruft sich auf ein Interview mit Friedrich Bran vom 18.3.1989.

84 Siehe Ray, 2000, 57-65.

85 Ebenda, 65-71.

86 Vgl. das Programm des Sohlbergkreises für den Winter 1931/32, wie es bei Ray, 2000, 52, Anm. 136 abgedruckt ist.

mit Abetz, der sich mehr und mehr den Nationalsozialisten in die Arme warf und sich zu einem in Paris stationierten skrupellosen und verbrecherischen Handlanger der Nazis während des Krieges entwickelte[87], bis 1937 in Kontakt, doch scheinen sich die politischen Wege der ungleichen Freunde bereits 1931 getrennt zu haben.[88]

Der Exkurs macht verständlicher, warum v. Grolman, der in Wort und Tat, mit Stift und Wanderstab für die deutsch-französische Verständigung warb und dafür sorgte, dass sie auf unterschiedlichsten persönlichen Ebenen zustande kam, Thomas Manns Pariser Rechenschaftsbericht ungünstig aufnahm. Für ihn war es ein opportunistischer Akt des medienwirksamen In-Szene-Setzens, zudem von einem Zeitgenossen, der noch wenige Jahre zuvor in seinen Werken gegen Frankreich und Romain Rolland zu Felde gezogen war und über keinerlei Grenzlanderfahrungen verfügte. Auch war er überzeugt, dass Thomas Manns Zeit und Tinte besser in seine literarischen Langzeitprojekte investiert gehörten und hinter dem mit heißer Nadel gestrickten Bericht wieder einmal pekuniäre Interessen und Geltungsbedürfnis steckten.

Doch mit der Rezension der Pariser Rechenschaft hatte sich v. Grolmans Galle noch längst nicht beruhigt:

Im 28. Jahrgang seiner Hauszeitschrift bespricht er die 1925 unter dem Titel *Bemühungen* erschienenen Essays Thomas Manns. Der „außerordentliche Schriftsteller", den „wir fast noch über den Dichter Thomas Mann stellen", habe in dem Band seiner zwischen 1922 und 1925 entstandenen Arbeiten zu viel „bloße Repräsentation, formelhafte Stimmabgabe, geübtes Handgelenk" versammelt. V. Grolman lobt

87 Barbara Lambauer: Opportunistischer Antisemitismus. Der deutsche Botschafter Otto Abetz und die Judenverfolgung in Frankreich (1940-1942), in: Vierteljahresheft für Zeitgeschichte 53 (2005) 241-273.

88 Adolf v. Grolman an Otto Abetz mit Brief vom 27.10.1951 [Privatarchiv]: „Lieber Ottl: [...] Es liegen sehr schwere Dinge zwischen uns... Du hast nun gesehen und erlebt, wohin Dich Dein Irregang, vor dem ich Dich schon zur Zeit von Rethel gewarnt habe, geführt hat. Ich habe Deinen Prozess sehr genau verfolgt und bin nicht unbeteiligt daran, dass Du so milde behandelt worden bist, unerachtet der Schwere Deiner Lage, die ich ermessen kann, da ja Deine Nazi mich einsperrten, quälten, für Lebenszeit ausschliessen und zuletzt durch Himmler, dessen Befehl mit eigener Unterschrift ich besitze, zum KZ und Tode verurteilten. So geht es, wenn man sich zu Leuten drängt, wie Du es getan hast. Aber der Christ und der alte Freund kommen auch darüber hinweg, umso mehr, als ich mit tiefem Bedauern hörte, dass Du nicht in Einzelhaft bist, sondern in Gemeinschaftshaft, und deshalb möchte ich, als der von Dir tief Gekränkte, Geschädigte und in seiner Mutter, an der Du undankbar warst, Beleidigte – Dir das alles in unseres Heilands Namen verzeihen und Dir infolgedessen in Dein Gefängnis einen lieben Gruss senden; möge Dir dieser Gruss sagen, dass ich Dich, Dein Leben und Deinen Irregang keinen Tag ausser Sicht gelassen habe, ganz so, wie Du mich einmal genannt hast: die treubesorgte Bestie, gebändigt durch einen Marmorbrocken aus Paestum ... – und ich habe auch Deine Memoiren gelesen und die Stellen darin, die mich betrafen, auf das Tiefste bedauert: ‚Seebote'! Deine Briefe nach Altuhrenhausen, die noch vorhanden sind, sind ehrlicher gewesen. – Sei es drum! Ich lebe ganz genau wie zuvor, wie ich anno 1924 im „Ställchen" lebte, ich bin 1950 auch wieder einmal in Langenburg gewesen, ich bin 1944 fast gänzlich ausgebombt worden, aber meine Tagebücher habe ich, da ich sie vor Deiner Gestapo versteckte und rettete ... dies nur im Umriss zur allgemeinen Information. Sei überzeugt, alter, verirrter Ohrle, dass ich von ganzem Herzen und mit einem reinen Gewissen an Dich und Deine schwere Prüfung denke, nimm Dein hartes Kreuz auf Dich, so, wie wir es alle tun, und habe Geduld, Geduld, Geduld, vor unserem Herrgott geübt. Und so grüsse ich Dich und werde, wenn Du mir etwas zu schreiben haben solltest, Dir in der alten Liebe antworten, mit der unsere alte Wandervogelgruppe einst, einst durch diese irdische Welt singend und froh gewandert ist; jetzt aber wandere ich der Ewigkeit zu. Adieu, alter Ohrle, Gott sei mit Dir! Dein alter." Zu Abetz' Memoiren vgl. Otto Abetz: Das offene Problem. Ein Rückblick auf zwei Jahrzehnte deutscher Frankreichpolitik, eingeleitet von Ernst Achenbach, Köln: Greven 1951.

zwar die „männliche und entschlossene Front gegen die Lehre Spenglers", findet aber etwa die Betrachtung zu Ricarda Huchs 60. Geburtstag „weniger erfreulich", weil sie so tut, als „hätte die Dichterin nichts als ihr Jugendwerk über die Romantik geschrieben". Die „kleine Auswahl moderner Bücher, die dem Autor Bemerkungen abnötigen", „berührt fast suspekt". V. Grolman mißtraut den Mannschen Lobesformeln „persönliche Gewagtheit", „schlimmes und schamhaft stolzes Wissen um Kunst und Künstlertum", „Ironie und Gewissen" als „Element der Dichtung" und bezweifelt deren Tauglichkeit als Gütekriterien.

> Gegen Manns Hochschätzung des Autobiographischen, gegen seine Antithese ‚Geist – Natur', die ihm den ‚Gegensatz aller Gegensätze' bedeutet, gegen seinen ‚ironischen Eros', der uns glauben machen will, daß ‚das Problem der Ironie das ohne Vergleich tiefste und reizendste der Welt' ist, gegen seine Auffassung der Kunst als einer ‚humanistischen Disziplin unter den anderen', einer ‚interessanten Angelegenheit', die mit den anderen Disziplinen und interessanten Angelegenheiten Bündnisse eingehen kann, und wenn sie darüber gar ins Anatomische, Physiologische, Medizinische gerät – gegen das alles hegen wir die tiefsten Bedenken. Auch in den Hauptabhandlungen des Buches ist vielfach ein manirierter und unfreiwillig selbstparodistischer Leerlauf des Stils zu bemerken, ein scharadenhaftes Begriffs- und Zitatenspiel, eine Relativierung und doch wieder Dogmatisierung aller Termini, die nur noch persönlich gedeutet und gehandhabt werden und gerade im Allzupersönlichen erstarren.[89]

Im Aprilheft desselben Jahrgangs bespricht v. Grolman Thomas Manns im Vorjahr erschienene „fast allzu meisterliche[n] novellistische[n] Studie" *Unordnung und frühes Leid*, in der der Dichter „einige ironische Erinnerungen an die Inflationszeit und die darin heranwachsende deutsche Jugend mit einem zärtlich-schamhaften, erotischen Vorerlebnis eines kleinen Mädchens" verbindet und deren Veröffentlichung der Rezensent als „keineswegs" „notwendig" erachtet, weil sie „zu still" sei, „daß man darüber unwillig werden, zu entblößend, daß man sich daran freuen" könne. Thomas Mann brauche „nicht immer wieder zu beweisen, daß er aus Nichts ein elegisch-frivoles und reichlich parfümiertes Etwas gestalten" könne. Der Autor des *Tonio Kröger* und des *Kleiderschranks* habe mehr Selbstkritik besessen.

> Lübecker Erinnerungen, Pariser Rechenschaft, ... jetzt dieses hier – wozu? Weiß der Berühmte nichts mehr davon, daß man keineswegs alles zu veröffentlichen braucht, was man so gelegentlich schreibt? [...] Bei aller Anerkennung der virtuosen Diktion lehnen wir diese allzu anspruchsvollen Zwischenveröffentlichungen ruhig ab. Sie gehören später in den Nachlaß; vom Lebenden erwarten wir substanzvolleres, wie es dem berühmten Namen entsprechen kann.[90]

[89] Adolf v. Grolman: Mann, Thomas: Bemühungen. Neue Folge d. Gesammelten Abhandlungen u. kl. Aufsätze. Berlin: S. Fischer 1925. (342 S. 8°) 6 M.; Halbleinen 8 M.; Leinen 8.50 M.; Halbleder 11 M., in: Die Schöne Literatur 28. Jg. (1927) 71-72.

[90] Adolf v. Grolman: Mann, Thomas: Unordnung und frühes Leid. Novelle. Berlin: S. Fischer 1926. (127 S., kl. 8°) 3 M; Pappe 4.50 M., in: Die Schöne Literatur 28. Jg. (1927) 162.

Im 30. Jahrgang der Zeitschrift Die schöne Literatur aus dem Jahre 1929 bespricht v. Grolman einen Roman von Iwan Naschiwin, der 1928 unter dem Titel *Unersättliche Seelen* in deutscher Übersetzung erschienen war. Thomas Mann hatte dazu ein Vorwort beigesteuert. V. Grolman nutzt die Gelegenheit, gegen die Russenmode in der Literaturszene jener Tage zu Felde zu ziehen, brandmarkt Verlage, die solche russische Meterware gar ins Deutsche übersetzen lassen und publizieren, während ein deutscher Autor mit einem solchen Manuskript keinen Verleger gefunden hätte. Auch die Tatsache, daß man Thomas Mann wegen des „stereotypen brieflichen Lobeswort[es]“ bemüht habe, zählt v. Grolman zu den Dingen, die „schließlich nicht mehr tragbar“ seien.[91]

Im Novemberheft desselben Jahrgangs bietet sich v. Grolman eine weitere Gelegenheit für einen reichlich unvermittelten Seitenhieb auf das Werk Thomas Manns. In einem Portrait Dmitrij Sergejewitsch Mereschkowskis lobt er dessen 1912 in deutscher Übersetzung im Piper Verlag erschienenen historischen Roman über Alexander I. Darin sei Alexander I. der „Märtyrer seines hohen Berufes; nicht in der ironischen und spöttelnden Art, wie etwa Th. Mann in seiner *Königliche Hoheit* die Dinge mehr verschwatzte, denn erkannte.“[92]

Im Sachwörterbuch der Deutschkunde, das 1930 von Walther Hofstaetter und Ulrich Peters bei Teubner herausgegeben wurde, fand v. Grolman den Eintrag zu Thomas Mann zu lang, vor allem im Verhältnis zu dem Artikel zu Hans v. Marées, der nur ein Fünftel so lang geraten war.[93]

1933 versucht v. Grolman im Anschluß an eine von ihm geleitete „Schulungswoche rhein-mainischer Jungbuchhändler“ vom Juli 1933, Wesen und Begriff des deutschen Volksbuches zu erfassen und mit Beispielen zu illustrieren. „Bei allem Segensreichen“ seien „die Steigerung des allgemeinen Lebenstempos, Kino, Radio, Dienst, Beruf, Motorisierung u. a. m.“ geeignet, „in sehr gefährlicher Weise den Deutschen von seiner kulturellen Grundlage und deren Träger, dem Buch, wegzuführen“[94]. Zwecks Definition eines Volksbuches stellt v. Grolman sechs Leitsätze auf. Ein solches Buch müsse erstens „zum Deutschen von heute lebensmäßig sprechen und daher niemand, der lesen kann, irgendwelchen Schaden bringen“, zweitens „schlichte und zeugerische Gesinnung“ mit „künstlerisch spürbare[r] Form des Ausdrucks“

[91] Vgl. Adolf v. Grolman: Naschiwin, Iwan: Unersättliche Seelen. Roman. Aus d. Russ. v. Valerian Tornius. Leipzig: C. Weller & Co. 1928. (351 S. 8o) 5 M; Leinen 7 M., in: Die Schöne Literatur 30. Jg. (1929) 170-171.

[92] Adolf v. Grolman: D. S. Mereschkowskij, in: Die Schöne Literatur 30. Jg. (1929) 520-525, 524.

[93] Adolf v. Grolman: Sachwörterbuch der Deutschkunde, hrsg. von Walther Hofstaetter und Ulrich Peters. 2 Bde. Leipzig: B. G. Teubner 1930. (VIII, 604 S.; VIII, S. 606-1288 u. 44 S.; mit Abb., 40) Leinen 65 M oder 12 Monatsraten je 5.90 M., in: Die Schöne Literatur 31. Jg. (1930) 448-449, 448.

[94] Adolf v. Grolman: Das deutsche Volksbuch. Wesen und Begriff, in: Die Neue Literatur 34. Jg. (1933) 507-517, 507-508.

verbinden, sich drittens „landschaftlich“ einordnen lassen, viertens „von Jedem ein sittliches und gefühlsmäßiges, auch bekenntnismäßiges Niveau“ erwarten, „dem es auch dann noch immer entspricht, wenn intellektuell der oder jener Leser das Buch nicht bis ins Letzte verstehen und dem Dichter daher nur zu Teilen zu folgen vermag“. Es dürfe fünftens nicht an seinem Absatz gemessen werden und sechstens nicht an der „persönliche[n] Gesinnung oder politische[n] Wortgewandheit“ seines Verfassers.[95] Unter den Büchern, die diesen Kriterien entsprechen, listet v. Grolman solche von Wilhem Hauff, Gottfried Keller, Eduard Mörike, Jeremias Gotthelf, Johann Peter Hebel, Hans Carossa, Emil Strauss, Erwin Gros, Agnes Günther, Robert Kohlrausch, Will Vesper, Ludwig Thoma, Adalbert Stifter, Rainer Maria Rilke, Josef Hofmiller, Gustav Freytag, Theodor Fontane, Max Well, Karl Stöber, Walter v. Molo, Karl Stöber, Adelbert v. Chamisso, Marie Nathusius, Wilhelm Raabe, Fritz Reuter, Theodor Storm, Willibald Alexis, Friedrich Schiller, Heinrich v. Kleist, Gotthold Ephraim Lessing, Ernst Jünger und Johannes Gillhof auf. Dann fährt v. Grolman fort: „Thomas Manns ‚Buddenbrooks‘ ist ebenso wenig ein Volksbuch wie Seidels ‚Leberecht Hühnchen‘.“[96]

Hatte v. Grolman noch 1931 befunden, der deutsche Geist brauche den jüdischen „wie der menschliche Leib die Galle braucht“[97] und „der Antisemitismus werde den Deutschen niemals überzeugen, weil er zu radikal sei, und der Deutsche sei nun einmal nicht radikal, sondern höchstens erregbar“[98], schrieb er im März 1933:

> Je länger, desto mehr, befreunde ich mich mit der neuen Richtung; hier sind schon enorm viel [sic] Halunken aus den Ministerien hinausbugsiert worden, und ich hoffe, dass die Nationalsozialisten auf ihrer Suche nach anständigen und sachkundigen Menschen, die wieder Ordnung und Sauberkeit schaffen, Glück haben, und auch mich dabei nicht vergessen.[99]

Auch wenn man gewisse taktische Manœuver gegenüber dem Herausgeber der Zeitschrift, Will Vesper, und opportunistische Zugeständnisse an dessen politische Überzeugung nicht ausschließen kann, tut man v. Grolman wohl nicht Unrecht, ihn zu den Märzgefallenen zu zählen, wobei er, der in seiner Selbstwahrnehmung stets Zukurzgekommene, in erster Linie auf persönliche Vorteile gehofft haben mag und weniger die Parteidoktrin der Nationalsozialisten im Sinn hatte. Ende 1933 wurde er unter der Nr. 2886 Mitglied des Reichsverbands deutscher Schrifsteller und ließ sich als Redner für deren Treffen in Heidelberg rekrutieren, sprach in der Schu-

95 Ebenda, 509-510.

96 Ebenda, 513.

97 Adolf v. Grolman an Will Vesper mit Brief vom 20.5.1931 [Deutsches Literaturarchiv Marbach].

98 Adolf v. Grolman an Will Vesper mit Brief vom 8.2.1932 [Deutsches Literaturarchiv Marbach].

99 Adolf v. Grolman an Will Vesper mit Brief vom 23.3.1933 [Deutsches Literaturarchiv Marbach].

lungswoche der Gaukulturwarte und hielt die Rede am 18. Juli. Seine persönlichen Kontakte zu den Nutznießern des Regimewechsels wie zu dem badischen Gauführer Max Dufner taten ein Übriges, seiner Hoffnung auf *avancement* Nahrung zu geben, eine Hoffnung, die sich, was Dufner betraf, schon bald zerschlagen sollte.[100] Doch fehlte es v. Grolman bald nicht nur an Hoffnungsträgern innerhalb der nationalsozialistischen Bewegung, die Bewegung selbst wurde ihm suspekt und kritische Töne werden laut:

> Die Stimmung der Leute ist nicht gut, die Missgriffe, ganz im Sinne von Fricks Breslauer Rede, sind zahlreich, und was auf dem sog. wissenschaftlichen Gebiet alles geklönt wird, stinkt zum Himmel; ich bin froh, dass ich in diesen Übergangszeiten nicht an einer Universität zu tun habe, man käme ja vor lauter Stimmungsgeheule zu keiner Arbeit. Der Kampf gegen Nörgler und Reaktion beweist, wie gross deren Zahl wurde. Neuerdings wird auch gegen den Adel gekämpft, d. h. Dummköpfe kreischen, und auch ich habe das Glück, gelegentlich als alt und adlig missbilligt zu werden; man verreckt bisweilen vor Ekel über die Zeitgenossen, die alle so moralisch tun, alle erziehen wollen, und tatsächlich nichts anderes als gemeine Kerle sind; dagegen schützen die schönsten Titel und Kinkerlitzchen an den Uniformen nicht. Ich wünschte, es räumte einmal einer in Partei und Bureaus auf, die Gefahren sitzen innen im Nationalsozialismus, nicht aussen, er verwest bei lebendigem Leib, so wie es zugeht und wie man es sich steigern lässt.[101]

V. Grolman zog sich wieder zurück, besann sich auf die apolitische Haltung, die einem Gelehrten angeblich anstehe. Selbst als 1938 Vorverhandlungen wegen einer Professur die Aussicht auf Amt und Auskommen in greifbare Nähe rückten, blieb er skeptisch, um nach deren Scheitern vollends auf seine alte Existenz zurückgeworfen zu werden, die des Gelehrten[102]. 1942 wurde er für 6 Monate von den Nazis inhaftiert,

[100] Adolf v. Grolman an Will Vesper mit Brief vom 17.6.1934 [Deutsches Literaturarchiv Marbach].

[101] Ebenda.

[102] V. Grolman unterschied zwischen Professoren und Gelehrten. Vgl. Adolf v. Grolman: Wilamowitz-Moellendorff, Ulrich von: Erinnerungen. 1848-1914. Leipzig: K. F. Koehler 1928. (324 S., 3 Taf. 8o) Leinen 10 M., in: Die Schöne Literatur 30. Jg. (1929) 433, wo v. Grolman sich harsch von einem Dictum des Gräzisten distanziert, das da lautete: „Ein Gelehrter ist man in Deutschland nur im Nebenamt, das Hauptamt ist die Professur, und so habe ich sie immer behandelt." V. Grolmans Distanz zu den wohlbestallten Zunftgermanisten äußert sich auch in folgender Kritik: „Auch schweigt er [d. i. Franz Schultz] von der Hauptursache der ganzen Krisis der Literaturwissenschaft, nämlich von dem Berufungswesen und dem, was es beeinflußt, sehr zum Schaden der Forschung und des Lehrbetriebes; er schweigt dabei von den Einwirkungen von Politik, Rasse, Konfession, Konnexion, präpariertem Bucherfolg bei Berufungen, bei Berufenen und vor allem bei den zu Berufenden. Darüber reden weder Ministerialrat noch Professor, und der junge Doktor weiß, warum er nicht von diesen Dingen zu reden beginnt." Vgl. Adolf v. Grolman: Schultz, Franz: Das Schicksal der deutschen Literaturgeschichte. Ein Gespräch. Frankfurt/Main: Moritz Diesterweg 1929. (144 S. gr. 8o) Kart. 4.30 M., in: Die Schöne Literatur 31. Jg. (1930) 38-39, 39. In einem autobiographischen Abriß bekennt v. Grolman: „[...] wer sein Leben der Wissenschaft opfert, und dies aus reinen und lauteren Motiven tut, ergreift damit ein Amt, das mit Beamtentum, mit Stellung und Position im Beamtenleben zunächst noch ganz und gar nichts zu tun hat; der Gelehrte, der seine Wissenschaft dem Volke zu Liebe und Nutz und Frommen ausübt, hat vor den ewigen Mächten ein sehr besonderes Amt. Achtet man dessen? Ist man sich der Wesenhaftigkeit solchen Amts auch bewußt? Fördert man es nach Kräften? Denn, um es zu wiederholen, es handelt sich um das ‚seelische Erbgut der Nation'! Weiß man um die ungeheuere Verantwortung? Weiß man um das Ringen um die Gerechtigkeit, wenn es um Leben und Werk längst Verstorbener geht, die sich nicht wehren können, deren Schicksal und Werk mehr oder weniger enthüllt und begrifflich faßbar, einem in die Hände gelegt ist? In Hände, die dabei so wenig zittern dürfen wie die Hände eines Operateurs, der an einer ähnlichen, physischen Herzoperation arbeitet?? Wer achtet dessen? Und wie ist zu entscheiden, wenn solcher Mann, der eben in Gottes Namen nun einmal über eine besondere, vielleicht einzigartige Begabung verfügt, nicht in einer Staatsstellung, in einem Beamtenverhältnis steht und zu seiner Altersversorgung heranreift??" Vgl. Adolf v. Grolman: Arbeit und Amt, in: Die Neue Literatur 39. Jg. (1938) 485-488, 486-487. V. Grolman hatte verhältnismäßig wenig Berührung mit den Zunftgermanisten. 1930 wurde er einmal von Hermann Pongs (1889-1979), dem ordentlichen Professor für Deutsche Literatur an der TH Stuttgart, um ein vertrauliches Gutachten über Franz

1943 aus der Reichsschrifttumskammer ausgeschlossen, 1944 zum Tode verurteilt. Die näheren Umstände dieser Feindberührungen mit dem Naziregime ließen sich bislang nicht klären.

Doch eines steht fest: Es ist – schon aus Gründen der Chronologie – keineswegs v. Grolmans vorübergehende Liaison mit dem Nationalsozialismus oder im Umkehrschluß Thomas Manns „Wende" zur Demokratie, sein Bekenntnis zur Weimarer Republik und zu dem, was er einen neuen Humanismus nennt, die den nachhaltigen Witterungsumschwung im Verhältnis der beiden gezeitigt hätten. In Sachen Thomas Mann (und vor allem Katia Mann) sollte v. Grolmans Ton zeitlebens scharf bleiben. Auch lässt er sich nicht durch die politischen Vorgaben der Zeitschrift erklären, in der v. Grolman sich hauptsächlich äußert. Denn auch im Tagebuch und in seinen Korrespondenzen lässt er keinen Zweifel daran, dass er sich von Thomas Mann ausgenützt fühlte[103] und ihm lebenslang grollte. Das persönliche Zerwürfnis, über dessen Art sich nur spekulieren lässt, färbte auch seine Sicht des Mannschen Oeuvre. Den *Zauberberg* mochte v. Grolman noch gelten lassen[104], den *Doktor Faustus* fand er indes gänzlich verunglückt[105], Thomas Manns Ansprache im

Schnabel (1887-1966) gebeten (vgl. Brief von v. Grolman an Hermann Pongs vom 13.7.1930 [Privatarchiv]). V. Grolman äußerte sich kritisch und zeichnete das Bild eines mäßig begabten Wissenschaftlers und eines unangenehmen Zeitgenossen, dessen Karriere sich hauptsächlich politischen Seilschaften innerhalb der demokratischen Partei im allgemeinen und zu den demokratischen Kultusministern Hummel, Hellpach und Leer im besonderen verdankte. Zu Pongs vgl. Hartmut Gaul-Ferenschild: ‚Pongs, Hermann', in: Internationales Germanistenlexikon 1800-1950, 1421-1422. Zur Zeit des Gutachtens war Franz Schnabel Inhaber des Karlsruher Lehrstuhls für Geschichte (1922-1936) und Leiter des Generallandesarchivs (seit 1924), das ihm im Juni und Juli 2002 eine Ausstellung unter dem Titel „Franz Schnabel – eine andere Geschichte. Historiker, Demokrat, Pädagoge" widmete. Schnabel wurde 1936 von den Nazis, die seine Professur den Chemikern zuschanzten, in den Ruhestand versetzt, lebte von 1937 bis 1945 als Privatgelehrter in Heidelberg, wurde nach dem Krieg Landesdirektor für Kultus und Unterricht in Baden, ehe er einen Lehrstuhl in München annahm, den er bis zu seiner Emeritierung im Jahre 1962 innehatte.

103 Generallandesarchiv Karlsruhe, Abt. N, Dr. Dr. A. v. Grolman, Nr. 13 (2): Tagebücher mit Zeitungsausschnitten, Bemerkungen zu Tagesereignissen 1955-1961, Eintrag vom 12.8.1955.

104 Am 19.8.1943 notiert v. Grolman: „Zauberberg ... diese Metaphysik ist heikel, und der Realismus darin greift an jenen der mittelalterlichen Mystiker, Stellen darin sind bewusst breit wie die Langeweile in jedem deutschen Institut und ‚Berghof' ist nur allzu deutsch." Adolf v. Grolman: Urbes et nomina, S. 10 [Privatarchiv]. Am 23.10.1943 kommt v. Grolman abermals auf den Zauberberg zurück: „Was ich am Zauberberg liebe, ist die unsägliche Wahrheit der Konversation darinnen, meine ganze Vorkriegsjugend taucht da selig auf, so lebte man, und so war es mit und ohne Ironie richtig; der ‚Donnerschlag' war anfangs von Mann gar nicht geplant... er befand sich damals in einer sog. nationalen Welle (das geht selten gut aus) und daher kam statt anderer Pläne dieser deus ex machina, das einzig alberne [sic] an dem Kapitel und im Werk. Die Figur des Naphta... ist mir die Belangloseste [sic]; ich gehöre zur Partei des Hofrat Behrens, den ich wie ein [sic] Figur von Shakespeare liebe; der Hofrat – das hätte Gottfried Keller schaffen können, meist überschlage ich alles, wo er nicht dabei ist. Mann sagte mir übrigens, ihm ginge es ebenso, daher auch sein Vermerk beim letzten Auftreten des Hofrats: achten wir auf seine Stimme..., wo er Kaffee kocht mit den Instrumenten der Prinzessin, die mehr für das Obszöne, wie für das Heilige ist. – Das ist *echter* Homer!" Adolf v. Grolman: Aphorismen, Eintrag vom 23.10.1943 [Privatarchiv]. Am 18.1.1950 heißt es: „Natürlich schweige ich über das Ms über die Metaphysik der Krankheit, über welche Th. Mann im Zauberberg mehr als genug erzählt; ich glaube, dass beinahe alle Krankheiten bare Einbildung sind, bzw. Blähungen .. also jedenfalls gleichsam metaphysisch, Hofmannsthal nennt das im Rosencavalier l ‚ein Streiferl nasse Luft'" Adolf v. Grolman: Aphorismen, S. 46 [Privatarchiv]. Am 17.10.1945 schreibt v. Grolman: „Th. Manns ‚Offenen Brief' in den Zauberberg gelegt, um das Buch nicht allzu lieb zu gewinnen." Adolf v. Grolman: Urbes et nomina, S. 10 [Privatarchiv].

105 Am 17.7.1948 schreibt v. Grolman: „Ich lese eben Th. Manns Dr. Faustus, eine bis S. 280 völlig wertlose Schwarte, eine Art Katalog; was bis S. 770 noch kommt, werde ich bald gelesen haben; wenn es so weitergeht, lohnt es keines Blickes." Adolf v. Grolman: Aphorismen, S. 41 [Privatarchiv]. „Vielleicht macht Ihnen der gleichzeitig mitkommende Bd. 3 meiner ‚Dichterprofile' ein wenig Freude, womöglich daraus der [Text] über Andersen, darinnen ich mich gegen das fatale Geschwätz wehre, das Thomas Mann leider in seinem verunglückten Faustus für angebracht hielt, indem er die Geschichte von der kleinen Seejungfrau – um es gelinge zu sagen – begeiferte." Adolf v. Grolman an Hermann Hesse mit Brief vom 26.8.1952 [Privatbesitz].

Goethejahr 1949 anlässlich der am 25. Juli 1949 in der Paulskirche festlich begangenen Verleihung des Goethepreises der Stadt Frankfurt an den Dichter kommentiert v. Grolman schon am nächsten Tag abfällig[106], und wie wenig er vom *Krull* hielt, lässt eine weitere Briefstelle erahnen[107]. V. Grolman fand Thomas Mann „unsachlich, so exact er zu sein scheint."[108]

Nur dem Schiller-Essay konnte er noch etwas abgewinnen.[109] Ansonsten unterscheidet er streng zwischen dem frühen Thomas Mann (bis zum *Zauberberg*) und dem späten Thomas Mann und resümiert am Todestag des einst befreundeten Dichters, dass er durch den Gegensatz zwischen den beiden viel gelernt habe.[110] Denn „das Kennzeichen und auserlesene Stigma des selbständigen Ausnahmemenschen" sah er stets darin, „daß er den andern nicht in das System paßt und umgekehrt".[111] Das konnte man, v. Grolman zufolge, vom späten Thomas Mann nicht mehr behaupten.

106 „Ich las eben die Rede, welche Th. Mann in Frankfurt hielt – ein dummer alter Mann, der schwatzt, ein ziemlich erbärmliches Bild. So wirkt der erzwungene Ruhm, so ist das Ende der Festredner und klugen Literaten." Adolf v. Grolman: Urbes et nomina, S. 10 (26.7.1949) [Privatarchiv].

107 Am 11.6.1956 schreibt v. Grolman an die nach Lissabon emigrierte Luise Kapp, geb. Windmüller: „[...] und ich beneide Sie um die Tatsache, in Lisboa leben zu können; zwar, dort war ich nicht, und die schweinischen Sauereien, die der ebenso schweinige Thomas Mann über Lisboa zusammensudelte – bevor diese Ärgernis verdarb – zeigen die Stadt nicht." Adolf v. Grolman an Luise Kapp mit Brief vom 11.6.1956 [Privatarchiv]. V. Grolman hatte Gottfried Kapp 1934 kennen gelernt. In ihrem Antwortschreiben vom 15.6.1956 [Privatarchiv] sekundiert Luise Kapp v. Grolman, indem sie schreibt: „[...] er [d. i. Thomas Mann] hat der ganzen jüngeren Generation im Lichte gestanden [...]" Zu Gottfried Kapp vgl. Doris Sessinghaus-Reisch: Gottfried Kapp, in: Literatur von nebenan, 178-185; dies.: Leben und Werk des Mönchengladbacher Schriftstellers Gottfried Kapp, Mönchengladbach, Stadtarchiv Mönchengladbach 2001 (= Beiträge zur Geschichte der Stadt Mönchengladbach, Bd. 43).

108 Adolf v. Grolman: Aphorismen, S. 25, Eintrag vom 3.6.1944 [Privatarchiv].

109 Am 27.5.1955 notiert Adolf v. Grolman in seinem Tagebuch: „Was den Mann/Schiller betrifft [...] leihweise aus der Buchhandlung, und ich habe ihn da schon 2 mal gelesen und heute früh zum 3. Mal [...] und beklagte es, dass ich mein Expl zum Vollmalen nicht habe [...] und das macht mir nun sehr grosse Freude und wird in der Tat ins Elsass morgen früh mitgenommen. Dieser Essay ist 5 mal so gross, wie die Rede, und weicht deshalb zu Teilen erheblich im Bilde von jener ab; er ist zu Teilen erbitternd falsch, auch gewollt verschweigend, ist aber gleichzeitig ein solches Ding, wie besser es eben schwerlich Einer hätte machen können, und ich bin sehr eifrig am Studium dieses zwar greisenhaften, aber merkwürdig weitblickenden und liebevollen Alterswerks; das hätte noch schlimmer ausfallen können [...] und wenn ich die ersten Hacken darinnen nur nenne, so ist es die völlige Verkennung von Schillers Bösartigkeit, die nur im Fall der Bürgerrezension – beschönigend – angedeutet wird [...] und es ist die gewollte Hervorhebung Goethes, die der Freimaurer halt bieten muss, wobei mir aber auffällt, dass der bisherige übertriebene Enthusiasmus pro Goethe ein wenig gelinder wurde [...] und Mann sieht Schiller zwar richtig ‚knabenhaft' [...] er vergisst aber des Knaben Hitze für das Recht und die Justiz, die das nicht erreicht [...] so sind eine lange Reihe von, wie Ibsen das nennt, Festredner-Lügen darinnen, aber ich anerkenne, dass vieles nicht anders Th. Mann vorkommen kann, 2. dass vieles anders eben nicht wirksam gesagt werden kann, wenn man nicht anderseits Konzessionen macht [...]. nun, das ist ein interessantes Kapitel, und nun werde ich die 4. Lesung beginnen, und zwar schwer mit der Feder in der Hand. Man muss Th. Mann scharf auf seine Hochstaplerfinger gucken und auch klopfen, so alt er wurde [...] er kann es – selber knabenhaft – nicht lassen, immer wieder zu stibitzen und den honetten ‚Mann' zu malen, gerade bei Schiller nicht, dessen irreale Kriminalität das Dichtertum überhaupt erst herausliess." Adolf v. Grolman: Aphorismen, S. 85-86, Eintrag vom 9.6.1955 [Privatarchiv].

110 Generallandesarchiv Karlsruhe, Abt. N, Dr. Dr. A. v. Grolman, Nr. 13 (2): Tagebücher mit Zeitungsausschnitten, Bemerkungen zu Tagesereignissen 1955-1961, Eintrag vom 12.8.1955.

111 Adolf v. Grolman: Das Wissen um das Verhältnismäßige in der Paradoxie des Seins. Studie zur „teutschen theologei" des Sebastian Franck, Hamburg: Heinrich Ellermann 1939, 13. Die Studie wurde erstmalig als Aufsatz im Jahre 1928 in den Blättern für Deutsche Philologie veröffentlicht und in einer Aufsatzsammlung v. Grolmans aus dem Jahre 1930 wiederabgedruckt. Vgl. Adolf v. Grolman: Literarische Betrachtung. Beiträge zur Praxis der Anschauung von Künstlerschicksal und Kunstform, Berlin: Junker und Dünnhaupt 1930, 1-19.

Die Briefe an Adolf von Grolman

Herrn Adolf von Grolman, Karlsruhe, 71, Hirschstraße[1]

München den 28.VI.14.
Poschingerstr. 1

Sehr geehrter Herr:
Ich danke Ihnen sehr für Ihren freundlichen Brief und für Ihr Vertrauen. Haben Sie die Güte, mir ein paar Skizzen zu schicken, die Sie für Ihre besten halten. Ich will Ihnen gern nach bestem Wissen raten.

Ihr sehr ergebener
Thomas Mann

[An Adolf v. Grolman]

Bad Tölz, den 10. Juli 1914.
Landhaus Thomas Mann.[2]

Sehr geehrter Herr!
Meine Übersiedelung aufs Land ist schuld an der Verspätung dieser Zeilen. Verzeihen Sie, daß ich habe warten lassen. Bekannt gemacht habe ich mich mit Ihren Arbeiten gleich, nachdem ich sie erhalten hatte, und will Ihnen nun, meinem Versprechen gemäß, offen meine Meinung darüber sagen.

1 Steht über den hier abgedruckten Briefen die Anschrift des Empfängers in eckigen Klammern, liegt sie im Original nicht vor. Dagegen entspricht eine Anschrift ohne eckige Klammern der eigenhändigen Adressierung durch Thomas Mann auf dem Briefumschlag oder der Postkarte. Thomas Mann schreibt den Namen „Grolman" unterschiedlich. Mehrfach weicht die Schreibweise in der Anschrift von der in der Anrede ab. Bei der Transkription der Briefe wurde die Zeichensetzung vereinheitlicht. Unterstreichungen in den Autographen erscheinen kursiv.

2 Der zweite Absatz dieses Briefes wurde erstmalig veröffentlicht in GKFA 22, 647-648. Zum Tölzer Landhaus, das Thomas Mann 1908 erwarb, vgl. Thomas Manns *Lebensabriß* (GW XI, 119).

Sie werden nicht überrascht sein, wenn sie vor allem dahin geht, daß die kleinen Sachen *Von der Einsamkeit*[3], wenn nicht absolut, so doch vergleichsweise unbedeutend sind. In Betracht kommt der Roman[4], – er hat mich sehr ernst und sympathisch angesprochen, vielleicht aus dem besonderen Grunde, weil er so unverkennbar autobiograpisches Gepräge trägt[5] und weil ich zu den Lesern gehöre, die das Autobiographische den kunstvollsten Fiktionen vorziehe [sic]. Ich glaube nicht fehlzugehen, wenn ich urteile, daß der Wert des Buches in seinem menschlichen Teil beruht; es ist anziehend durch seine zarten und distinguierten Bekenntniswerte. Von der künstlerischen Seite betrachtet, giebt es sich als das Produkt eines hochkultivierten und zart besaiteten Dilettantismus, der mit Talent oder Untalent an sich noch garnichts zu thun hat und über dessen Zukunft – wenn Sie Ihr Leben darauf stellen – zu entscheiden, in diesem Augenblick ganz unmöglich ist. Ob Schicksalsfähigkeit und mitteilende Leidenschaft ihn zu eigentlichem Dichtertum werden ausbilden können, wer will das sagen! Das ist eine innere Frage, die zu beantworten höchstens Ihnen selbst zukommt. Vor der Verantwortung jedenfalls, Sie angesichts dieser Arbeiten aufzufordern, Ihren bürgerlichen Beruf zu verlassen und sich der Literatur in die Arme zu werfen[6], scheue ich für mein Teil zurück. Nicht alsob die Sachen nicht

[3] Im Generallandesarchiv Karlsruhe haben sich im Grolman-Nachlass unter der Nummer 191 ein Typoskript in dreifacher Ausfertigung sowie ein Manuskript erhalten, die den Titel „Von der Einsamkeit“ und das Datum 1914 tragen. Eine Kopie dieses Typoskripts verdanke ich Herrn Dirk v. Grolman. Es handelt sich, wie es im Untertitel heißt, um „Ein Lesebuch für alleinstehende Menschen“, das den Zweck erfüllen soll, „einsamen Menschen über eine trübe Stunde hinwegzuhelfen“ (S. 2). Auf einige allgemeine Bemerkungen über die Einsamkeit, für die Adolf v. Grolman den Zeitgeist [die Anonymität der Stadt, die Zeitverknappung des modernen Menschen, die Entwertung der Geselligkeit durch alkoholisierte Massenveranstaltungen (in der Stadt) und Kleinstirnigkeit (auf dem Lande)] und die Fragmentierung des Wissens und der (auch religiösen) Orientierungen mit nachfolgender Individualisierung des zum Eklektizismus verdammten Menschen verantwortlich macht, folgen 12 „Gleichnisse“, aus deren Lektüre „im sinnenden Zuschauen“ „sich still und lautlos die Antwort auf die Frage nach dem Sinn des Lebens“ ergebe (S. 7). Die Diskrepanz zwischen diesem Anspruch und dem Mannschen Verdikt „unbedeutend“ ist nicht zu übersehen.

[4] Angesichts der im Badischen Generallandesarchiv in Karlsruhe, im Deutschen Literaturarchiv in Marbach sowie in einem niedersächsischen Familienarchiv erhaltenen Werke Adolf v. Grolmans lässt sich der hier erwähnte „Roman“ am ehesten in einem 75 Seiten starken Typoskript wiedererkennen, das die Überarbeitung aus dem Jahre 1916 einer ersten Fassung aus dem Jahre 1914 darstellt, deren Titel *Der graue Tod. Eine Geschichte von der Musik, von der Liebe und von der Einsamkeit* lautet. Kopien verdanke ich dem Generallandesarchiv Karlsruhe. (Zum Inhalt des Romans siehe S. 60.)

[5] In der Tat scheint v. Grolman mit der im Frühwerk Thomas Manns propagierten Verpflichtung der aristokratischen Künstler-Existenz auf ein Leben in Einsamkeit ernst gemacht zu haben und ihr nolens volens zeitlebens treu geblieben zu sein.

[6] Der 1911 promovierte Jurist Adolf v. Grolman hatte während seiner anschließenden Dienstjahre als Rechtspraktikant im juristischen Vorbereitungsdienst in Baden (1911-1916), den er am Großherzoglichen Amtsgericht in Ettlingen und am Großherzoglichen Oberlandesgericht in Karlsruhe absolvierte, erkannt, dass ihm „eine berufsmäßige juristische Betätigung unmöglich“ sei, und im Winter 1913/14 beschlossen, den Beruf aufzugeben und sich den „längst betriebenen literaturhistorischen Studien völlig zu widmen“. Vgl. Lebenslauf zu v. Grolmans zweiter Promotionsschrift, die 1919 unter dem Titel *Die seelischen Grundlagen und die Verwendung von Naturerlebnissen und Landschaftsbildern als literar-ästhetischen Stilmitteln in Hölderlins Hyperion* bei der philosophischen Fakultät (1. Sektion) der Königlichen Ludwig-Maximilians-Universität zu München eingereicht wurde. Die Arbeit erschien noch in demselben Jahr als Teildruck und dann vollständig unter dem Titel *Friedrich Hölderlins Hyperion. Stilkritische Studien zu dem Problem der Entwickelung dichterischer Ausdrucksformen* bei der C. F. Müllerschen Hofbuchhandlung in Karlsruhe im Druck.

viel, viel besser wären, höher ständen, als Vieles, was gedruckt wird; und wenn Sie darauf aus sind, so wird man sie Ihnen gewiß gerne drucken.[7] Aber so gut, daß sie unbedingt gedruckt werden müßten, sind sie nicht. Diese noch nicht. Was kommen kann, was Sie in sich haben, was Erlebnis und Liebe zur Kunst aus Ihnen werden machen können und was folglich Sie werden machen können, – nochmals, das weiß ich nicht, und das kann heute niemand wissen.[8]

Nun sind Sie freilich wohl so klug wie zuvor, – verzeihen Sie, wenn ich Sie durch eine Zurückhaltung enttäuschte, die auf Gewissenhaftigkeit beruht! Mir meine Offenheit nicht zu verübeln, durch diese Bitte darf ich Sie nicht kränken.

Ihr sehr ergebener
Thomas Mann

Herrn Dr. Adolf von Grolmann, Karlsruhe, 71. Hirschstraße

Bad Tölz, d. 10.IX.16[9]

Sehr geehrter Herr:

Gewiß erinnere ich mich unserer Korrespondenz von damals[10]. Da nun die Würfel gefallen sind, beglückwünsche ich Sie herzlich zu Ihrem Entschluß und zu dem Beginn eines neuen Lebens, auf neuer Grundlage und mit neuen Zielen.[11]

7 Die in Rede stehenden Arbeiten v. Grolmans – wie das Allermeiste seines belletristischen Oeuvre – sind nie im Druck erschienen. Angesichts der schätzungsweise 1000 wissenschaftlichen, literaturkritischen und feuilletonistischen Arbeiten, die v. Grolman in den Druck gab, fällt eine ausgesprochene Hemmung auf, sein dichterisches Werk zum Druck zu befördern. Der 1946 bei Lambert Schneider in Heidelberg verlegte Roman *Ferien* und die an gleicher Stelle und in demselben Jahr veröffentlichten *Karlsruher Novellen* stellen die Ausnahmen dar, die die Regel bestätigen. Inwiefern Thomas Manns Beurteilung jene Hemmung mitverschuldete, kurzfristig dazu beitrug, dass v. Grolman der Jurisprudenz für die beiden folgenden Jahre als Schriftführer und Gesamtvorstandsmitglied des Badischen Landesvereins vom Roten Kreuz erhalten blieb, langfristig indes zum Stachel im Fleische wurde, der v. Grolmans belletristische Produktivität beförderte, lässt sich nur vermuten.

8 Dieses „heute" gilt nach wie vor und solange, bis die Dutzende von Romanmanuskripten, die sich in Nachlässen erhalten haben, veröffentlicht oder zumindest wissenschaftlich erforscht sind. Im Generallandesarchiv Karlsruhe harren mindestens 87 Manuskripte eines Romanzyklus, den v. Grolman „Pariser Romane" nannte und zwischen 1957 und 1967 schuf, einer solchen Bergung.

9 Erstmals gedruckt in GKFA 22, 153.

10 Sommer 1914.

11 V. Grolman hatte am 22.7.1916 sein Abschiedsgesuch eingereicht und damit einen Karrierewechsel eingeleitet, der mit einem literaturwissenschaftlichen Zweitstudium, das v. Grolman zum folgenden Wintersemester in München aufnahm, weiter verfolgt wurde.

Für die Übersendung Ihres kritischen Aufsatzes[12] danke ich Ihnen aufrichtig. Sie beurteilen das Leppmann'sche Buch[13] streng, aber wohl gerecht und treffend.[14] Es *ist* natürlich überhaupt kein Buch, sondern eine Reihe von mehr oder weniger gelungenen Feuilletons – (insbesondere die Mischung von Litterarischem und Biographischem, die Sie beanstanden, ist ja wesentlich feuilletonistisch). Ich war von dem Entstehen der Schrift unterrichtet, und ich muß sagen, ich bin froh, daß es so und nicht schlimmer abgelaufen ist. Es hätte biographischer ablaufen können, und bei dem Gedanken – graust mir.

Was die *Wahlverwandtschaften* betrifft, so war Dr. Leppmann eines Tages in München bei mir, und ich erzählte ihm, daß ich den Roman viermal gelesen hätte, während ich am *T[od] i[n] V[enedig]* schrieb. In der That hat er mir als Ideal dabei vorgeschwebt. Aber auch sonst habe ich damals Goethe'sche Prosa und namentlich Altersprosa viel studiert: denn der Held meiner Erzählung war ganz ursprünglich der alte, in die 18jährige Ulrike v. Levetzow verliebte Goethe[15], – was nur Hofmiller[16] gemerkt hat.

Mit wiederholtem Dank und verbindlichsten Grüßen bin ich, sehr geehrter Herr,

Ihr ergebener
Thomas Mann

[12] Adolf v. Grolman: Eine Monographie über Thomas Mann, in: Die Pyramide (10.9.1916) 151-152. In der Zürcher Nachlassbibliothek hat sich unter Signatur Thomas Mann 40117 eine Druckfahne dieser Buchbesprechung erhalten, die v. Grolman mit dem Eintrag „ehrerbietigst überreicht. Grolman 7. Sept. 1916" Thomas Mann überlassen hatte.

[13] Franz Leppmann: Thomas Mann, Berlin: Juncker 1916. In der Zürcher Nachlassbibliothek hat sich ein Widmungsexemplar erhalten, das der Journalist und Autor literaturwissenschaftlicher Bücher, der 1938 nach London emigrierte und für den Rundfunk und als Übersetzer tätig war, Thomas Mann mit dem Eintrag „Dem Dichter in verehrender Dankbarkeit von seinem Leser! 11. Juni 1916" überließ. Vgl. GKFA 22, 648-649.

[14] „Überraschend ist auch der Vergleich des *Tod in Venedig* mit Goethes *Wahlverwandtschaften* in dieser – doch recht äußerlichen – Art und Weise. Allerdings liegt ein solcher Vergleich nahe und ist sehr interessant und fruchtbringend. Aber er wäre wesentlich vertiefter – von ganz anderen Gesichtspunkten ausgehend und zu wichtigen Ergebnissen fortschreitend – ausgefallen, wenn Verfasser die Literatur über die *Wahlverwandtschaften* (z.B. Walzels Aufsatz: ‚Goethes Wahlverwandtschaften im Rahmen ihrer Zeit' und das dort zitierte Goethe-Jahrbuch. 1906. Bd. 27. S. 166ff., jetzt wieder abgedruckt in dem Sammelband `Vom Geistesleben des 18. und 19. Jahrhunderts. Insel 1911, S. 195ff.) vorher sorgsam geprüft hätte. Ueberhaupt hat der Verfasser den *Tod in Venedig* etwas leichthin behandelt, wie ja offenbar dieses Wunderwerk an Inhalt und Form außer der großartigen Besprechung Hofmillers (Süddeutsche Monatshefte. 1913. Heft 8, S. 218-232) bis jetzt keine ihm adäquate, vor allem psychologisch genügende Würdigung zu finden scheint." Vgl. auch GKFA 22, 648.

[15] Zur Geschichte dieser rezeptionslenkenden Argumentationsfigur Thomas Manns vgl. Werner Frizen: Der ‚Drei-Zeilen-Plan' Thomas Manns. Zur Vorgeschichte von Der Tod in Venedig, in: Thomas Mann Jahrbuch 5 (1992) 125-141; ders.: Fausts Tod in Venedig, in: Wagner – Nietzsche – Thomas Mann. Festschrift für Eckhard Heftrich, hrsg. von Heinz Gockel, Michael Neumann und Ruprecht Wimmer, Frankfurt/Main: Klostermann 1993, 228-253.

[16] Vgl. Josef Hofmiller: Thomas Manns neue Erzählung, in: Süddeutsche Monatshefte, Heft 8 (1913) 218-232, 223 [wiederabgedruckt unter dem Titel ‚Thomas Manns Tod in Venedig', in: Interpretationen 4. Deutsche Erzählungen von Wieland bis Kafka, hrsg. von Jost Schillermeit, Frankfurt/Main: Fischer 1966, 303-318]. Zu Hofmiller (1872-1933), der 1913 Professor am Königlichen Ludwigsgymnasium in München wurde und Mitherausgeber der Süddeutschen Monatshefte war, vgl. Franz Adam: s. v. ‚Hofmiller, Josef Maximilian Maria', in: Internationales Germanistenlexikon 1800-1950, 784-787.

Herrn Dr. von Grolman, Karlsruhe, Hirschstraße 71.

München, den 21.X.16.

Sehr geehrter Herr von Grolmann:
Haben Sie werten Dank! Den Aufsatz[17] habe ich gleich durchflogen und lasse ihn sofort zurückgehen, da ich heute Abend nach Breslau fahre[18] und erst in ein paar Tagen zurückkehre. Die Studie scheint mir eine sehr feine, Vertrauen weckende Einführung in Munks[19] Werk zu sein. Ich freue mich, die Bücher[20] kennen zu lernen, von denen ich eines mit auf die Reise nehme.
Auf Wiedersehen

Ihr ergebener
Thomas Mann

17 Vgl. Adolf v. Grolman: Eine Verwandte der Madame Bovary, in: Die Pyramide (24.9.1916) 151-152. V. Grolman widmet sich darin zwei Werken: den 1912 im Inselverlag erschienenen 6 Erzählungen, die den Titel *Der Geschichtenkreis von den unechten Kindern Adams* trugen, sowie dem Roman, der 1916 unter dem Titel *Irregang* von demselben Verlag verlegt worden war. V. Grolman lobt vor allem den Roman, dessen „Heldin der Stille und Entsagung" sich wohltuend abhebe von „dem Vielen, unausgeglichenen, scheinbar kräftvoll sprühenden und kämpfenden, dahinrasenden, das sich gewisse ‚moderne' Dichter zum – ach so unfruchtbaren – Thema erhoben haben". Und er fährt fort: „Die Konzentration und Gediegenheit in Inhalt und Form berühren wohltuend, die verhaltene, edle Sprache, ausgeglichen und klingend wie beste Kammermusik, die Meisterschaft in ästhetischer und psychologischer Hinsicht, die vollkommene Sicherheit in jedem Griff und Gedanken entzücken den Kenner in beiden Werken. Nirgends ist da ein schwaches Wort oder ein undichter Vergleich, überall entsprechen die sprachlichen Mittel der beabsichtigten Wirkung in wohltuender Mäßigung und künstlerischer Ausgeglichenheit. Die epische Schreibweise, die sich aber nicht hervordrängt, schmiegt sich wundersam dem Erzähltalent Munks an." Zu v. Grolmans Verhältnis zum Oeuvre Georg Munks alias Paula Bubers siehe auch ders.: Georg Munk, in: Die Schöne Literatur 26. Jg., Heft 8 (1925) 341-344; ders.: Georg Munk, in: Das Inselschiff 7. Jg., H. 2 (1926) 81-91; ders.: Munk, Georg: Die Gäste. Sieben Geschichten. Leipzig: Insel-Verlag 1927. (143 S. 8°) Leinen 6 M., in: Die Schöne Literatur 28. Jg. (1927) 502. Vor allem die Vokabel „Irregang" bleibt fortan im Sprachschatz v. Grolmans bestehen und wird auf individuelle Lebensläufe, wie etwa den von Otto Abetz, gemünzt. Vgl. in diesem Buch: Thomas Rütten: Thomas Manns Briefe an Adolf von Grolman, Anm. 88.

18 Laut H/S, 77 ist mit Hinweis auf Nb II, 281 der 22.10.1916 der Tag, an dem Thomas Mann seine Reise antrat. Thomas Manns Gegenwart in Breslau nutzte Bertha Born, die Mutter des im Kriegseinsatz befindlichen Graphikers und Malers Wolfgang Born, die Bildermappe ihres Sohnes Thomas Mann ins Hotel zu schicken und ihn um seine Meinung zu bitten, die Thomas Mann brieflich wissen ließ. Vgl. Frank Baron: Wolfgang Born und Thomas Mann, in: Thomas Mann: Der Tod in Venedig. Wirklichkeit, Dichtung, Mythos, hrsg. von Frank Baron und Gert Sautermeister, Lübeck: Schmidt-Römhild 2003, 139-157, 157.

19 Vgl. Ingrid Bibler, s. v. ‚Munk, Georg', in: Deutsches Literatur-Lexikon. Biographisch-bibliographisches Handbuch begründet von Wilhelm Kosch. 3. völlig neu bearbeitete Auflage, hrsg. von Bruno Berger (Bde 1-2), Heinz Rupp (Bde 3-15 und Ergänzungsbände 1-2), Hubert Herkommer (Bde. 16-24 und Ergänzungsbände 3-6), Bern u.a.: Saur 1968-2004, Bd. 2, 1986, Sp. 1637-1638.

20 Offenbar hatte v. Grolman seiner Besprechung seine Exemplare der beiden damals erschienenen Werke Georg Munks alias Paula Bubers, der Gattin Martin Bubers, beigefügt und so Thomas Mann ausgeliehen. Es dürfte sich um die sechs Geschichten gehandelt haben, die 1912 unter dem Titel *Der Geschichtenkreis von den unechten Kindern Adams* im Inselverlag erschienen waren, sowie um den Roman, der 1916 unter dem Titel *Irregang* von demselben Verlag verlegt worden war. Jedenfalls sind es diese beiden Werke, denen sich v. Grolman in den in Anm. 127 gelisteten Besprechungen zuwendet. V. Grolman war sehr beeindruckt von der Erzählkunst Paula Bubers, die seit den Tagen Adalbert Stifters unübertroffen sei. Ihm war offenbar daran gelegen, seine literarische Entdeckung mit Thomas Mann zu teilen. Trotz solcher Bemühungen scheint die Schriftstellerin nicht in den Gesichtskreis Thomas Manns getreten zu sein.

Herrn Dr. Adolf v. Grolmann, München, Kaulbachstr. 69 Gartenh. II r.

München, den 31.X.16.

Sehr geehrter Herr von Grolmann:
Vielen Dank für Ihre freundliche Karte vom 28.. Wollen Sie glauben, daß ich bis heute noch nicht dazu gekommen bin, eines der Munk-Bücher[21] zu oeffnen? Auf der Reise drängte sich anderes auf, und seit meiner Heimkehr haben Zeitungen und Zeitschriften die mich meiner laufenden Arbeit wegen interessieren, meine Lesestunden in Anspruch genommen. In ein paar Tagen muß ich nun schon wieder aufflattern: nach Berlin[22], wo ich mich bis zum 10. aufhalten werde, da ich am 4. und 9. Vorträge zu halten habe. Ich kann kaum hoffen, Sie vorher noch zu sehen, denn manches will erledigt sein. Gegen Mitte nächsten Monats aber, denke ich, wird sich dann eine Gelegenheit zu einer Plauderstunde finden, wo wir dann den Fall Gundolf-Munk[23] werden erörtern können, – zumal ich in Berlin doch wohl sicher zur Beschäftigung wenigstens mit einem der beiden Bände kommen werde.
Ich hoffe, Sie haben sich gut eingelebt in München?
Sollten Sie etwa die Munks *brauchen* oder irgend vermissen, so sagen Sie es mir ja! Ich kaufe sie mir dann.

Ihr sehr ergebener
Thomas Mann

[21] Vgl. Anm. 17.

[22] Dort las Thomas Mann im Rahmen einer vom 4. bis zum 10.11. währenden Reise am 5.11. in der Berliner Sezession aus dem *Krull,* am 9.11. in der Deutschen Gesellschaft den Aufsatz über den Taugenichts. Vgl. BrB, 42 und 220 Ha, 147; R 16/89, 92 und 96; B G 101; Berliner Börsen-Kurier vom 7.11.1916; BrA, 48. Vgl. auch GKFA 22, 160, 654-655.

[23] Was mit dem „Fall Gundolf-Munk" gemeint ist, konnte vorerst nicht geklärt werden. Zu Gundolf siehe Christian Horn: s. v. ‚Gundolf, Friedrich Leopold (bis 1927 Gundelfinger)', in: Internationales Germanistenlexikon 1800-1950, 638-640. Zu v. Grolmans kritischer Einstellung zu Friedrich Gundolf vgl. Günther Röhrdanz: Im Dienst und Kampf für deutsche Dichtung, (6.10.1938) 4: „Hier muß aus der Zahl derjenigen, die der junge noch unbekannte Literaturhistoriker in Gießen mutig angriff, vor allem Friedrich Gundelfinger mit seinem ‚Goethe' genannt werden. Wir müssen uns vorstellen, daß im Jahre 1921 der vom Heidelberger Lehrstuhl aus die gesamte deutsche Literaturwissenschaft beherrschende Jude Gundelfinger, der sich Gundolf nannte, als der Literaturpapst in Deutschland galt. Es gehörte also schon Mut dazu, als junger, aufwärtsstrebender Literaturhistoriker diesen mächtigen Mann in seinem Werk wissenschaftlich anzugreifen und ihn sich dadurch zum Feind zu machen. Adolf von Grolman hatte diesen Mut, als er 1919 in der bekanntesten deutschen Literaturzeitschrift ‚Euphorion' seinen grundlegenden Aufsatz ‚Methodische Probleme in Fr. Gundolfs *Goethe*' veröffentlichte. Gleich zu Anfang dieser Abrechnung wird die Frage erhoben, ob man es bei diesem Werk Gundelfingers überhaupt noch mit Wissenschaft und nicht nur ‚mit geistreicher Haltung' zu tun habe, ‚von der viel zu schreiben, um die sich zu mühen, nicht nötig wäre'. Wenn Grolman sich trotzdem auf 24 eng bedruckten Seiten mit dem Buch auseinandersetzt, so nur, um den wissenschaftlich exakten Gegenbeweis gegen die Unmöglichkeit der Gundelfingerschen Methode anzutreten. Daß das Werk Goethes hier ganz willkürlich in einem von Fall zu Fall beinahe launenhaft gewählten Rahmen gepreßt wird, wenn es sein muß auf Kosten seiner ganzen Zeit und Umgebung, legt die Erwiderung ebenso dar, wie auch der Finger auf die Hauptschwäche gelegt wird, wenn es dort heißt: ‚Vielmehr ist es beliebt geworden im Buch ‚Goethe', das jedem käuflich zugänglich ist, zu blättern, hie und da zu lesen. Man kann das. Ja, man kann mehr als das. Die Unübersichtlichkeit des Buches verlockt dazu. Widersteht man aber der Ver-

Herrn Dr. Adolf von Grolman, München, Kaulbachstr. 69 Gh. II r.

München, den 20.III.17.

Lieber Herr Grolmann:
Hier ist, mit bestem Dank, die Edschmid-Rezension zurück.[24] Es war mir eine angenehme Lektüre. Sie verfügen über einen vornehmen kritischen Styl, der zwischen gelehrtenhaftem und künstlerischem Feinsinn eine sehr reizvolle Mitte hält, und in dessen Besitz Sie sich gewiß eines Tages größeren, umfassenderen kritischen Aufgaben gewachsen fühlen und gewachsen zeigen werden. Ihre genaue Beobachtung der Jubiläums- und œuvres complètes-Frage hat mich sehr gerührt.[25] Ich hebe Ihren Brief auf für den Augenblick, da wenigstens eine der beiden urgent wird, und werde ihn dann zu Hülfe nehmen. An die Gesammtausgabe möchte ich nicht denken, bevor nicht sowohl der *Zauberberg* wie auch der *Hochstapler* beendet ist [sic], also

suchung, von einer blendenden Antithese zur nächsten zu huschen, bald von diesem, bald von jenem klugen, gelegentlich zwingenden Gedanken sich packen zu lassen, – liest man also das ganze Buch, arbeitet man es durch, mehrmals – dann ändert sich die Sachlage. Ist dann das nach Wille, Wort und Wägung wahrscheinlich ‚schön' gewollte Buch noch schön? Ist es nicht eher preziös, kapriziös?' Wenn ein junger Wissenschaftler solche Sätze in einer Zeit schrieb, ‚wo in ungeschickt polternder und redseliger Weise Herr Spengler den einstweilen ersten Teil seiner zwar umständlichen, aber kurzatmigen und arg vorlauten Morphologie der Weltgeschichte den verblüfften Zeitgenossen vorlegt, worin er unverdrossen darauflos orakelt' (Grolman), wo außerdem das Werk Gundelfingers von allen Seiten über den grünen Klee gelobt wurde, so mußte er mit der Todfeindschaft nicht allein des einzelnen Betroffenen, sondern des ganzen Anhanges rechnen. Und dieser Kreis mußte sich mehr und mehr erweitern, wenn der junge Literaturhistoriker Aeußerungen tat, die mit den von der Zeit gewünschten in keiner Weise übereinstimmten, wenn er z.B. über Heinrich Mann schrieb, daß ‚die dichterische Vorstellungskraft nicht allzustark und die Einfälle des Verfassers spärlich' seien (1925 ‚Neue Literatur'), und weiter scharf Stellung nimmt gegen die ‚Pariser Rechenschaften' Thomas Manns, dem er 1931 sagt: ‚Das bißchen Zivilisation, das bei Thomas Mann gepriesen wird, hat mit selbstbewußter Kultur nichts mehr zu tun.'" Auch in späteren Arbeiten v. Grolmans macht sich die Oppositionsstellung zu Gundolf bemerkbar. Siehe Adolf v. Grolman: Stifter als Pädagoge einst und jetzt. Eine Problem- und Literaturschau, in: Pharus. Katholische Monatsschrift für Orientierung in der gesamten Pädagogik 23 (1932) 401-416, 405; ders.: Werner Günther: Der ewige Gotthelf. Erlenbach-Zürich: Eugen Rentsch Verlag 1934. (400 S. 8°) 6.80 M; Leinen 8.50 M; Halbleder 16 M., in: Die Neue Literatur 36. Jg. (1935) 95: „[...] es [d. i. das rezensierte Buch] geht auch durchaus von den Scheinmethoden Gundelfingers aus, welche für die deutsche Literaturwissenschaft trotz vorübergehender Mode kein Segen sind noch waren [...]." Siehe auch ders.: [Sammelrezension], in: ebenda, S. 407-409, 409: „Das Schwerste zuletzt: George. Dieser Mann fordert größte Wachsamkeit, seine Führungs- und Verführungskünste liegen viel zu nahe beieinander, als daß dabei unbärtige Exaltation und hierarchisch scheinende Geheimniskrämerei seiner Propheten 1., 2., 3. Grades samt Adepten usw. je hätte geduldet werden dürfen. Der wahrhaft katastrophale Einfluß seines Hauptpropagandisten Gundelfinger auf die deutsche Literaturwissenschaft ist noch längst nicht im Abklingen. Indes mehren sich Zeichen kritischer Besonnenheit, wie die kleine Schrift von Richard Bie [d. i. Bie, Richard, Stefan George. Richter der Zeit, Künder des Reichs, Berlin 1934] zu Teilen aufweist." Siehe auch Brief von Adolf v. Grolman an Will Vesper mit Brief vom 12.7.1939 [Deutsches Literaturarchiv, Marbach].

24 Der expressionistische Dichter Kasimir Edschmid (eigentlich Eduard Schmid; 1890-1966) hatte bis zu diesem Datum bei Kurt Wolff in Leipzig Novellenbände unter den Titeln *Die sechs Mündungen* (1915), *Das rasende Leben* (1915) und *Timur* (1916) veröffentlicht. Adolf v. Grolman bespricht insbesondere den zuletzt genannten Band in: Kasimir Edschmid, in: Die Pyramide (25.2.1917), 30-31; siehe auch Adolf v. Grolman: Über Kasimir Edschmids ‚Tribüne der Kunst und Zeit', in: Die Pyramide 45 (9.11.1919) 179-180. Die Kritik v. Grolmans, Edschmid ermüde seine Leser mit einem „ununterbrochene[n] Fortissimo der Stilmittel" und mute ihnen ein „Zuviel moderner Erzähltechnik" zu, wird Thomas Mann gefallen haben. Vgl. Zauberer, Bd. 2, 1858-1859: „Den damals achtundzwanzigjährigen expressionistischen Dichter Kasimir Edschmid, der mit seinen ersten Novellenbänden während des Krieges rasch sehr bekannt geworden war und den er wohl aus seinen Beiträgen in der Frankfurter Zeitung kannte – gewiß hatte er Edschmids Berliner Vortrag Expressionismus in der Dichtung im Märzheft 1918 der Neuen Rundschau gelesen -, mochte Thomas Mann, wie die zweimalige Erwähnung zeigt, ganz und gar nicht leiden."

25 Offenbar hatte v. Grolman Thomas Mann den Vorschlag einer Werkausgabe unterbreitet.

in einigen Jährchen erst und noch einigen dazu. Aber meine Aufsätze könnte ich wirklich schon vorher einmal sammeln.

Die besten Grüße
Ihres
Thomas Mann

Herrn Dr. Adolf von Grolman, München, Kaulbachstr. 69 Gh. II r.

München, den 24.IV.17.[26]

Lieber Herr von Grolmann:
Ich erhielt Ihren *Gang nach Emmaus*[27] vor einigen Tagen vom Verleger – in Ihrem Auftrage, wie ich fast annehme – und hätte Ihnen für die schöne, ernste Herzens- und Geistesgabe längst gedankt, wenn ich nicht seit meiner Rückkehr aus Mittenwald täglich Ihres telephonischen Anrufs gewärtig gewesen wäre, den meine Frau mir in Aussicht gestellt hatte. Ich dachte dann einen Nachmittag wieder einmal mit Ihnen festzusetzen, an dem wir zusammenkommen und über Ihre Arbeit sprechen könnten.
Es liegt mir an solchem Gespräch, denn ich fand mich merkwürdig gut vorbereitet, das kleine Buch aufzunehmen, den Geist, die Lebensstimmung zu würdigen, woraus es hervorgegangen.
Sie wissen, daß diese Kriegszeit mich zu intensivstem Nachdenken über mich selber angehalten hat, – der Anlaß dieses Nachdenkens spricht vielleicht für seinen moralischen und einkehrhaften Charakter, durch den es sich von Selbstbespiegelung einigermaßen unterscheidet. Wenn ich mich frage, was Menschen Ihrer Art an und in meiner bisherigen Produktion gefunden haben, so muß ich mir antworten, es ist das

26 Dieser Brief wurde erstmalig veröffentlicht in GKFA 22, 185-187.

27 Adolf v. Grolman: Der Gang nach Emmaus, München: Chr. Kaiser Verlag 1917. Es handelt sich um eine Nachdichtung von Lukas 24.13-36, die als Text zu einem Oratorium für Soli, Chor, Orchester und Orgel dienen sollte. Im Hinblick auf die Vertonung sind dem Text Anregungen für den Kompositionsentwurf beigegeben. Ein Widmungsexemplar mit dem handschriftlichen Eintrag „Herrn Prof. Kippenberg zum 60. Geburtstag mit herzlichen Wünschen: Adolf v. Grolman", das im Deutschen Literaturarchiv in Marbach verwahrt wird, bezeugt des Autors Wertschätzung für diese seine frühe Publikation, die er noch 1936 – auch ohne Partitur – für eine angemessene Geburtstagsgabe an den Leiter des Insel Verlags Anton Kippenberg (1876-1947) hielt. 1919 erschien unter dem Titel „Auf dem Wege nach Emmaus" ein Essayband von D. S. Mereschkowski in deutscher Übersetzung. V. Grolman kam darauf in seinem Portrait dieses Dichters zu sprechen, das in Die Schöne Literatur 30. Jg. (1929) 520-525, erschien. Bezeichnenderweise benennt er bei dieser Gelegenheit (S. 520) den Essayband in „Gang nach Emmaus" um.

ethische Element darin, als welches aller mitgehenden Artistik ungeachtet niemals gestatten wird, mich unter die Aestheten zu rechnen. Ich habe das eigentlich immer gewußt, intellektuell nach allen Seiten hin klar geworden ist es mir erst jetzt und die Erkenntnis ist mir wert und wichtig. Ich hörte kürzlich zum zweiten Male die Matthäus-Passion[28] – ich kann nicht sagen, mit welcher *intimen* Ergriffenheit, mit welchem Gefühle seelischen Zuhauseseins. Ich erinnerte mich[29], daß der junge Nietzsche sie in Basel in einer Charwoche 3mal hinter einander hörte, und der Briefsatz klang mir im Ohr, den er um jene Zeit an Rohde schrieb (und der mir, als ich ihn vor vielen Jahren zum ersten Mal las, sofort entscheidenden und unzerstörbaren Eindruck machte): „Mir behagt an Wagner, was mir an Schopenhauer behagt: Die ethische Luft, der faustische Duft, *Kreuz, Tod und Gruft*."[30] Er hat dieses „Behagen", das er freilich zur furchtbarsten Tragödie der Geistesgeschichte entwickelte, nie verlernt, und seine letzte Unterschrift unter jenen Wahnsinnszettel an Brandes lautete: „Der Gekreuzigte"[31]. Sie haben da aber in einem Satz von recht Nietzsche'scher Musikalität jene Neigung und Stimmung zusammengefaßt, die die Grundneigung und -Stimmung auch meines Lebens und der Kern meiner Liebe und Zöglingsdankbarkeit für jenes „Dreigestirn" ist.[32] Wo ich sie finde und fühle, bin ich zu Haus. Es ist eine nordisch – *protestantisch* – ethisch – dürerische Atmosphäre, – die Atmosphäre etwa, in der das Griffelwerk „Ritter, Tod und Teufel"[33] steht...
Nietzsche stammte aus einem protestantischen Pfarrhause. Wagner endete beim „Charfreitags-Zauber"[34]. Und wenn der moderne Protestantismus geneigt scheint, das Religiöse über dem Ethischen zu vernachlässigen, so finde ich nachgerade, allmählich und ohne im Geringsten stürmisch vorzugehen, *Grund* mich zu fragen, ob in gewissen Fällen das Ethische nicht ein Weg – zur Religion sein könnte.

[28] Wohl in München unter der Leitung von Bruno Walter, der in seiner Autobiographie davon berichtet. Vgl. Bruno Walter: Thema und Variationen, Frankfurt/Main: S. Fischer 1950, 316. Siehe auch GKFA 22, 679.

[29] Hier könnte auch die Lektüre eines Manuskriptteils nachgeholfen haben. Vgl. Ernst Bertram: Nietzsche. Versuch einer Mythologie, Berlin 1918, 59 und BrB, 46-47.

[30] Aus einem Brief von Friedrich Nietzsche an Erwin Rohde vom 8.10.1868 (KSB 2, 322). Vgl. auch dasselbe Zitat in Thomas Manns Düreraufsatz aus dem Jahre 1928.

[31] Friedrich Nietzsche an Georg Brandes mit Brief vom 4.1.1889 (KSB 8, 573).

[32] Vgl. GW XII, 69-88.

[33] Kupferstich von Albrecht Dürer aus dem Jahre 1513. Mit den Kupferstichen *Melencolia I* und *Hieronymus im Gehäus* ist eine Trias aus dem Oeuvre Dürers gegeben, die zur Referenzgröße und Inspirationsquelle des Mannschen Werkes wurde. Zu dessen Dürerrezeption vgl. Rosemarie Puschmann: Magisches Quadrat und Melancholie in Thomas Manns *Doktor Faustus*. Von der musikalischen Struktur zum semantischen Beziehungsnetz, Bielefeld: Ampal 1983; Dieter Borchmeyer: Musik im Zeichen Saturns. Melancholie und Heiterkeit in Thomas Manns Doktor Faustus, in: TM Jb 7 (1994) 123-167; Thomas Rütten: Krankheit und Genie. Annäherungen an Frühformen einer Mannschen Denkfigur, in: Literatur und Krankheit im Fin-de-siècle (1890-1914). Die Davoser Literaturtage, hrsg. von Thomas Sprecher, Frankfurt/Main: Klostermann 2002 (= TMS 26), 131-170.

[34] Vgl. GKFA 22, 682: „Im dritten Aufzug von Wagners Parsifal bezeichnet Gurnemanz das Erblühen von ‚Flur und Au', das er mit dem Tod des Erlösers in einen mystischen Zusammenhang bringt, als ‚Karfreitags-Zauber'. Die betreffende Szene, getragen von einer verklärt-strömenden Musik, wird auch als reines Instrumentalstück aufgeführt."

Das führt sehr weit. Ich wollte mit diesen fragmentarischen Sätzen nichts, als Ihnen andeuten, inwiefern Ihr Büchlein mich bereit und empfänglich fand. Ich habe es mit Rührung gelesen.
Sie werden das Oratorium selbst komponieren?[35] Ich wünsche Ihnen Künstlerkraft dazu! – Aber wir sprechen weiter darüber, wenn Sie einmal bei uns sind.

Mit den besten Grüßen der Ihre
Thomas Mann

Herrn Dr. Adolf von Grolmann, Baden-Baden, 25/7 Karlsruhe [...]
Tölz den 23.VII.17.[36]

Lieber Herr von Grolmann,
ich schicke das kritische, höchst kritische kleine Manuskript mit vielem Dank zurück. Der arme M.[37] kann ja im Grabe von Glück sagen, daß es nicht erschienen ist. Mein Gott, Sie waren so streng. Das Buch war fürchterlich unreif (ich meine „Tag und Nacht")[38], aber als Dokument weder unsympathisch noch auch ganz uninteressant. Ich sage „war", denn im Präsenz kann man ja schon nicht mehr davon reden. „Heimkehr"[39] freilich opfere ich Ihnen völlig. Ich habe dem jungen Menschen meine sehr geringe Meinung darüber seinerzeit nicht verschwiegen.
Chamberlains politische Kampfschrift[40], der man als solcher aus ihrer Tendenzfrömmigkeit doch keinen Vorwurf machen darf, habe ich nur darum mit einer gewissen

35 Dazu kam es offenbar nicht.

36 Dieser Brief wurde erstmalig in GKFA 22, 203-204 veröffentlicht.

37 Erich v. Mendelssohn (1887-1913).

38 Erich v. Mendelssohn: Nacht und Tag, Leipzig: Verlag der weissen Blätter 1914. Es handelt sich um v. Mendelssohns nachgelassenen Roman, für dessen Druck Thomas Mann das Vorwort schrieb. Es wurde unter dem Titel *Vorwort zu dem Roman eines Jungverstorbenen* in den Süddeutschen Monatsheften 11,1 (1913/14) 235-239 wiederabgedruckt und fand auch Eingang in diverse Gesamtausgaben des Mannschen Oeuvre. Vgl. GW X, 559-565. Siehe auch Zauberer, Bd. 2, 1405, 1524-1527.

39 Erich v. Mendelssohn: Heimkehr, Leipzig, Verlag der Weissen Bücher 1914.

40 Gemeint ist der britische Publizist Houston Stewart Chamberlain (1855-1927), Schwiegersohn von Richard Wagner, der als Vulgärphilosoph, Träger der Konservativen Revolution, Propagandist von Rassenideologie, Sozialdarwinismus, Antisemitismus und Radaunationalismus im Jahre 1916 mit einer ganzen Reihe politischer Kampfschriften den deutschen Buchmarkt bediente: Deutschlands Kriegsziel, Oldenburg 1916; Hammer oder Amboss, München 1916³; Ideal und Macht, München 1916; Deutsches Wesen. Ausgewählte Aufsätze, München 1916²; Die Zuversicht, München 1916³; Wer hat den Krieg verschuldet?, Wiesbaden 1916. 1917 erschien das Pamphlet *Demokratie und Freiheit*, das Thomas Mann hier womöglich im Sinn hat. Vgl. GKFA 22, 700-701.

Genugthuung gelesen, weil sie gute Argumente gegen die Demokratie produziert und reproduziert, und weil das meinem geistigen Gerechtigkeitssinn angenehm ist, der sich gereizt und beleidigt fühlt dadurch, daß man die Demokratie heute zum geistigen Dogma zu machen sucht.[41]
Nochmals, möge Ihre Erholung gute Fortschritte machen!

Ihr
Thomas Mann

Aber *was* vergesse ich Ihnen zu erzählen! Den Ausgang „unseres" Prozesses![42] Nun, was meinen Sie? Das Mädchen ist freigesprochen worden. In erster Instanz! wie ich grimmig hinzufüge. Denn schon am folgenden Morgen kam der Amtsanwalt, ein blutjunger Praktikant, der ohnmächtig gegen den jüdischen Verteidiger, einen sozialdemokratischen Abgeordneten, gewesen war, zu uns, um unsere Einwilligung zu erwirken, daß er die Sache vors Landgericht bringe. Es wird Monate dauern, aber wir sind einverstanden und werden diesmal die Sache ernster behandeln. Das Mädchen ist ein glänzender Typus, zum Erfolg im Gerichtssaal wie geschaffen, aber eine ungewöhnlich freche und niederträchtige Person, die ihre Lektion bekommen muß, oder die Justiz hat es auf immer mit mir verdorben.

41 Eine derart defensive Antwort spricht dafür, dass v. Grolman sich verwundert, irritiert oder beunruhigt gezeigt hatte angesichts solcher Lektüre.

42 Zuletzt hat Hermann Kurzke: Thomas Mann. Das Leben als Kunstwerk. Eine Biographie, München: C.H. Beck 1999, 289 zusammengefasst, um welchen Rechtsstreit es sich handelte. Seine Vermutung „wahrscheinlich im Jahre 1917" kann dank des vorliegenden Briefes auf den Juli 1917 präzisiert werden: „Das Kindermädchen Josepha Kleinsgütl, genannt Affa, schon seit über zehn Jahren im Dienst der Familie, hatte sich endgültig als kleptoman erwiesen. In ihrem Zimmer fand sich alles, was man lange gesucht und schließlich verloren gegeben hatte. Klaus Mann erzählt die dramatische Geschichte, wie sein Vater, herzlich bewegt, drei Flaschen seines geliebten Burgunderweins in Affas Zimmer fand, wie Affa heulend behauptete, es sei ihr Burgunder, und wie sie im Streit um den roten Wein sogar die Hand nach dem Dichter erhob." Siehe inzwischen auch GKFA 22, 701.

[An Adolf v. Grolman in Karlsruhe, Hirschstr. 71]

Tölz den 3.VIII.17.

Lieber Herr von Grolmann,
recht herzlichen Dank! Ich weiß den kleinen Aufsatz[43] in seiner schlicht zuredenden Absicht wohl zu schätzen und glaube, daß er in einem Zeitungsfeuilleton recht gut am Platze sein wird. Aber die Sache ist durchaus nicht urgent. Ich höre nichts mehr von der Neu-Auflage. Papiermangel![44] Aber ich benachrichtige Sie sofort.
Ja, über die Zusammenhänge von „K. H."[45] mit dem politischen Buch[46] wäre manches zu sagen – und vielleicht sage ich selbst einiges darüber, an Ort und Stelle.
Ich bin fleissig vormittags und früh Nachmittag ist dies der fünfte Brief. Entschuldigen Sie mich!
Die besten Wünsche für Ihre Gesundheit und viele Grüße von meiner Frau und mir

Ihr
Thomas Mann

Herrn Dr. Adolf von Grolman, Karlsruhe, Hirschstr. 71.

München, den 2.XI.17.
Poschingerstr. 1

Lieber Herr von Grolman:
Haben Sie vielen Dank für die freundliche Sendung. Es war mir eine Freude, den Artikel[47] nun so an seinem öffentlichen Platze zu sehen.

43 Adolf v. Grolman: Märchendichtung, in: Die Pyramide (21.10.1917) 169.

44 Vgl. die Briefe von Thomas Mann an Ida Boy-Ed vom 21.1.1918 (GKFA 22, 219) und an Paul Amann vom 2.3.1918 (GKFA 22, 225 und BrA, 59), in denen der Dichter die Klagen seines Verlegers über Papiermangel referiert. Samuel Fischer ließ seine Autoren in einem Rundschreiben vom 1.2.1918 wissen: „Papier kostet heute je nach seiner Qualität das Sechsfache im Vergleich zu normalen Zeiten [...]." Es sei anzunehmen, dass das Publikum „sich den neuen Preisverhältnissen auf dem Büchermarkt [die besonders für kommende Bücher eine wesentliche Veränderung erfahren werden] um so schneller anpassen wird, als das bedeutend eingeschränkte Papiercontingent einen starken Rückgang der Bücherproduktion zur Folge haben muß." Zitiert nach GKFA 22, 717.

45 Gemeint ist der Roman *Königliche Hoheit*.

46 Gemeint sind die *Betrachtungen eines Unpolitischen*.

47 Wie in Anm. 43.

Sie sind wieder in Karlsruhe? Getrieben vom Heimweh oder von kalten Gliedmaßen? Möge es Ihnen also warm werden am mütterlichen Herde!

Ihr
Thomas Mann

Herrn Dr. Adolf von Grolman, München,Kaulbachstr. 69 G. II r.
München, den 27.XI.17.
Poschingerstr. 1

Lieber Herr von Grolmann:
Ein Glück, daß Sie geschrieben haben! Ich war Ihrer Adresse nicht sicher[48], meine Frau behauptete, es wäre nicht mehr die alte. Das Weitere wird sich mündlich erklären. Ich bin die nächsten Tage besetzt. Anfang nächster Woche hoffen wir Sie bei uns zu sehen.[49] Rufen Sie mich nur vormittags einmal an, etwa um 11 Uhr.

Ihr ergebener
Thomas Mann

Herrn Adolf von Grolman, Karlsruhe, Hirschstr. 71.
München, den 28.XII.17.

Lieber Herr von Grolman:
Ihres freundlichen Gedenkens zum neuen Jahr haben meine Frau und ich uns aufrichtig gefreut.
Ein Glück, daß Sie rechtzeitig gereist sind. Die Überlastung aller Strecken unmittelbar vor dem Fest soll grauenerregend gewesen [sic]. Hoffentlich ist es weniger schlimm, wenn ich daran komme: am 4ten geht es auf nach Straßburg, Essen, Brüssel. Aber das Halsbrecherischste wird die Tour Brüssel-Rostock sein, die ich vom 10. abends

[48] Vgl. Thomas Mann an Paul Amann mit Brief vom 2.3.1918: „Ich meinerseits schrieb nicht, weil ich einesteils Ihrer Adresse nicht mehr sicher war, dann aber einfach aus Gêne: Ich mag mich nicht einmal schriftlich mehr sehen lassen, bis endlich mein ‚Buch' heraus ist, […]." Vgl. GKFA 22, 224 und BrA, 59.

[49] Zu einem Besuch kam es am 10.12.1917. Adolf v. Grolman an seine Mutter mit Brief vom 8.12.1917 [Privatarchiv].

bis 12. morgens werde zurückzulegen haben. Dafür werde ich aber auch mit einem Holwagen vom Bahnhof abgeholt.[50]

Die Heilige und ihr Narr muß ein berühmtes Buch sein, der Titel ist mir geläufig, aber ich habe es mir nie verschafft – auch einem in diesem Fall offenbar unberechtigten Mißtrauen gegen Dichtung feminini generis.[51] Ich beneide Sie um Ihre Erlebnisse. Meine Lektüre ist Carlyle z. Z.: *Helden und Heldenverehrung,* eben in ungekürzter deutscher Ausgabe erschienen.[52] Ich habe den Alten als Moralisten und seines besonderen heroischen Humors wegen immer geliebt und verehrt.

Mit vielen guten Wünschen – auch von meiner Frau – bin ich, lieber Herr von Grolman,

Ihr ergebener
Thomas Mann

[50] Mit diesem Brief bestätigt sich der von der Forschung vermutete (GKFA 22, 710) 4. Januar als Antrittstag der „tournée", wie Thomas Mann seine Vortragsreise in einem Brief an Paul Amann vom 27.8.1917 (GKFA 22, 206 und BrA, 58) nennt. Dass sie 17 Tage währte, er also wohl am 20.1.1918 nach München zurückkehrte, zeigt sein Brief vom 21.1.1918 an Ida Boy-Ed (GKFA 22, 219). Zu den Stationen dieser Reise vgl. GKFA 22, 702-703. Der „Holwagen" dürfte ihm von seinem Gastgeber in Rostock, dem Großherzog von Mecklenburg-Schwerin, Friedrich Franz IV., geschickt worden sein. Reflexe der Vortragsreise finden sich in einem Brief Thomas Manns an Paul Amann vom 2.3.1918 (GKFA 22, 225 und BrA, 59) sowie in seinem *Lebensabriss* (GW XI, 127). Siehe auch GKFA 22, 724-725.

[51] Der hier zitierte Titel bezieht sich auf einen Roman, den die Schriftstellerin Agnes Günther (1863-1911) unvollendet hinterließ und der von dem Theologen Karl Joseph Friedrich abgeschlossen und 1913 zum Druck befördert wurde. Der Roman erlebte bereits im 4. Jahr nach seinem Erscheinen die 44. Auflage. Der Bestseller wurde von der UfA verfilmt und bescherte dem Residenzstädtchen Langenburg ob der Jagst, in dem Agnes Günther von 1891 bis 1907 lebte und das im Roman unter dem Namen Brauneck firmiert, zwischen den Weltkriegen einen frühen Literaturtourismus. Über die Dichterin informieren Anna Stüssi: s. v. ‚Günther, Agnes', in: Deutsches Literatur-Lexikon, Bd. 6, 1978, Sp. 999-1000; NDB 7,267; Karl J. Friedrich: Die Heilige. Erinnerungen an Agnes Günther, die Dichterin von „Die Heilige und ihr Narr", Gotha: Perthes 1915; Rudolf Günther: Unter dem Schleier der Gisela. Aus dem Leben und Schaffen der Agnes Günther, Stuttgart: Steinkopf 1936; Gerhard Günther: Ich denke der alten Zeiten, der vorigen Jahre: Agnes Günther in Briefen, Erinnerungen und Berichten, Stuttgart: Steinkopf 1972. Über den Roman schreibt v. Grolman 16 Jahre später: „Für diejenigen, welche Zugang zu der Frömmigkeit der deutschen Mystik haben, ist Agnes Günthers ‚Die Heilige und ihr Narr' besonders im 2. Bande ein vollendetes Volksbuch; doch können das nur Jene ermessen, die der Verfasserin wichtigstes Buch: ‚Wie Gisela mit dem Leben stritt' in seinem tiefen Doppelsinne völlig verstanden haben. Für alle anderen besteht zu dem Werke kein Zugang." Vgl. Adolf v. Grolman: Das deutsche Volksbuch Wesen und Begriff, in: Die Neue Literatur 34. Jg. (1933) 507-517, 512.

[52] Thomas Carlyle, englischer Historiker und Kulturphilosoph (1795-1881), dessen Werk über Friedrich den Großen Thomas Mann sehr schätzte. Er hatte Carlyles 1858 bis 1865 sechsbändig erschienene *History of Friedrich II of Prussia, called Frederick the Great* in einer gekürzten, einbändigen Fassung der 1859-1869 erschienenen deutschen Übersetzung kennengelernt, die Karl Linnebach 1905 in Berlin herausbrachte. Vgl. Thomas Mann an Heinrich Mann mit Brief vom 5.12.1905 (GKFA 21, 335-338): „Und mein letztes litterarisches Erlebnis ist Carlyle's ‚Friedrich der Große', der kürzlich in einer ausgezeichneten deutschen Ausgabe erschienen ist. Ein herrliches Buch – wenn auch sein Begriff vom Heldenthum sich von meinem, wie ich schon in ‚Fiorenza' andeutete, wesentlich unterscheidet. Einen Helden menschlich-allzumenschlich darstellen, mit Skepsis, mit Gehässigkeit, mit psychologischem Radicalismus und dennoch positiv, lyrisch, aus eigenem Erleben: mir scheint, das ist überhaupt noch nicht geschehen...Die Gegenfigur würde sein Bruder (das Bruderproblem reizt mich immer) der Prinz von Preußen, der die Voss liebte, ein Träumer, der am „Gefühl zu Grunde ging....Ob ich zu dieser Aufgabe berufen bin? Ich bin nun dreißig. Es ist Zeit, auf ein Meisterstück zu sinnen. Es ist nicht unmöglich, daß ich nach *Kgl. Hoheit* (das ein Kinderspiel ist im Vergleich [zu] dem neuen Plan) alles andere vom Tische streiche und mich über Friedrich hermache. Was sagst Du dazu? Hälst Du's für möglich?" 1916 erschien dieselbe Schrift im Rahmen einer auf 6 Bände angelegten, von Karl Linnebach neu bearbeiteten Übersetzung von Carlyles Werk, die bis zum Jahre 1918 in 3. Auflage bei v. Decker in Berlin herauskam. Thomas Mann rezensierte den Band in der Frankfurter Zeitung vom 24.12.1916. Die vorliegende Briefstelle belegt auch des Dichters Lektüre des zweiten Bandes dieser Ausgabe, wovon in der Thomas Mann Forschung bislang keine Notiz genommen wurde. Am 28.9.1918 notierte er im Tagebuch: „Die 4 Schlußbände von Carlyle's ‚Friedrich' kamen vom Verleger. Eine zeitgemäße Lektüre?". Obwohl die Bände 3 bis 5 bereits 1917 erschienen, scheint Thomas Mann sie erst nach Erscheinen des 6. Bandes im Jahre 1918 erhalten zu haben. Vgl. Zauberer, Bd. 2, 1100, 1177, 1636; Hb 230-242; GKFA 22, 169 und 661-662.

Herrn Dr. Adolf von Grolman, Karlsruhe i. B., Hirschstraße 71.

München, den 3.II.18.

Lieber Herr von Grolman:

Der kleine Aufsatz ist vortrefflich, seine antipolitische Haltung mir außerordentlich sympathisch. Man entgeht der Politik heute freilich nicht. Auch der Antipolitiker ist heute Politiker, und die Parteinahme für eben das, was Sie in Ihrem Artikel deutsch nennen und was es auch ist, hat z.B. mich nach aussen kriegspositiv und nach innen – pur konservativ gestimmt. Man will kein „politisiertes" Deutschland, aber den Sieg und die politische Macht Deutschlands will man aus Sympathie eben doch. Das ist der Widerspruch, den mein Aug vorzustellen sucht, indem es darauf verzichtet, ihn lösen zu wollen.

Der „Kritobulos" ist eine Ausgrabung auf einer Stelle – ich glaube in Xenophons Gastmahl[53], wo von den Gefahren der Sinnlichkeit die Rede ist und Sokrates den Kritobulos, Sohn des Kriton, als einen ganz tollkühnen Menschen bezeichnet, weil er sich unterfangen habe, den hübschen Jungen des Alkibiades, ebenfalls Alkibiades mit Namen, zu küssen. Man sollte sich vielmehr stracks auf die Flucht begeben, wenn man einen Schönen auch nur von Weitem sehe, denn sonst wird man rettungslos zum Sklaven. „Dir aber rat ich, Kritobulos, geh ein Jahr auf Reisen! Denn so viel brauchst Du mindestens Zeit zur Genesung."

Meine Reise[54] war strapaziös, aber unterhaltend und reich an z. T. bedeutenden Eindrücken. Die *Fiorenza*-Aufführung in Brüssel[55] vorzüglich, besonders der Prior. Ich muß Weiteres mündlicher Überlieferung vorbehalten.

Jetzt schreibe ich ein kleines Vorwort zu den *Betrachtungen*.[56] Ist das Manuskript einmal aus dem Hause[57], will ich mich sputen, *Herr und Hund* in Angriff zu nehmen, bevor die Korrekturen kommen. Das wird aber wohl so rasch nicht gehen, denn

[53] In Wirklichkeit sind es die *Memorabilien*, 1. Buch, Kap. 3.

[54] Vgl. Anm. 50.

[55] GKFA 22, 703: „Am 9. Januar wohnte er [d.i. Thomas Mann] in Brüssel einer Aufführung des 3. Aktes von Fiorenza durch die deutsche dramatische Truppe im Théâtre Royal du Parc bei (vgl. den Brief an Ernst Bertram vom 11.1.1918; BrB, 56)."

[56] Vgl. Thomas Mann an Paul Amann mit Brief vom 2.3.1918 (GKFA 22, 225 und BrA, 59): „Ich schreibe an einer Vorrede, die die Motive des Ganzen nach Art eines musikalischen Vorspiels zusammenfaßt, [...]."

[57] Vgl. Thomas Mann an Ernst Bertram mit Brief vom 16.3.1918 (BrB, 59): „Das Untier kommt heute zur Post."

Fischers Papiermangel ist groß.[58] Ulsteins vorjähriger Verbrauch war viel bedeutender, und nach diesem Maßstabe wird zugewiesen.

Die besten Wünsche und Grüße
Ihres
Thomas Mann

Herrn Dr. Adolf von Grolman, München, Kaulbachstr. 69 Gh II r.

München, den 26.III.18.

Lieber Herr von Grolman:
Ihr Aufsatz[59] ist mir sehr merkwürdig und überraschend: Ich hatte nicht mehr gehofft, daß irgend jemand merken würde, wie sehr Hauptmanns Novelle[60] ein Gegenstück oder eigentlich wohl geradezu ein *Gegenwerk* zum T. i. V. ist. Ich bewundere sie ehrlich. Sie hat das Niveau der besten deutschen Erzählung und ihr Vorrang vor meiner Gestalt in ihrer größeren Naturverbundenheit, ihrer besseren „Gesundheit". Und doch und doch! So springe man mit dem Christentum nicht um, zugunsten der Bocksdämonie; und auch der Gegensatz von Christentum und *Natur* ist durchaus nicht unanfechtbar. Aber wir sprechen hoffentlich nächstens über den casus.

58 Ebenda: „[...] und intriguiere unterdessen bei Amte (mit Hülfe eines, wie man jetzt sagt, ‚richtig gehenden' Ministerialrates), um meinem Verleger 10000 Kilo Druckpapier extra zu verschaffen. Denn damit hat es große Not."

59 Adolf v. Grolman: Zwei Novellen, in: Die Pyramide (17.3.1918) 43-44. In dem Artikel vergleicht v. Grolman Gerhart Hauptmanns im Januarheft 1918 der Neuen Rundschau (Jg. 29, H. 1, 24-94) erschienene Erzählung *Der Ketzer von Soana* mit Georg Munks 1916 erschienenem Novellenkreis *Die unechten Kinder Adams* und Thomas Manns Novelle *Der Tod in Venedig*. Am 1.7.1918 notiert v. Grolman in seinem Tagebuch, Thomas Mann habe ihm erzählt, er habe erfahren, Gerhart Hauptmann habe seinen *Der Ketzer von Soana* „schon vor dem Krieg, also annähernd gleichzeitig mit dem *Tod in Venedig* geschrieben und ihn dann erst jetzt auf Verlangen S. Fischers veröffentlicht. Trifft das zu, so wäre mein Aufsatz ‚Zwei Novellen' etwas zu ändern. Doch glaube ich es nicht ganz. Entwürfe auffrischen ist schliesslich etwas anderes als neu producieren etc...." Vgl. Generallandesarchiv Karlsruhe, Abt. N, Dr. Dr. A. v. Grolman, Nr. 10 (2): Tagebücher mit Zeitungsausschnitten, Bemerkungen zu Tagesereignissen 1917-1920.

60 Nach dem Erstdruck in der Neuen Rundschau war *Der Ketzer von Soana* im Januar 1918 als Buch in einer Auflage von 30.000 Exemplaren erschienen, denen weitere 40.000 Exemplare im weiteren Verlauf des Jahres folgten. An Ernst Bertram schreibt Thomas Mann am 30.3.1918: „Es wird auch Sie interessieren, was Fischer mir über Hauptmanns Novelle schreibt: Daß er sie nämlich schon vor 5 Jahren Freunden vorgelesen hat, und daß die Arbeit 7 Jahre zurückliegt. Im vorigen Frühjahr hat er Fischer das M[anuskript] zu lesen gegeben, und dieser hat ihn zur Herausgabe animiert, – ‚sonst läge die Arbeit wahrscheinlich jetzt noch bei ihm'. Nun, der Fall verliert durch diese Feststellungen nicht an Merkwürdigkeit." Vgl. GKFA 22, 229 und 731-732 sowie BrB, 64. Philipp Witkop gegenüber, der Hauptmanns bestsellerverdächtige Novelle „geistlos" (vgl. GKFA 22, 311) fand, bekennt Thomas Mann am 23.5.1918: „Aber über den *Ketzer* sind wir so ziemlich einer Meinung. Eine schöne Aussicht hat man ja darin; aber um das Seelische, Geistige steht es recht dürftig. Und dem *sehr* christlichen Dichter Hauptmann steht es garnicht an, mit dem Christentum so ‚humoristisch' zu verfahren." Vgl. GKFA 22, 233. In einem Brief an Josef Ponten vom 6.6.1919 erklärt Thomas Mann die Novelle Hauptmanns neben des Adressaten 1918 erschienener Novelle *Insel* zu einem „Geschwister" des *Tod in Venedig*. Vgl. GKFA 22, 294.

Ich bin hier geblieben, statt nach Eibsee zu fahren, weil meine Frau erkrankte und 8 Tage das Bett hüten mußte.[61] Heute ist sie wieder auf, aber nun ist das Wetter ja wenig wirtlich, und im Ostertrubel zu reisen, möchte ich mich auch nicht getrauen.
Ich hoffe, diese Zeilen treffen Sie noch in München. Rufen Sie an, bitte, wenn es der Fall ist; sonst gleich nach Ostern.[62]
Nach Ablieferung des Monster-Manuskripts der *Betrachtungen* habe ich zur Erholung schon wieder etwas aus dem Leisten genommen. Aber etwas Grob-Sinnliches nach soviel Geist.
Heute bekam ich auch Lithographien zum *Tod i. V.* von der Hand eines jungen in Frankfurt studierenden Italieners.[63] Ich bin neugierig, was Sie dazu sagen werden.

Ihr
Thomas Mann

Herrn Dr. Adolf von Grolman, München, Kaulbachstr. 69 Gh II r.

München, den 2.V.18.
Poschingerstr. 1

Lieber Herr Doktor:
Herzlichen Dank für Ihre Glückwünsche![64] Es thut mir aufrichtig leid, daß Sie vergebens telephoniert haben. Ich bin jetzt viel in der Klinik[65], und während ich die kleine Novelle[66] notwendig fördern muß, bricht eine Sturzflut von Korrekturen[67]

[61] Dieser Brief legt nahe, dass die von Dirk Heißerer konstatierte Reise des Dichters nicht zur Ausführung kam. Vgl. Dirk Heißerer: Im Zaubergarten, Thomas Mann in Bayern, München: Beck 2005, 171: „Schöne ‚Vorfrühlingssonnentage' verführen ihn [d. i. Thomas Mann] bereits im März 1918, mit einem Bekannten, vermutlich Kurt Martens, für ein paar Tage ‚ins Gebirge, (zu) fahren, nach Eibsee, 1000 m, die Verpflegung soll sehr gut sein'." Heißerer stützt sich auf einen Brief Thomas Manns an Ida Boy-Ed vom 19.3.1918. Vgl. BrG 191f. und GKFA 22, 227.

[62] Offenbar hat v. Grolman gleich nach Erhalt des Briefes angerufen. Denn er war schon am 28.3.1918 zu Gast im Hause Mann. Vgl. Adolf v. Grolman an seine Mutter mit Brief o. D. [Privatarchiv].

[63] Nicht ermittelt.

[64] V. Grolman hatte wohl zur Geburt der Tochter Elisabeth Veronika Mann, die am 24.4.1918 auf die Welt gekommen war, gratuliert.

[65] Gemeint ist die Frauenklinik von Geheimrat Albert Döderlein (1860-1941), seit 1907 ordentlicher Professor für Frauenheilkunde an der Universität München. Vgl. NDB 4 (1959) 14-15. Ida Boy-Ed berichtet Thomas Mann mit Brief vom 27.4.1918 von einem glatten, normalen und „gottlob" nicht besonders strapaziösen Geburtsverlauf. Siehe auch GKFA 22, 231.

[66] *Herr und Hund*, woran Thomas Mann seit Mitte März arbeitete.

[67] Gemeint sind die Druckfahnen der *Betrachtungen eines Unpolitischen*, deren erste Lieferung an diesem Tag eingetroffen war (GKFA 22, 734). Vgl. Brief an Ernst Bertram vom selben Tag: „Eine wahre Sturzsee ist hereingebrochen." (GKFA 22, 232 und BrB, 66).

herein. Ich weiß nicht, wo mir der Kopf steht.[68] Aber das Kindchen ist sehr niedlich und soll Veronika heißen.[69]

Ihr
T. M.

Herrn Dr. Adolf von Grolman, München, Kaulbachstr. 69 Gh. II r.

München, den 21.V.18.
Poschingerstr. 1

Lieber Herr von Grolmann:
Vielen Dank für Ihre Nachrichten. Ja, wir sind zwar beschäftigte Herren, das muß man sagen. Wegen Ihres Examens[70] bin ich außerordentlich ruhig; Sie werden den Professoribus schon die Spitze bieten. Meiner Frau und der Kleinen[71] geht es gut. Beide haben zugenommen und lassen grüßen.

Ihr
Thomas Mann

[68] Vgl. Thomas Mann an Kurt Martens mit Brief vom 4.5.1918 [BrMa II, 214]: „Dies [den Sturzsee von Korrekturen] zu erledigen und gleichzeitig mit der Novelle regelmäßig vorwärts zu rücken, ist meinem Kopf unmöglich."

[69] Vgl. Thomas Mann an Paul Amman mit Brief vom 11.7.1918: „...(vor sechs Wochen bin ich nach einer Pause von 7 Jahren zum fünften Male Vater geworden, – eines Töchterchens, das ich, ich weiß nicht warum, vom ersten Tage an mehr liebte, als die anderen Vier zusammengenommen)..." (GKFA 22, 238 und BrA, 60).

[70] V. Grolman hatte am 12.4.1918 seine germanistische Dissertation unter dem Titel *Die seelischen Grundlagen und die Verwendung von Naturerlebnissen und Landschaftsbildern als literar-ästhetischen Stilmitteln in Hölderlins Hyperion. Stilkritische Studien zu dem Problem der Entwickelung dichterischer Ausdrucksformen* im vierten Semester seines literaturwissenschaftlichen Zweitstudiums an der Königlichen Ludwig-Maximilans-Universität zu München bei deren philosophischer Fakultät (1. Sektion) eingereicht. Nach ihrer Annahme seitens der Professoren Franz Muncker (1855-1926) und Carl v. Kraus (1868-1952) war der Termin für die mündliche Prüfung auf den 28. Juni festgesetzt worden. Offenbar hatte sich v. Grolman Zeichen von Nervosität angesichts des bevorstehenden Rigorosum anmerken lassen. Zu Muncker und v. Kraus vgl. Internationales Germanisten Lexikon, 1291-1293 [Ernst Osterkamp] und 1014-1016 [Hans Irler].

[71] Elisabeth Mann.

Herrn Dr. Adolf von Grolman, Karlsruhe, 71 Hirschstr.

Tegernsee[72], den 29.VIII.18.

Lieber Herr Doktor:
Mit Entsetzen und Teilnahme las ich Ihre Karte, für die ich vielmals danke.[73] Die Überzeugung draußen ist, daß Deutschl[and] nicht nur nicht siegreich, sondern auch nicht unbesiegt hervorgehen darf, um des Weltglückes willen. Der Konflikt ist unlösbar, die Zukunft dunkel. – Wir denken noch bis zum 8. IX. hier zu bleiben. Es ist ein freundlicher Aufenthalt, der mir aber durch Zahn[74]- und andere Plagen[75] beeinträchtigt wurde. Die „Betrachtungen" sind angezeigt.[76] Es kann sich wohl nur noch um Tage handeln.[77]
Die besten Wünsche
Ihres
Thomas Mann

72 Die Familie Mann (einschließlich Hund Bauschan) hatte schon am 12.7.1918 Aufenthalt in der Villa Defregger in Abwinkel am Tegernsee genommen. Vgl. Thomas Mann an Paul Amman mit Brief vom 11.7.1918 (GKFA 22, 238-240 bzw. BrA, 60-61) und Tb, 11.9.1918. Zu diesem Aufenthalt und dessen Reflexen in der Korrespondenz Thomas Manns und in den autobiographischen Schriften seiner Kinder vgl. Dirk Heißerer: Im Zaubergarten, 23-27.

73 Wahrscheinlich hatte v. Grolman von dem Luftangriff der Alliierten auf Karlsruhe am Morgen des 22.8.1918 berichtet. Zu den Luftangriffen auf Karlsruhe vgl. Peter Brandt, Reinhard Rürup: Volksbewegung und demokratische Neuordnung in Baden 1918/19, hrsg. von den Stadtarchiven Karlsruhe und Mannheim, Sigmaringen 1991, 65; Hugo Ott: Die wirtschaftliche und soziale Entwicklung von der Mitte des 19. Jahrhunderts bis zum Ende des Ersten Weltkrieges, in: Badische Geschichte, hrsg. von der Landeszentrale für politische Bildung Baden-Württemberg, Stuttgart: Theiss 1979, 141.

74 Zu Thomas Manns Zahnproblemen, wie sie sich aus den erhaltenen Tagebüchern ablesen lassen, vgl. Thomas Rütten: Zu Thomas Manns medizinischem Bildungsgang im Spiegel seines Spätwerkes, in: Vom „Zauberberg" zum „Doktor Faustus". Die Davoser Literaturtage 1998, hrsg. von Thomas Sprecher, Frankfurt/Main 2000, 237-268, 238-245.

75 Damit meint Thomas Mann vielleicht die Lebensmittelknappheit. Vgl. Golo Mann: Erinnerungen und Gedanken. Eine Jugend in Deutschland, Frankfurt/Main 1997, 54: „Die Ernährung war nun erbärmlich."

76 Vgl. Ernst Bertrams Anzeige der *Betrachtungen* im Börsenblatt für den deutschen Buchhandel (10.8.1918). Sie wurde mit Thomas Manns Reaktion auf die erste Fassung wieder abgedruckt in BrB, 65 bzw. 234. Siehe auch GKFA 22, 228-229 (Thomas Mann an Ernst Bertram mit Brief vom 30.3.1918) und 730-731 (Kommentar).

77 Die ersten Exemplare erhielt Thomas Mann laut Tagebuch indes erst am 1.10.1918.

Durch Eilboten.
Herrn Dr. Adolf von Grolman, München, Kaulbachstr. 69 II r.

München, den 20.X.18
Poschingerstr. 1

Lieber Herr von Grolman:
Es thut mir außerordentlich leid, aber ich [muß] Sie im letzten Augenblick noch wieder ausladen – für morgen. Eine mir gerade morgen Nachmittag zu ermöglichende dringende Besprechung mit Preetorius[78] und den Herren des „Schutzverbandes"[79] in Sachen meiner Novelle[80] ist mir dazwischen gekommen. Seien Sie nicht böse! Ich hoffe, dass Sie von zu Hause gute Nachrichten haben oder doch keine schlechten. Gewiß rufen Sie bald einmal wieder an, damit wir neue Verabredung[81] treffen.

Mit besten Grüßen
Ihres
Thomas Mann

Herrn Dr. Adolf von Grolman, Karlsruhe, Hirschstr. 71.

M. den 12.II.19.

Lieber Herr Doktor:
Vielen Dank für Ihren schönen gelehrten Aufsatz. Unserer Stadt geben Sie wenig die Ehre, was ich übrigens keineswegs unverständlich finde.

Ihr
T. M.

78 Emil Preetorius (1883-1973), der Mitbegründer der Münchner Schule für Illustration und Buchgewerbe, lieferte mehrfach Illustrationen zu Werken Thomas Manns. Den Anfang solcher Kooperation machte die Novelle *Herr und Hund*. Vgl. GKFA 22, 598-599.

79 *Herr und Hund* sollte im Verlag des Schutzverbandes deutscher Schriftsteller, Ortsgruppe München, dessen Präsident Kurt Martens war, erscheinen. Vgl. GKFA 22, 742-743, Kurt Martens: Schonungslose Lebenschronik. 2. Teil: 1901-1923, Wien etc.: Rikola 1924, 114-117, 122 156-158; Ernst Fischer: Der „Schutzverband deutscher Schriftsteller". 1909-1933, Frankfurt/Main: Buchhändlervereinigung 1980.

80 *Herr und Hund* hatte Thomas Mann am 14.10.1918 abgeschlossen.

81 Diese dürfte für den 12.11.1918 getroffen worden sein. Vgl. Tb, 13.11.1918: „Gestern zum Thee Grolman [...]."

[An Adolf v. Grolman in München, Kaulbachstr. 69 Gh. II r.]

München, den 29.V.19.
Poschingerstr. 1[82]

Lieber Herr von Grolman:
nehmen Sie herzlichen Dank für Ihren freundlichen ausführlichen Brief und vor allen Dingen unseren erfreuten und respektvollen Glückwunsch zu der schönen, verheißungsvollen Wendung, die Ihr Weg, seit wir uns zuletzt sahen, genommen hat![83] Ich kann Sie mir recht gut denken auf dem Katheder und mir Ihre helle, eifrige, schalkhaft eindringliche Lehrart wohl vorstellen. So glaube ich gern, daß die Buben gelaufen kommen und bin auch im Falle des einstündigen Kollegs weit entfernt, es auf das Was, d.h. das Worüber[84] zu schieben. Es ist bezeichnend, daß der große Saal erst zur zweiten Vorlesung benötigt wurde. Man hatte sich eben erzählt, daß da Einer sei, der *gut* läse. Ich wäre gern, im Hintergrunde oder auf der amphitheatralischen Höhe einmal unerkannt zugegen. Übrigens bin ich z.Z. auch in Freiburg Lehrgegenstand, wo Prof. Witkop einstündig über meinen Bruder *und* mich liest und ebenfalls viel Interesse findet, wenn auch der Zulauf offenbar nicht wie bei Ihnen ist.[85]
Es thut mir leid, daß Sie in solcher Sorge um Ihre Bücher sind. Kann ich etwas in der Sache thun? Vielleicht bei Ihren Verwandten anfragen? Aber da Sie nichts von Ihnen hören, ist fast anzunehmen, daß sie München verlassen haben, – viele Leute sind abgereist, viele ziehen täglich fort, und ich verdenke es ihnen nicht. Es ist eine

[82] Dieser Brief, dessen Autograph bereits vor 15 Jahren vom Thomas Mann-Archiv in Zürich erworben wurde und der mithin nicht zu den vom Buddenbrookhaus angekauften 21 Schriftstücken gehört, wird hier aus Vollständigkeitsgründen und mit freundlicher Genehmigung des TMA abgedruckt. Er wurde erstmalig veröffentlicht in GKFA 22, 291-292, hier allerdings mit falscher Standortangabe. Vgl. Tb, 29.5.1919: „Schrieb nachmittags an Grolman."

[83] Die Rede ist von der Ernennung zum Privatdozenten für Deutsche Literaturwissenschaft an der Universität Gießen, wo v. Grolman von 1919 bis Anfang 1922 lehrte.

[84] V. Grolman hatte Thomas Mann wissen lassen, dass er über ihn bzw. sein Werk lesen werde. Vgl. Tb, 26.5.1919. Am Tag darauf notiert Thomas Mann: „Nach dem Thee korrespondiert und aus der Truhe allerlei literarisches Material für Baumgarten und Grolman, die darum baten, zusammengesucht." Franz Ferdinand Baumgarten (1880-1927) stammte aus Ungarn und arbeitete als Literaturhistoriker und Essayist.

[85] Vgl. GKFA 22, 809-810: „Der Germanist Philipp Witkop, seit 1910 Professor für deutsche Literatur an der Universität Freiburg, hatte bereits mehrere Vorlesungen über Thomas Mann gehalten. Im Tagebuch notiert Thomas Mann am 8.5.1919: ‚[...] Brief von Witkop nebst Prospekt der Freiburger Universitätsvorlesungen mit Ankündigung eines 1stündigen Kollegs Witkops über T. u. H. Mann [...].' Vgl. auch den Brief an Witkop vom 3.1.1919. Zu Grolman vermerkt er am 26.5.1919: ‚Grolman hat sich in Gießen habilitiert, wo er, wie Witkop, auch ein Colleg über mich liest, im aud. maximum wegen Zudrangs. Zur Zeit wird also an zwei deutschen Universitäten über mich gelesen.'" V. Grolman hatte bereits am 4.3.1919 anläßlich eines literarischen Abends in Karlsruhe über Thomas Mann gesprochen. Aus einem Verzeichnis geht hervor, dass er am 21.5.1919 bei seinen studentischen Zuhörern in Gießen „Grundlagen" zu Thomas Mann legte, am 28.5. und 4.6. über die *Betrachtungen eines Unpolitischen* las, am 18.6. über die Erzählung *Der kleine Herr Friedemann*, am 25.6. über die *Buddenbrooks*, am 9.7. über *Der Tod in Venedig*, am 15.7. über Märchendichtung und am 23.7. über das Künstlerproblem bei Thomas Mann. Vgl. Generallandesarchiv Karlsruhe, Abt. N, Dr. Dr. A. v. Grolman, Nr. 15: Verzeichnis der gehaltenen Vorlesungen, Reden, Übungen und Ansprachen 1918-1965. Am 26.5.1919 notiert v. Grolman in seinem Tagebuch: „Die Th. Mann-Vorlesung überfüllt, äusserst vergnügt, ..." Vgl. Generallandesarchiv Karlsruhe, Abt. N, Dr. Dr. A. v. Grolman, Nr. 10 (2): Tagebücher mit Zeitungsausschnitten, Bemerkungen zu Tagesereignissen 1917-1920.

alberne und gefährliche Stadt, und auch mir geht sie seit einiger Zeit bis *da*her. Übrigens sind Ihre Befürchtungen sicher ungerechtfertigt. Ich bin überzeugt, daß Sie Ihre Bibliothek unversehrt wiederbekommen, wenn es auch eine Weile dauert. Die Verwirrung und Lähmung in Verkehrsdingen ist eben sehr groß, aber jeder, der die Ereignisse hier mitgemacht hat, wird Ihnen versichern, daß kein Grund vorliegt, zu glauben, daß Ihren Büchern etwas geschehen sei.

Auch von mir scheint ein Brief oder eine Karte an Sie verloren gegangen zu sein, denn Sie fragen, ob ich Ihr Hölderlinbuch[86] gelesen habe, und ich habe Ihnen damals über die ebenso schöne wie gelehrte Arbeit mein aufrichtiges Compliment gemacht.

Für Ihre freundliche Erkundigung nach unserem Ergehen vielen Dank. Es war toll, aber wir sind durch alle Stürme persönlich so gut wie unbehelligt hindurchgekommen. Zählte ich die Häupter meiner Lieben, so haben sie sich sogar um ein teures Haupt vermehrt: Am Ostermontag hat meine Frau im Kanonendonner einem Knaben das Leben geschenkt, der Michael heißen soll.[87]

Ich bin nun wieder mit dem *Zauberberg* beschäftigt[88], muß fürchten, daß der Stoff etwas übertragen ist, thue aber mein Möglichstes, ihn mir wieder frisch zu machen. Er hat viele Reize. *Herr und Hund* ist noch immer nicht gedruckt, weil Preetorius sehr von seinen Stimmungen abhängig ist.[89] Dagegen erschien im Mai-Heft des Neuen Merkur die erste Hälfte eines Vers-Idylls *Gesang vom Kindchen*.[90] Wenn es Ihnen in die Hände fällt, haben Sie Nachsicht mit dem *sehr* frei behandelten Hexameter!

Anbei eine kleine Blütenlese von Literatur über die meine. Die Studie von Hofmiller[91] ist darunter. Mit den besten Grüßen und Wünschen

Ihr ergebener
Thomas Mann

86 Laut Tagebucheintrag erhielt Thomas Mann das Buch am 7.4.1919: „Grolman schickte gelehrte Arbeit über Hölderlin." Es dürfte sich um die Druckfassung der zweiten Dissertation v. Grolmans gehandelt haben. Vgl. Anm. 70. In GKFA 22, 810 wird ein fehlerhafter Titel genannt.

87 Michael Thomas Mann wurde am 21.4.1919 geboren. Vgl. den betreffenden Tagebucheintrag und die beinahe wörtliche Nachricht, die Thomas Mann am 11.5.1918 an Ida Boy-Ed aufsetzt (GKFA 22, 289). Siehe auch H/S, 91.

88 Seit dem 9. April. Vgl. H/S, 91.

89 Die Erzählung erschien im Oktober 1919. Vgl. GKFA 22, 810.

90 Vgl. Neuer Merkur H. 4 (April 1919) 16-32 und H. 5 (Mai 1919) 87-97. Vgl. GKFA 22, 810.

91 Josef Hofmiller: Briefe über Bücher, in: Süddeutsche Monatshefte Jg. 16 Nr. 5 (1919) 374-376. Vgl. GKFA 22, 810.

Herrn Dr. iur. et phil. Adolf von Grolman, Karlsruhe, Baden, Hirschstr. 71

München, den 23.VIII.19.

Poschingerstr. 1

Lieber Herr von Grolman:

Herzlichen Dank. Ich weiß die Bonner Kundgebung[92] wirklich zu würdigen, und wenn das Betiteltsein mich, der ich im akademisch-gärtnerischen Sinn doch ein recht wilder Schößling bin, mich vorläufig noch etwas sonderbar anmutet, so ist es doch auch sehr amüsant.

Gewiß, wir haben Sie nicht vergessen und freuen uns, daß auch Sie sich unserer Theestunden freundlich erinnern. Ihre Lehrerfolge werden zweifellos dafür sorgen, daß Sie sich an Gießen mehr und mehr attachieren. Es hat mich sehr interessiert, was Sie mir von Ihren Plänen berichten. Namentlich den stilkritischen Übungen müßte gut beizuwohnen sein.[93]

Ich war 4 Wochen an der Ostsee, in Glücksburg by Flensburg in Schleswig, wo ich mit meinem Verleger[94] zusammen war und Gelegenheit hatte, allerlei Geschäftliches zu besprechen.[95] Der Aufenthalt war aber vom Wetter so wenig wie möglich begünstigt: die ganze Zeit kaum ein Sonnenstrahl, so daß die Erholung recht problematisch ist.[96] Aber ein Ausflug nach Sonderburg Augustenburg, die Zone, die mit Sicherheit dänisch wird, war lohnend, namentlich der Besuch im Augustenburger Schloßpark.[97]

Zur Zeit ist nun meine Frau mit den älteren Kindern fort, am Chiemsee[98], und ich schreibe in nicht unwohlthätiger Stille am Zauberberg.

[92] Gemeint ist die Ehrendoktorwürde, die die Philosophische Fakultät der Rheinischen Friedrich-Wilhelms-Universität zu Bonn Thomas Mann am 3.8.1919 verliehen hatte. Zur Vorgeschichte, zum Wortlaut der Urkunde und des Dankschreibens des Geehrten vgl. GKFA 22, 825. Thomas Mann hatte am 4.8.1919 die gute Nachricht von Professor Berthold Litzmann noch in Glücksburg erhalten. Das Doktor-Diplom wurde ihm am 22.8.1919 nach seiner Rückkehr nach München in mehrfacher Ausfertigung postalisch zugestellt. Vgl. H/S, 94.

[93] Im Wintersemester 1919/1920 bot v. Grolman folgende Lehrveranstaltungen an: „Weltanschauung und Dichtung der deutschen Romantik" (zwei Wochenstunden), „Rainer Maria Rilke" (eine Wochenstunde) und „Stilkritische Übungen zum Problem der Form in der deutschen Dichtung" (eineinhalb Wochenstunden). Vgl. Vorlesungsverzeichnis der Hessischen Ludwigs-Universität zu Giessen, WS 1919/1920, Sp. 1035.

[94] Samuel Fischer (1859-1934).

[95] Der Aufenthalt währte vom 15.7. bis zum 6.8.1919. Vgl. H/S, 93-94; Tb, 3.8.1919.

[96] Vgl. Tb, 11.8.1919; Thomas Mann an Georg Martin Richter mit Brief vom 13.8.1919 (GKFA 22, 303-304).

[97] Vgl. Tb, 28.-29.7.1919: „Ausflug von Glücksburg mit dem Dampfer nach Sonderburg, mit der Kleinbahn nach Augustenburg (Schloßpark!), Appenrade (Schieber Waldemar Berg) und Gravenstein. Rückkehr von dort mit dem Dampfer und Wiedereintreffen Dienstag Abend ½ 7 Uhr, stark ermüdet. Die Gesellschaft bestand aus Fischers mit Tochter und Schellong. [...] Man sah sich in der 1. Zone, die ohne Zweifel dänisch wird. Das offene Meer auf der Fahrt von Sonderbrug nach Appenrade: Ausblick auf den Kl. Belt mit einem Schatten der dänischen Küste." Zu Thomas Manns zumindest für die Arbeit am *Zauberberg* folgenreicher Begegnung mit Oswald Kirsten während seines Aufenthaltes in Glücksburg vgl. Kurzke: Thomas Mann, 370-372.

[98] Katia, Erika, Klaus, Monika und Golo weilten vom 22.- 28.8.1919 in Stock am Chiemsee, vom 29.8. bis zum 6.9.1919 auf der Insel Herrenchiemsee. Am 3.9. reiste ihnen Thomas Mann mit Ernst Bertram und Ernst Glöckner nach. Vgl. Tb, 7.9.1919 und GKFA 22, 826-827.

Die Drucksachen[99] sind bei Ihnen vortrefflich aufgehoben. Sie werden ja zugänglich sein, wenn ich ihrer einmal bedürfen sollte.
Alles Gute!

Ihr
Thomas Mann

[An Adolf v. Grolman in Karlsruhe]

München 27, den 20.XI.27.
Poschingerstr. 1

Lieber Herr von Grolman:
Haben Sie Dank für Ihre freundliche Karte! Es ist richtig, ich habe am 30. eine Vorlesung in Karlsruhe[100], komme aber erst am Tage selbst an und muss den nächsten

[99] Vermutlich die Materialien, die Thomas Mann im Mai 1919 zusammengesucht und v. Grolman zwecks Vorbereitung von dessen Lehrveranstaltung übersandt hatte.

[100] H/S, 186: „30. November Karlsruhe. Liest um 20 Uhr im Eintracht-Saal auf Einladung des Schriftstellers Heinrich Berl, in der von diesem gegründeten Gesellschaft für geistigen Aufbau, die Novelle *Unordnung und frühes Leid* (Karlsruher Tageblatt, 26.11.1927; V. Länglin: Ein unbekannter Brief von Thomas Mann, in: Badische Heimat, H. 2, 1979). In einem Pressehinweis wird noch einmal auf die Vorlesung von Thomas Mann aufmerksam gemacht und hinzugefügt: [...] um den weniger Bemittelten die Gelegenheit zu bieten Thomas Mann zu hören, hat die ‚Gesellschaft für geistigen Aufbau' eine beschränkte Anzahl Stehplätze ausgegeben, die an der Abendkasse zu erhalten sind (Karlsruher Tageblatt, 30.11.27)." Heinrich Berl berichtete über seine Begegnung mit Thomas Mann in seinem 1946 bei Bühler in Baden-Baden erschienenem Buch *Gespräche mit berühmten Zeitgenossen*, S. 38-39: „Meine Begegnung mit Thomas Mann fand im November 1927 in Karlsruhe statt. Auf meine Einladung las er seine Novelle: *Unordnung und frühes Leid* vor. Ich erinnere mich noch deutlich eines grundsätzlichen Gesprächs, das wir auf dem Wege zum Vortragssaal führten. Allein um dieses Gespräches willen erzähle ich von unserer Begegnung. Es war wohl eine halbe Stunde, die wir zu Fuß zurücklegten, da wir beide das Gehen vorzogen. Thomas Mann war gerade von einer Vortragsreise aus Norddeutschland gekommen und berichtete von seinen Eindrücken. ‚Der seltsame Eindruck für mich war', sagte er, ‚daß das Publikum bei meinen Vorträgen viel aufmerksamer war als bei den Vorlesungen.' ‚Sie haben auch Vorträge gehalten?' warf ich ein. ‚Schade, daß ich das nicht gewußt habe. Auch ich hätte einen Vortrag vorgezogen.' ‚Woher das kommt, ist mir unbegreiflich', fuhr er fort. ‚Man sollte meinen, daß man den Dichter viel lieber aus seinen Dichtungen hört und nicht aus seinen intellektuellen Erwägungen.' ‚Was Sie sagen, bestätigt vollkommen meine Erfahrungen. So oft ich Vorlesungen der Dichter veranstalten ließ, kamen die Leute entweder nicht, oder sie waren sehr unzufrieden.' ‚Hoffentlich läßt Sie das Publikum heute nicht im Stich', meinte er. ‚Heute ist es der Name', sagte ich lächelnd. ‚Wenn Sie gestatten, will ich eine Erklärung versuchen.' ‚Ich bitte sehr darum', erwiderte Mann aufmerksam sans phrase. ‚Ich glaube, es liegt vor allem daran, daß die Kunst heute wissenschaftlich überlastet ist, während die Wissenschaft zur Kunst geworden ist. Der ästhetische Schwerpunkt hat sich vom Unbewußten ins Bewußtsein verschoben. So sind die Reden durchweg hohe künstlerische Genüsse, während die Vorlesungen unbefriedigt lassen, weil sie die Einstellung auf Kunst verlangen und in Wirklichkeit Wissenschaft geben.' ‚Das ist auch meine Beobachtung', bestätigte der Dichter. ‚Manchmal wollte es mir scheinen, daß es die Problematik des Lebens sei, die eine intellektuelle Orientierung verlange, aber Sie treffen sicher das Richtige.' ‚Natürlich ist es auch das, was Sie sagen', stimmte ich bei. ‚Aber das Phänomen ist nicht nur vom Publikum her zu erfassen, sondern, wie mir scheint, in erster Linie vom Redner.' Die Vorlesung bestätigte das Gesagte vollkommen. Obwohl Thomas Mann ein vorzüglicher Interpret seiner Dichtungen ist, war die Aufmerksamkeit für das, was er sagte, sehr gering. Man war zur Persönlichkeit gekommen. Die Novelle interessierte kaum. Den Rest des Abends verbrachten wir in einem schönen Saal, in dem sich viele eingefunden hatten, die Mann kennen lernen wollten. Wie das so geht, schloß die Sache mit einem weniger angenehmen Nachspiel. Wer wollte in Gegenwart eines berühmten Schriftstellers nicht selbst als berühmter Schriftsteller gelten? Oder gar als berühmte Schriftstellerin? Man errät schon, daß eine Dame dem Dichter erzählte, daß sie eigentlich auch schon bei-

Morgen nach Wiesbaden weiter fahren.[101] Meine Zeit ist also sehr knapp, und ich kann nur hoffen, Sie am Abend selbst nach der Vorlesung begrüssen zu dürfen. Freilich pflegt man dann ja mit Leuten aus dem Kreise der Veranstalter zusammen zu sein (ich habe das sogar schon zugesagt), und wenn Ihre Bemerkung, dass Sie der Gesellschaft[102] persönlich völlig fern stehen, heissen soll, dass Sie nichts von ihr wissen wollen, so ist die Sache schwierig. Aber die Hand wird man sich ja jedenfalls drücken können.

Ihr ergebener
Thomas Mann

nahe soviel geschrieben habe wie er – die Quantität machts! – und daß sie eigentlich auch schon weltberühmt sein könnte, wenn... Ja wenn! Aber schließlich könnte er es selbst einmal prüfen. Ob sie ihm die Manuskripte zusenden dürfte? Damit war natürlich allen die Stimmung verdorben. Aber Thomas Mann schien zu wissen, daß es berühmtere Leute gibt als er [sic]– denn er lächelte." A. v. Grolman kannte Heinrich Berl persönlich, wie v. Grolmans in der Badischen Presse erschienene Rezension eines Vortrags von Berl über Hermann Graf Keyserling belegt, die sich mit Datum vom 24.4.1924 in einem Privatarchiv erhalten hat.

101 H/S, 186: „1. Dezember Wiesbaden. Liest auf Einladung der Literarischen Gesellschaft am Donnerstag, 1. Dezember abends 8 Uhr im Kasino [...] ‚Freiheit und Vornehmheit' – aus dem Zusammenhang ‚Goethe und Tolstoi' (*Rheinische Volkszeitung*, 30.11.1927)." Von dort ging es weiter über Aachen, Mönchengladbach, Krefeld, Düsseldorf, Trier, Koblenz, Frankfurt/Main, ehe Thomas Mann am 11.12.1927 nach München zurückkehrte.

102 Gemeint ist wohl (auch) die Gesellschaft für geistigen Aufbau. Offenbar standen Adolf v. Grolman und Heinrich Berl in jenen Tagen nicht auf bestem Fuße zueinander.

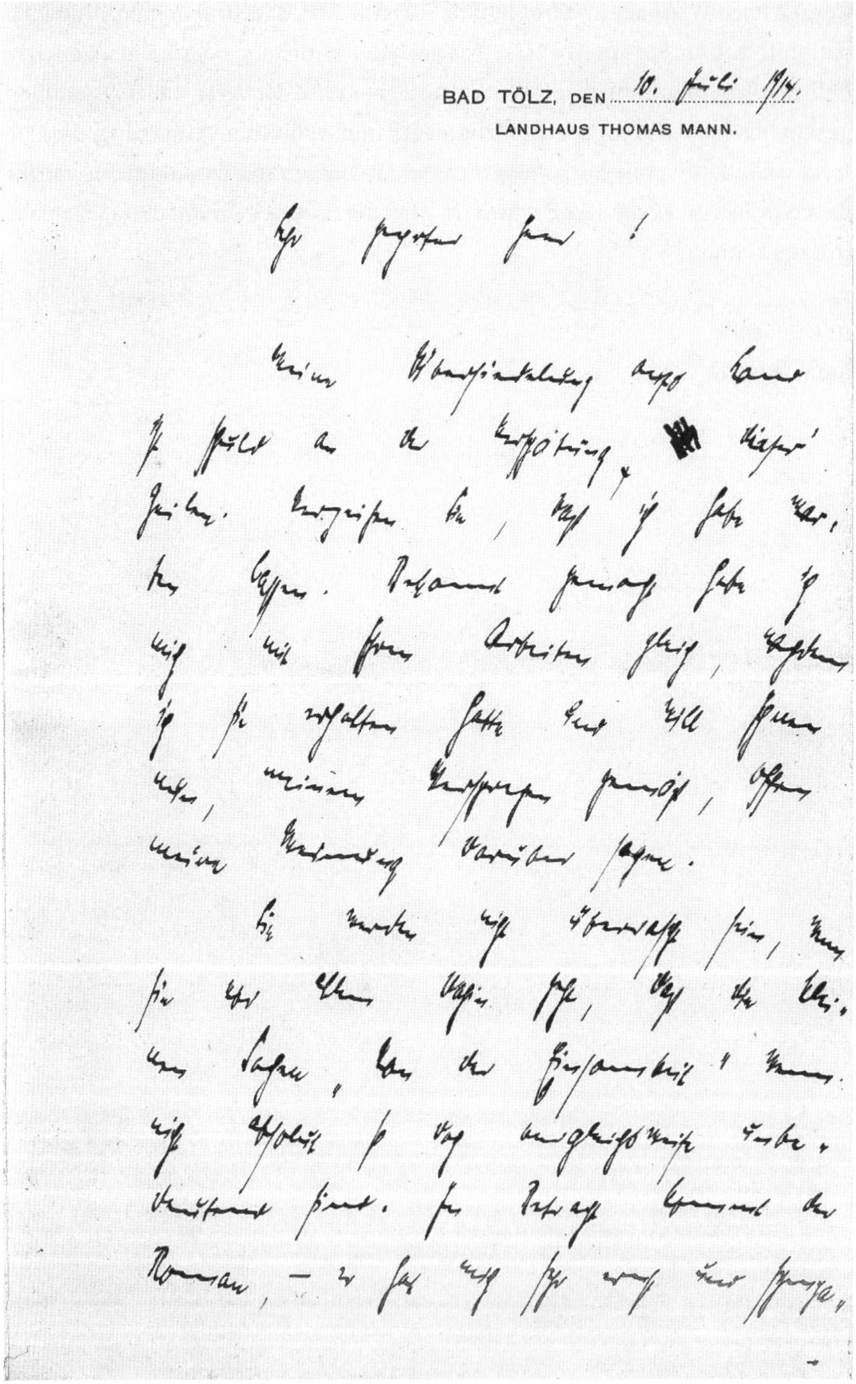
BAD TÖLZ, DEN 10. Juli 1914.
LANDHAUS THOMAS MANN.

Brief vom 10.7.1914 von Thomas Mann an Adolf von Grolman

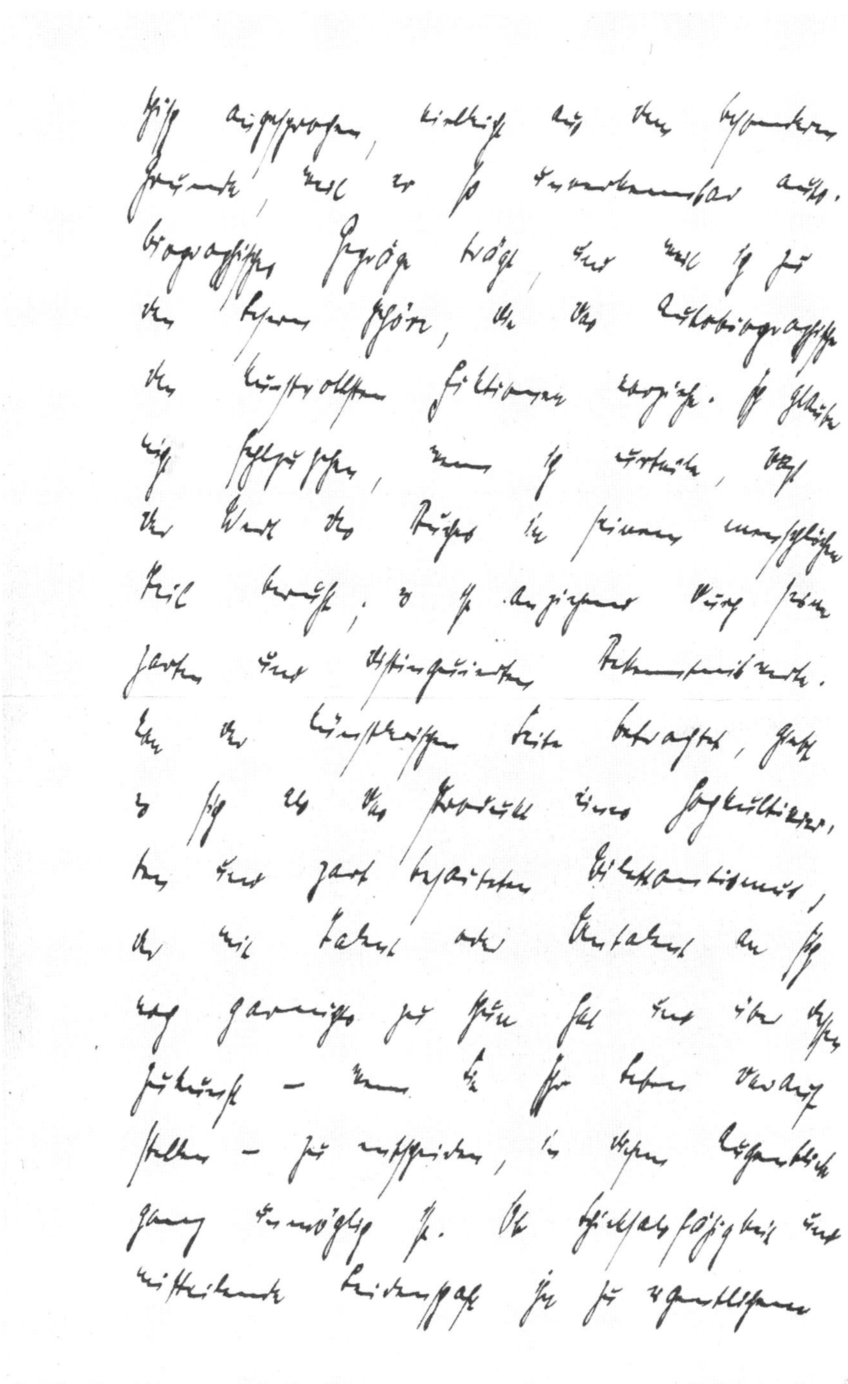

Brief vom 10.7.1914 von Thomas Mann an Adolf von Grolman

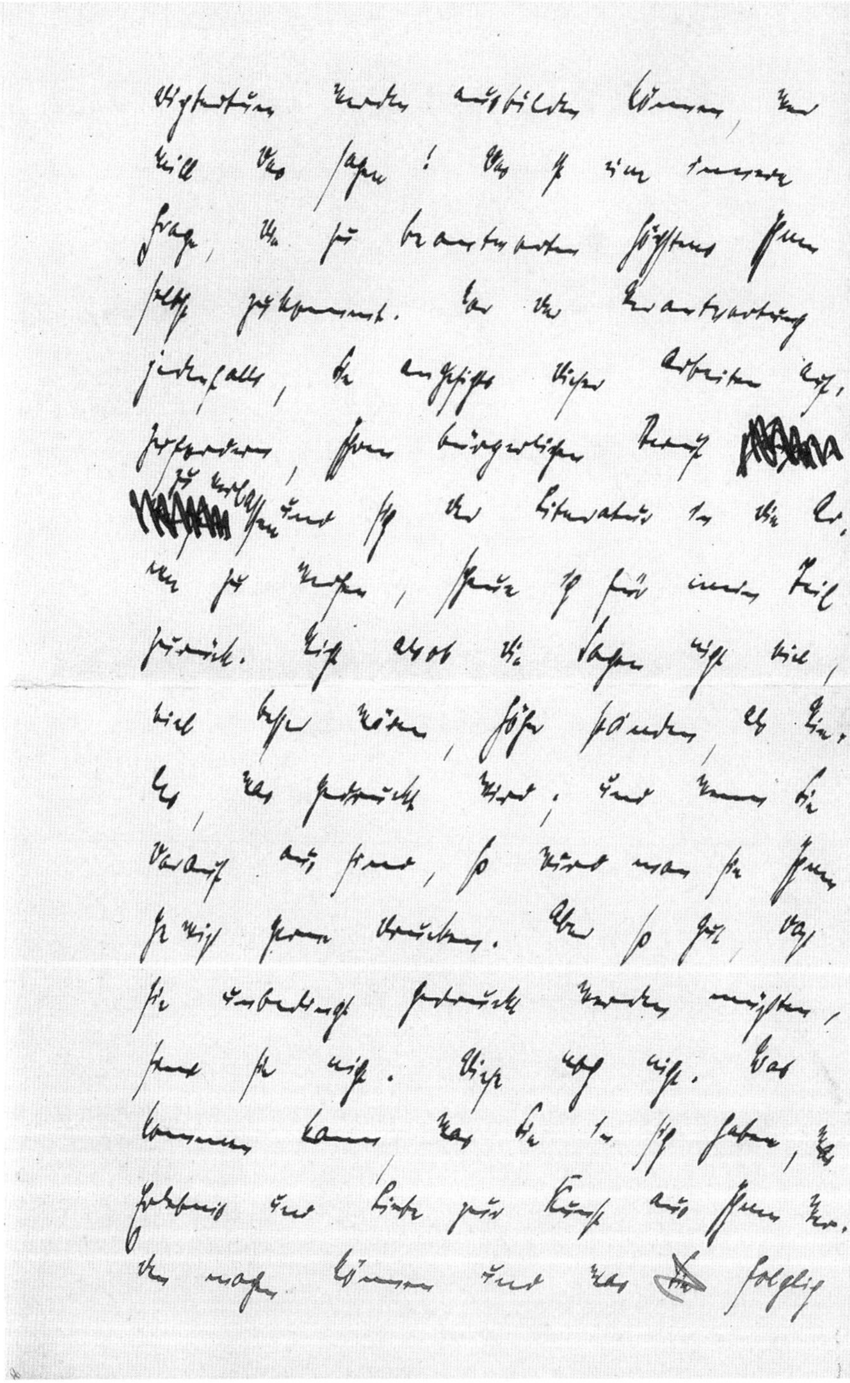

Brief vom 10.7.1914 von Thomas Mann an Adolf von Grolman

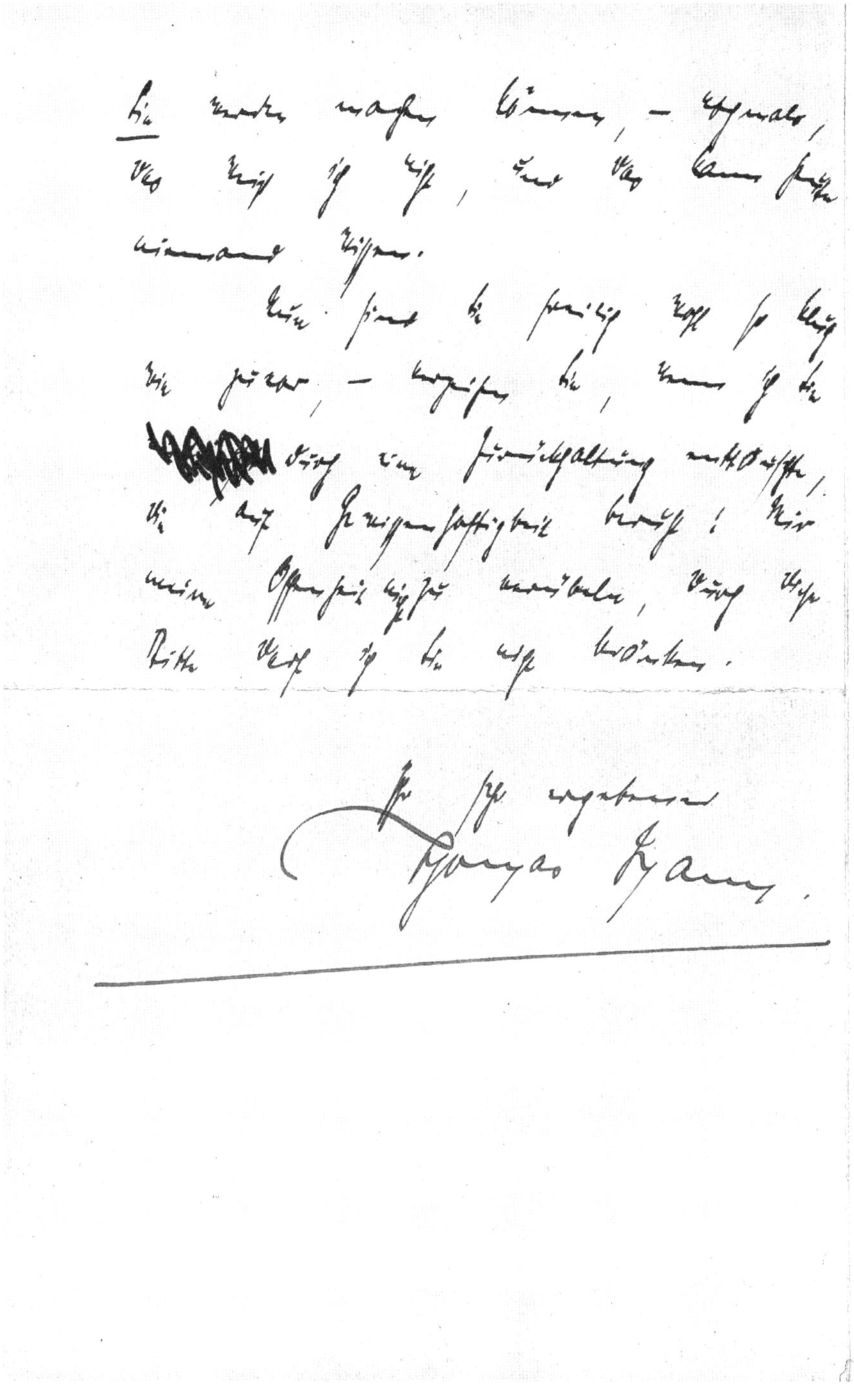

Brief vom 10.7.1914 von Thomas Mann an Adolf von Grolman

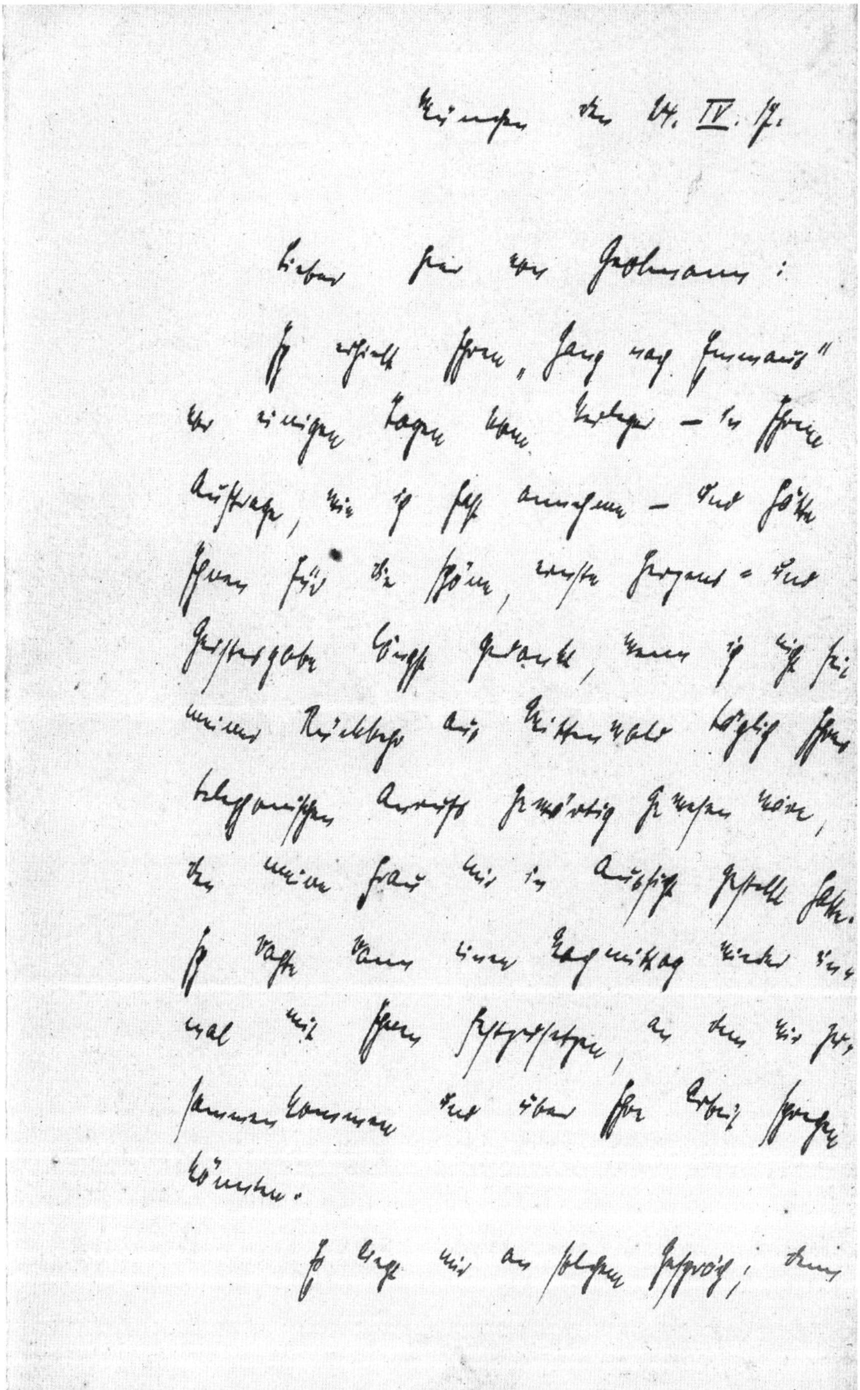
München den 24. IV. 17.

Lieber Herr von Grolman:

Brief vom 24.4.1917 von Thomas Mann an Adolf v. Grolman

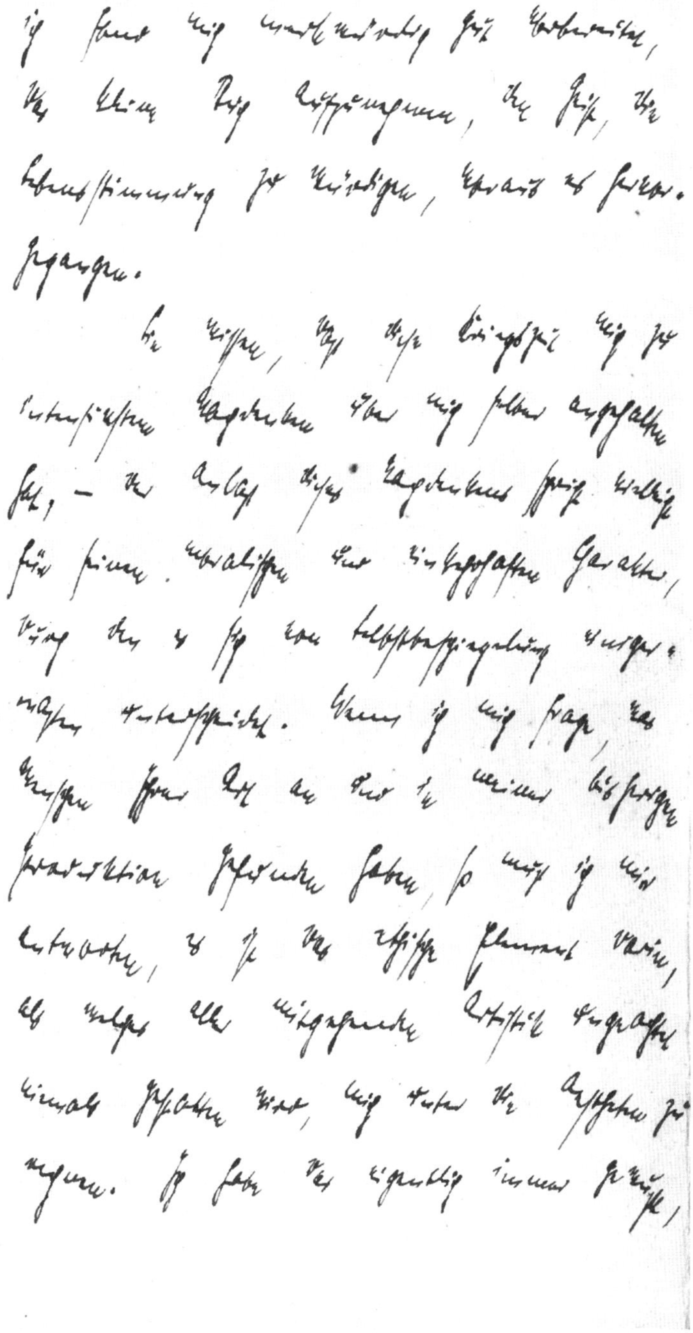

Brief vom 24.4.1917 von Thomas Mann an Adolf v. Grolman

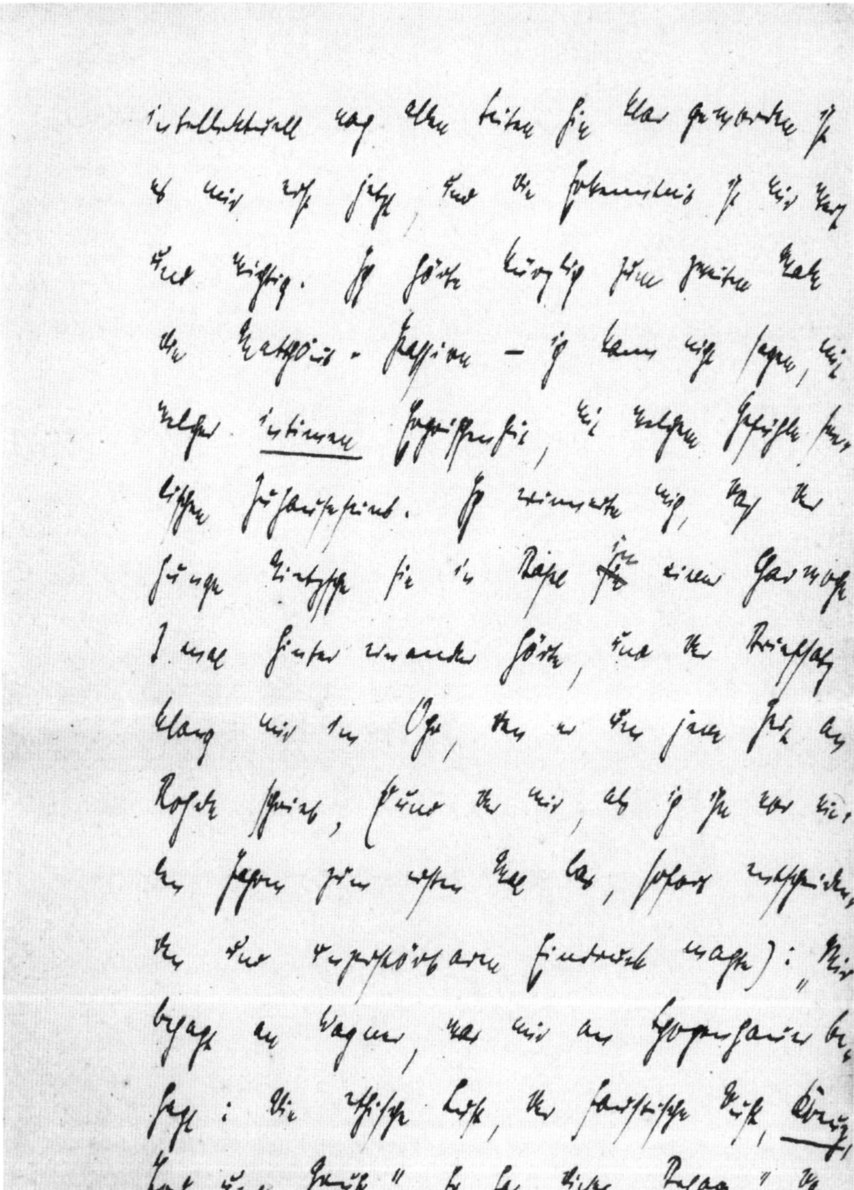

Brief vom 24.4.1917 von Thomas Mann an Adolf v. Grolman

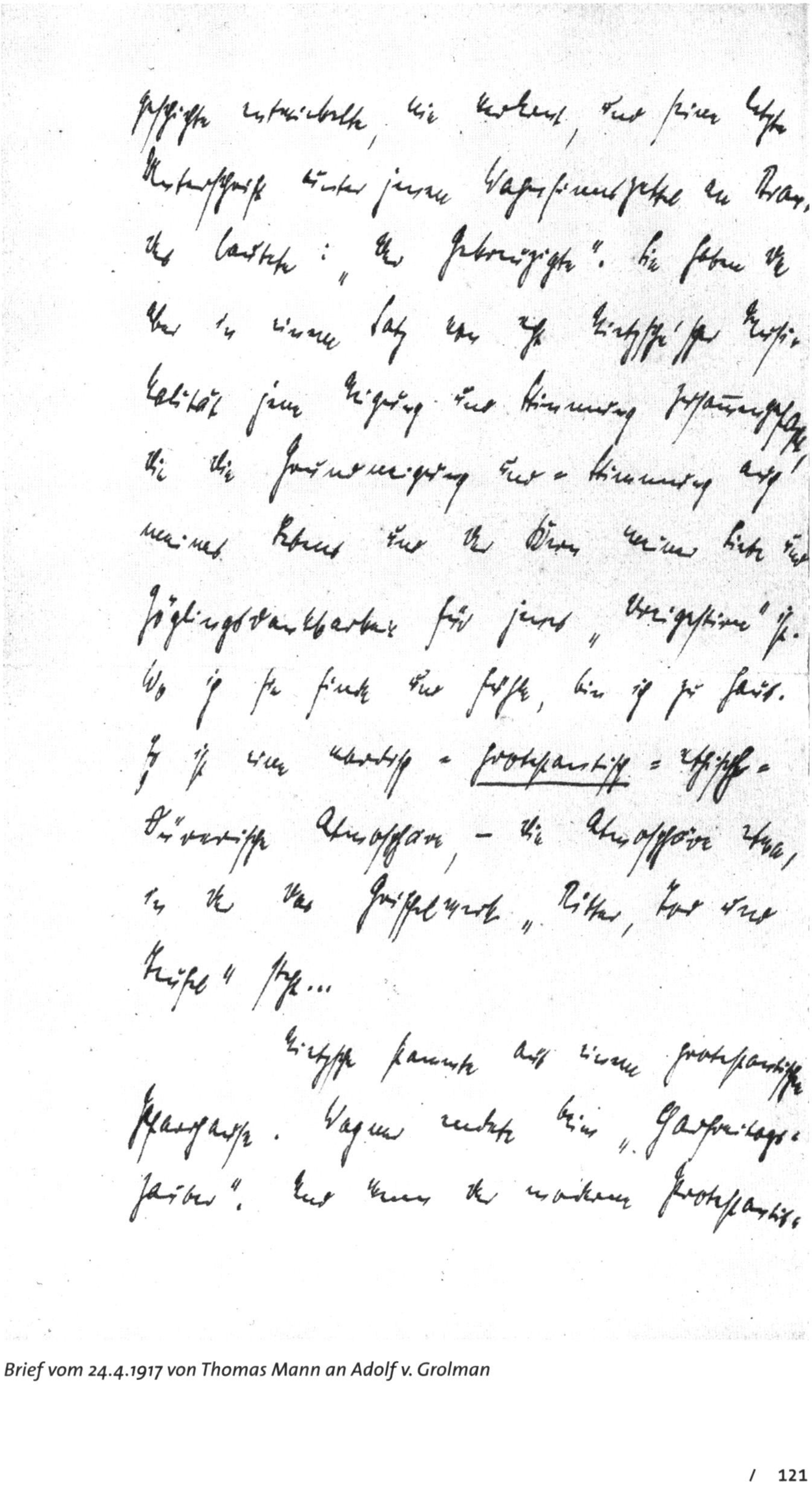

Brief vom 24.4.1917 von Thomas Mann an Adolf v. Grolman

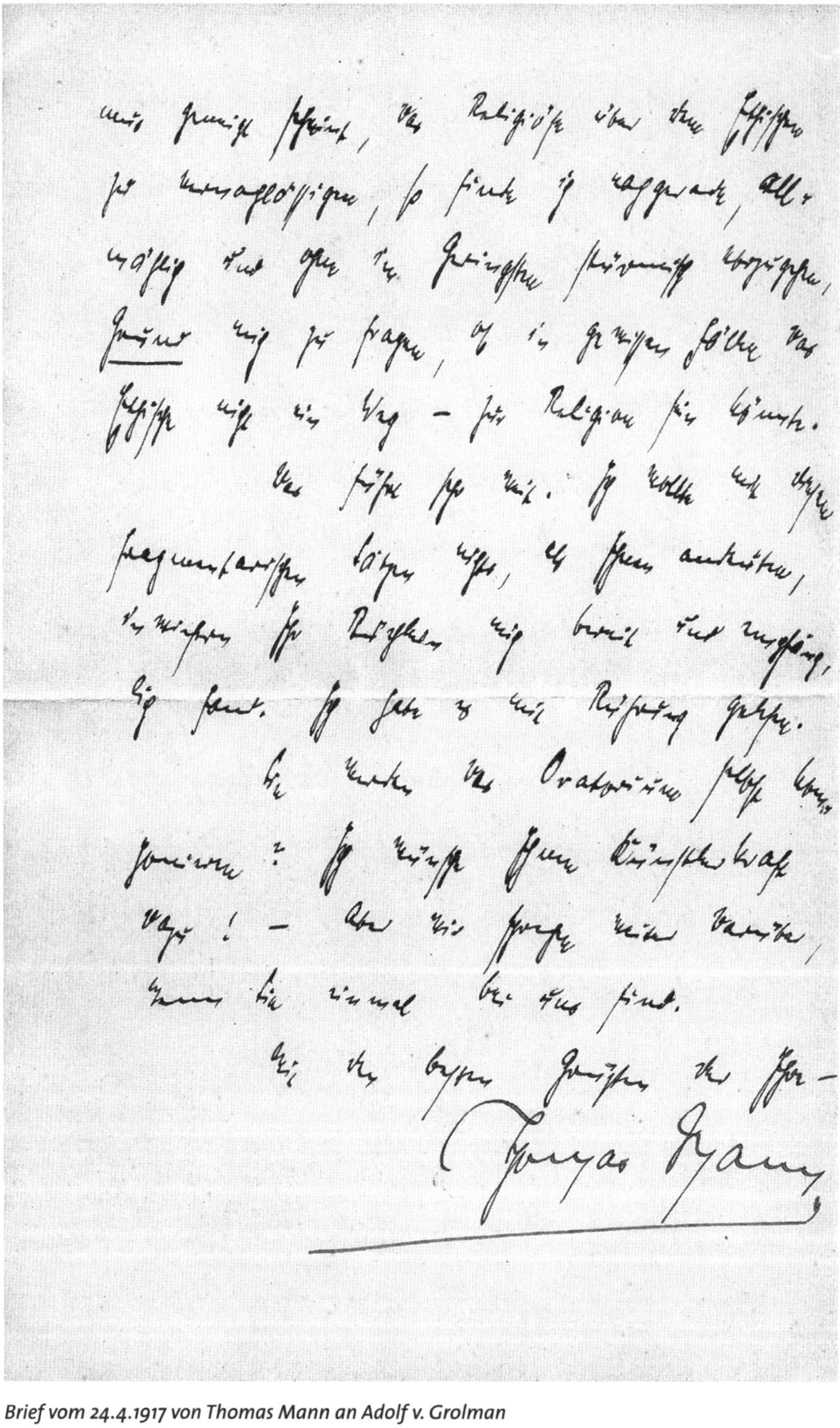

Brief vom 24.4.1917 von Thomas Mann an Adolf v. Grolman

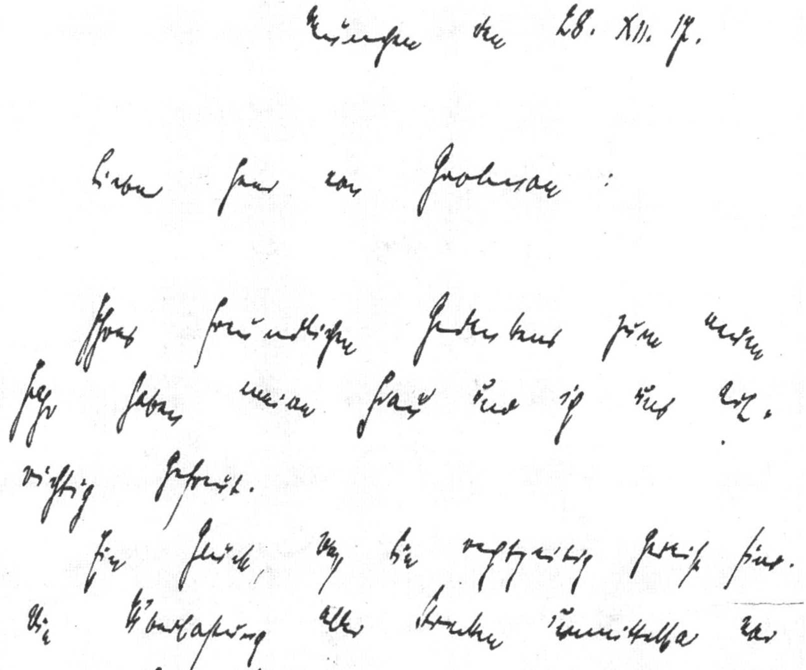

München den 28. XII. 17.

Lieber Herr von Grolman:

Ihres freundlichen Gedenkens zum neuen Jahr haben meine Frau und ich uns herzlich gefreut.

Brief vom 28.12.1917 von Thomas Mann an Adolf v. Grolman

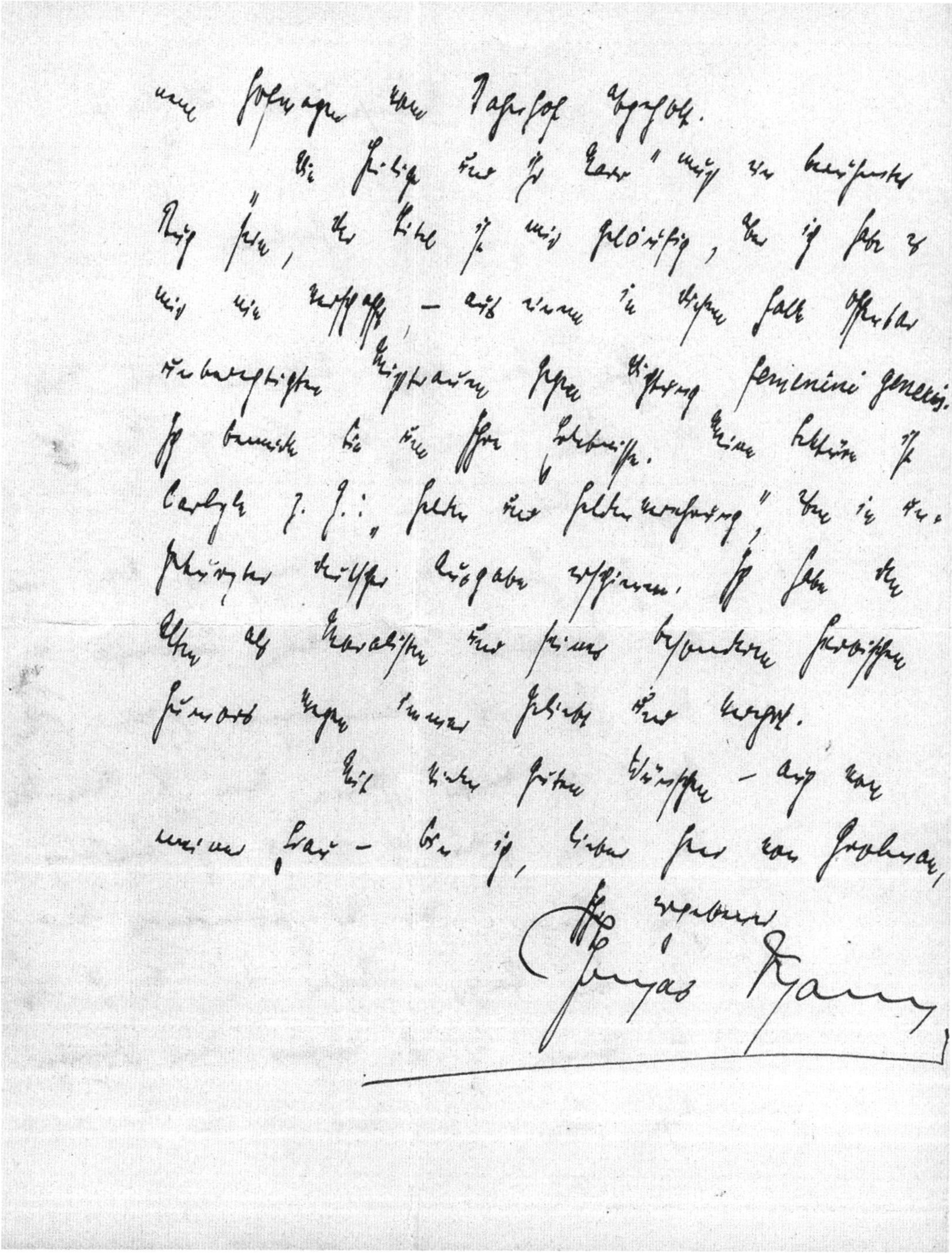

Brief vom 28.12.1917 von Thomas Mann an Adolf v. Grolman

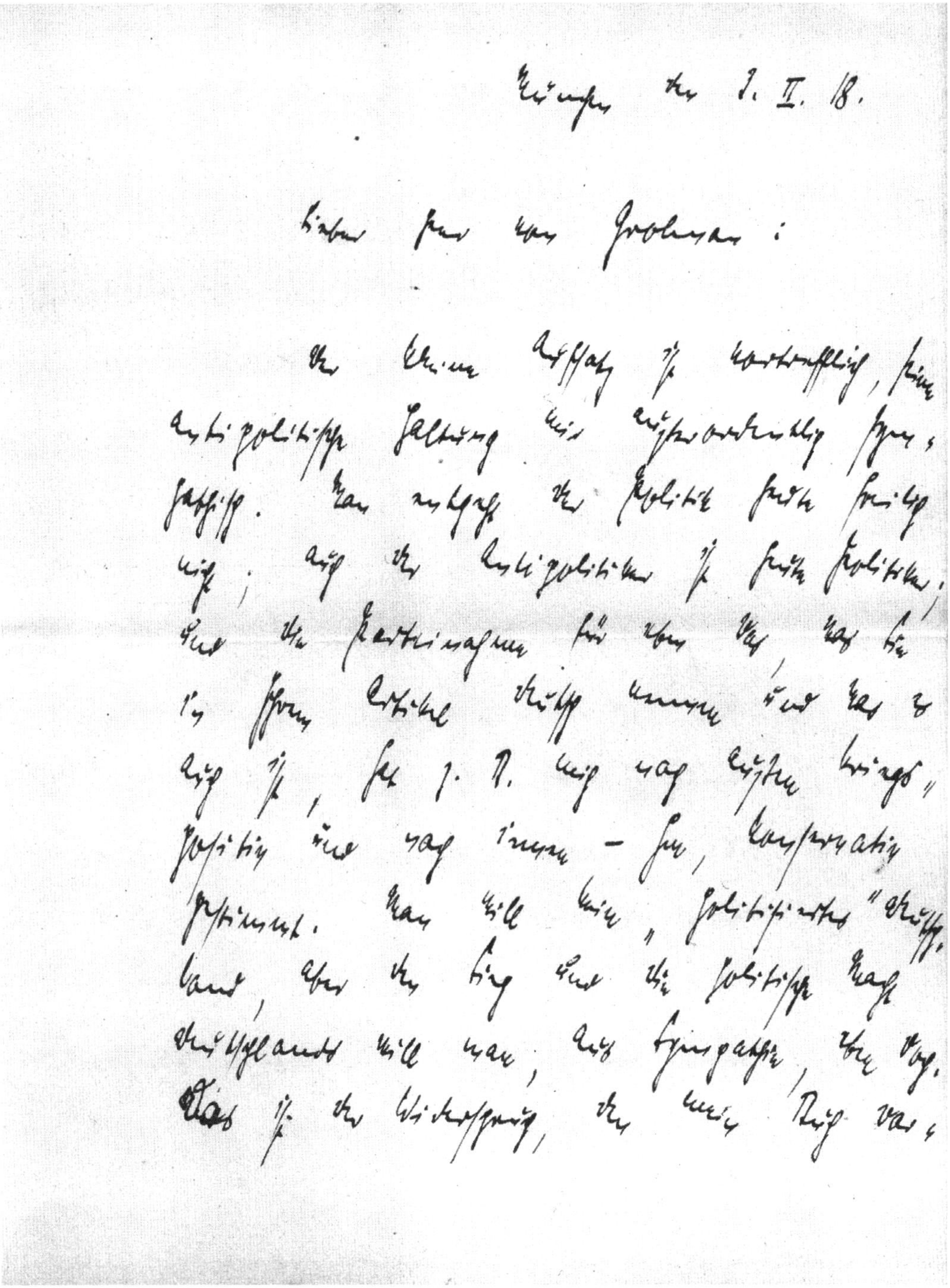

München den 3. II. 18.

Lieber Herr von Grolman:

Ihr kleiner Aufsatz ist vortrefflich, seine antipolitische Haltung mir außerordentlich sympathisch. Man entgeht der Politik heute freilich nicht; auch der Antipolitiker ist heute Politiker, und die Parteinahme für oder wider, das was Sie in Ihrem Artikel deutsch nennen und das es auch ist, hat z. B. mich nach außen kriegs-positiv und nach innen – sagen wir, konservativ gestimmt. Man will kein „politisiertes" Deutschtum, aber den Sieg und die politische Macht Deutschlands will man, [illegible]. Das ist der Widerspruch, der mein Buch ver-

Brief vom 3.2.1918 von Thomas Mann an Adolf v. Grolman

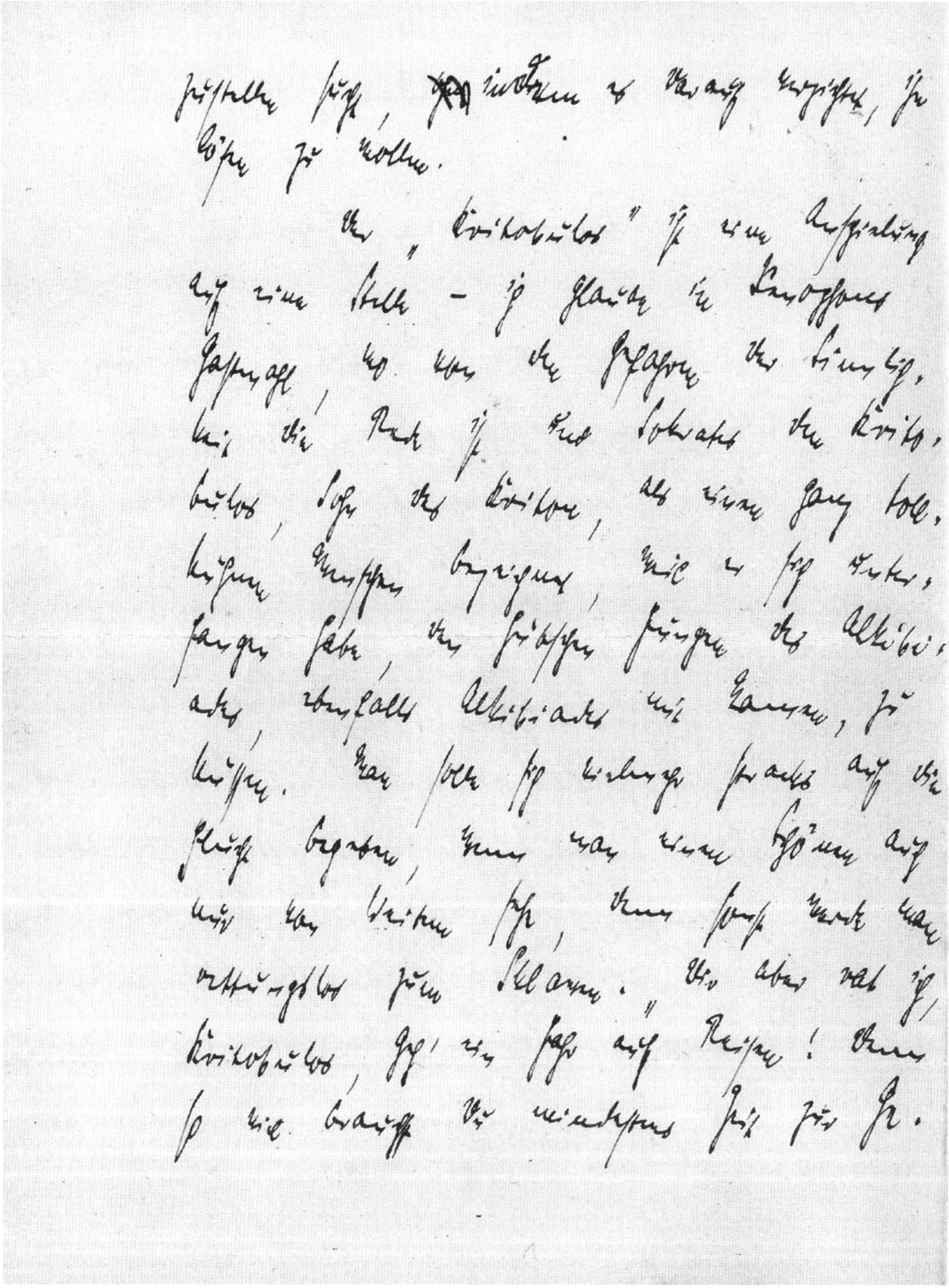
[illegible] suchte, ~~[illegible]~~ [illegible] ihn kürzen zu wollen.

Der „Kritobulos" ist eine Anspielung auf eine Stelle – ich glaube in Xenophons Gastmahl, wo von den Gefahren der Liebe[?] die Rede ist und Sokrates den Kritobulos, Sohn des Kriton, als einen ganz tollkühnen Menschen bezeichnet, weil er sich unterfangen habe, den hübschen Jungen des Alkibiades, ebenfalls Alkibiades mit Namen, zu küssen. Man solle sich lieber gerade auf die Flucht begeben, wenn man einen Schönen auf sich zukommen sehe, denn sonst werde man rettungslos zum Sklaven. [illegible] Kritobulos, [illegible] auf Reisen! [illegible]

Brief vom 3.2.1918 von Thomas Mann an Adolf v. Grolman

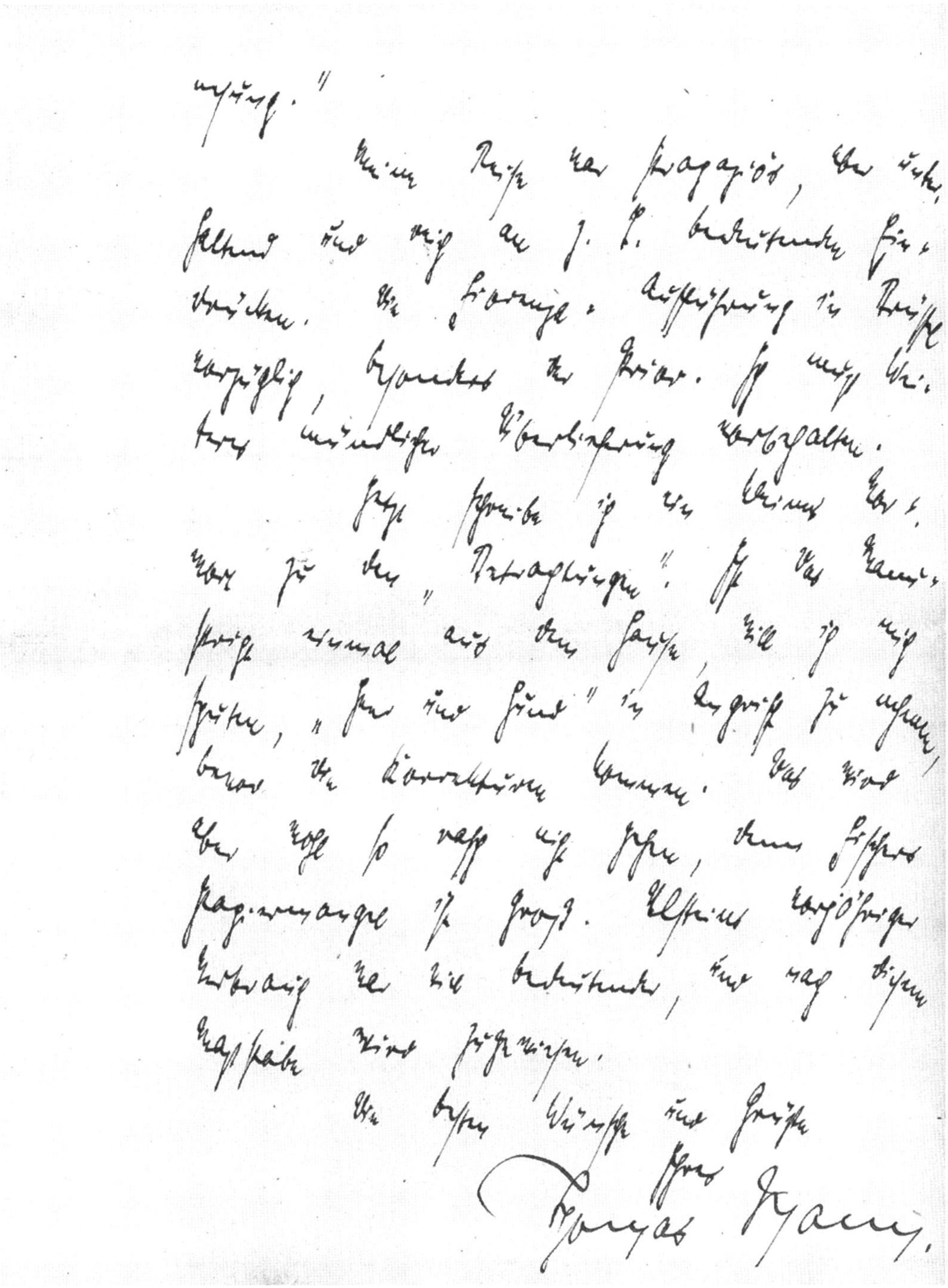

[illegible]."

Meine Reise war strapaziös, aber unterhaltend und reich an z. T. bedeutenden Eindrücken. Die [illegible] Aufführung der Reise vorzüglich, besonders der [illegible]. Ich muß Weiteres mündlicher Überlieferung vorbehalten.

Jetzt schreibe ich ein kleines Vorwort zu den „Betrachtungen". Ist das Manuskript einmal aus dem Hause, will ich mich beeilen, „Herr und Hund" in Angriff zu nehmen, bevor die Korrekturen kommen. Das wird aber wohl so rasch nicht gehen, denn Fischers Papiermangel ist groß. [illegible] vorjähriger Entwurf war nicht bedeutend, und nach diesem Maßstabe wird [illegible].

Die besten Wünsche und Grüße
Ihr
Thomas Mann.

Brief vom 3.2.1918 von Thomas Mann an Adolf v. Grolman

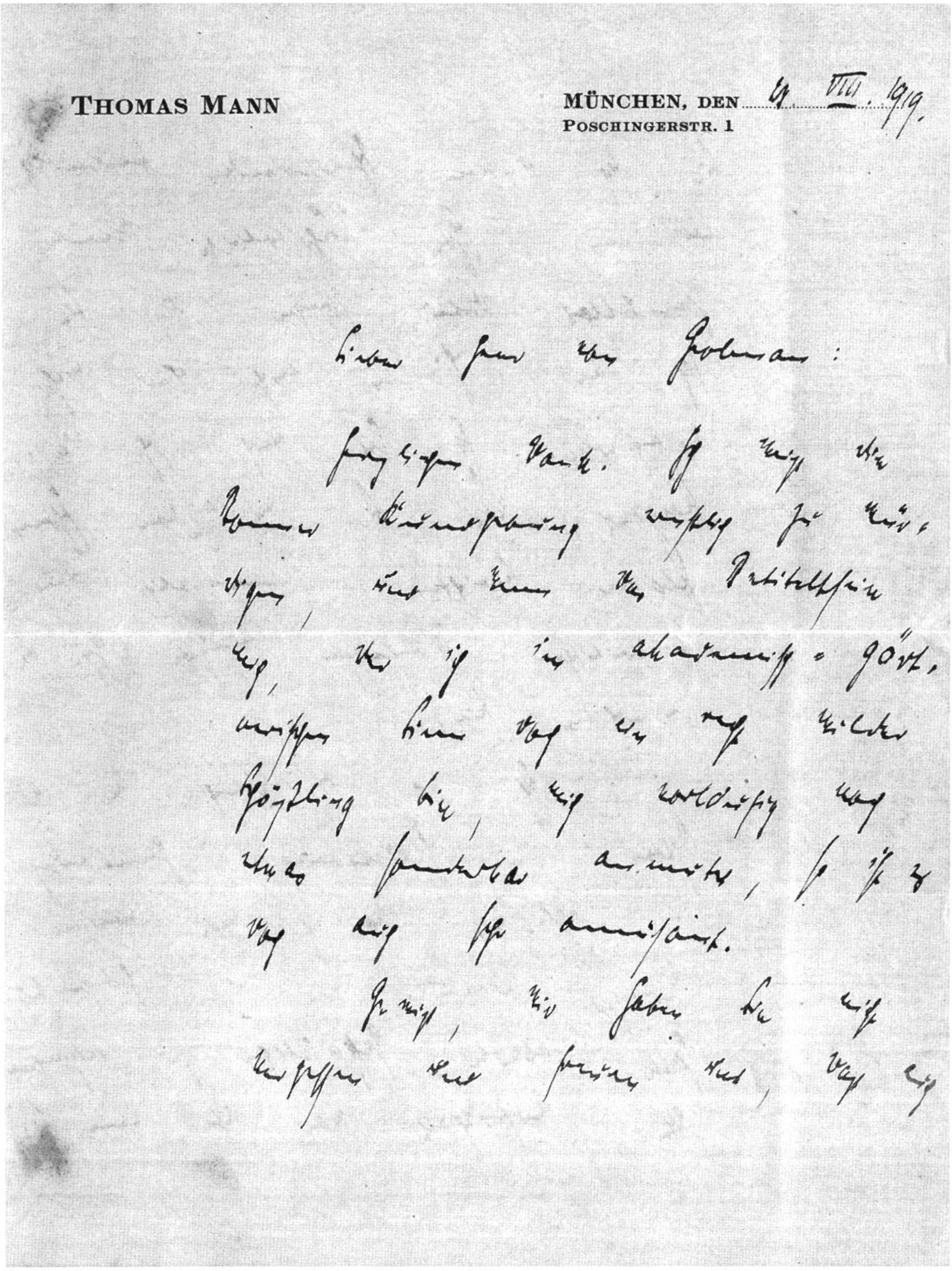

THOMAS MANN

MÜNCHEN, DEN 23. VIII. 1919.
POSCHINGERSTR. 1

Lieber Herr von Grolman:

Herzlichen Dank.

Brief vom 23.8.1919 von Thomas Mann an Adolf v. Grolman

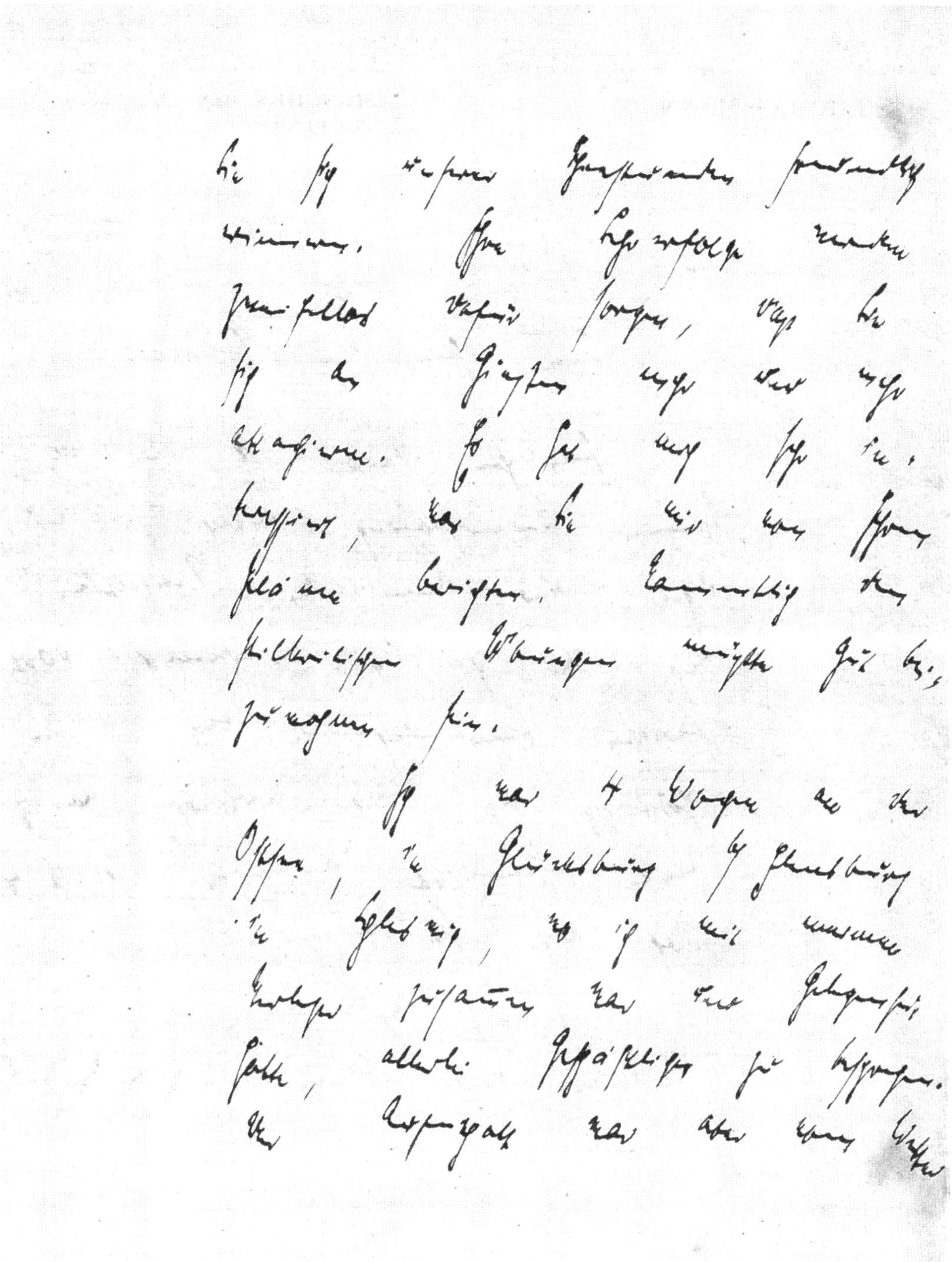

Brief vom 23.8.1919 von Thomas Mann an Adolf v. Grolman

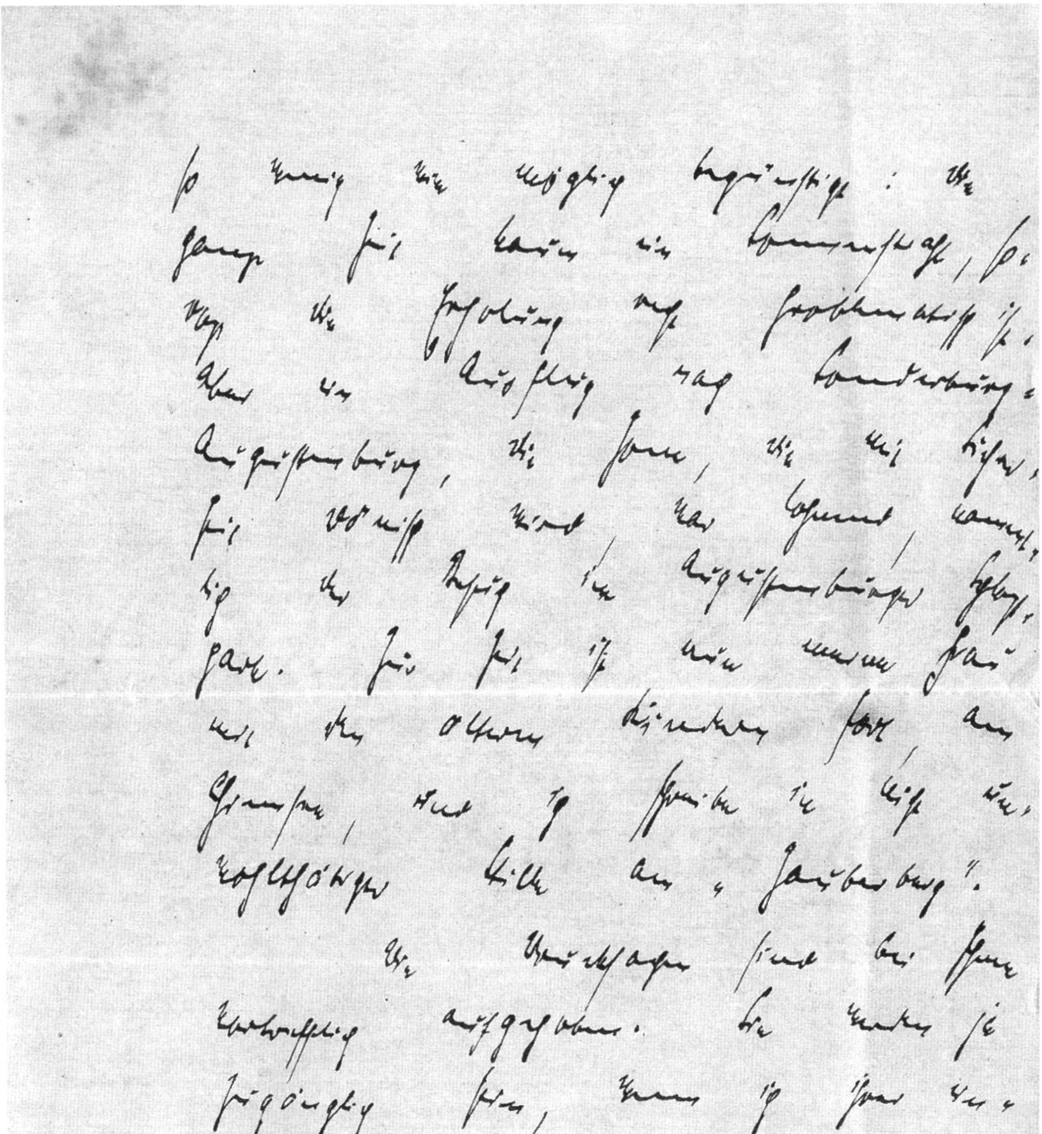

Brief vom 23.8.1919 von Thomas Mann an Adolf v. Grolman

THOMAS MANN

MÜNCHEN 27, DEN 20.XI.27.
POSCHINGERSTR. 1

Lieber Herr von Grolman:

Haben Sie Dank für Ihre freundliche Karte! Es ist richtig, ich habe am 30. eine Vorlesung in Karlsruhe, komme aber erst am Tage selbst an und muss den nächsten Morgen nach Wiesbaden weiter fahren. Meine Zeit ist also sehr knapp, und ich kann nur hoffen, Sie am Abend selbst nach der Vorlesung begrüssen zu dürfen. Freilich pflegt man dann ja mit Leuten aus dem Kreise der Veranstalter zusammen zu sein (ich habe das sogar schon zugesagt), und wenn Ihre Bemerkung, dass Sie der Gesellschaft persönlich völlig fern stehen, heissen soll, dass Sie nichts von ihr wissen wollen, so ist die Sache schwierig. Aber die Hand wird man sich ja jedenfalls drücken können.

Ihr ergebener

Thomas Mann

Brief vom 20.11.1927 von Thomas Mann an Adolf v. Grolman

Jan Zimmermann

„Ich hatte allerlei auf dem Herzen, was ich der Jugend bei dieser Gelegenheit sagen möchte“

Thomas Manns Teilnahme an der 400-Jahrfeier des Katharineums zu Lübeck im September 1931

Über 70 Jahre lang verwahrte das Katharineum zu Lübeck, die 1531 im Lauf der Reformation gegründete Lateinschule der Stadt, einen Briefwechsel seines ehemaligen Direktors Georg Rosenthal mit einem Schüler, der die Schule 1894 ohne das Erlangen des Abiturs verlassen hatte: Thomas Mann. Anlass der Korrespondenz war das 400-jährige Jubiläum der Schule, die in Thomas Manns Werk mehr als nur Spuren hinterlassen hat, vor allem in *Buddenbrooks* und in *Tonio Kröger*. Die Briefe dokumentieren die von Georg Rosenthal ausgehende Initiative, den Schriftsteller als Festredner anlässlich des Schuljubiläums zu gewinnen – natürlich nicht als irgendeinen Festredner, sondern im dramaturgischen Ablauf des zentralen Festaktes mit den im Programm avisierten „Erinnerungsworten“ als Schluss- und Glanzpunkt. 2002 übergab die Schule den Briefwechsel mit ihrem berühmtesten Schüler dem Buddenbrookhaus zur weiteren Verwahrung.[1] Die insgesamt 15 Briefe und Karten umrahmen zeitlich das Jubiläum – sieben Briefe und Karten im Vorfeld der Feier und ein Brief von Mann als abschließender Gruß, dazu die ebenfalls überlieferten Briefentwürfe von Georg Rosenthal –, sie geben über den Verlauf der Ereignisse aber kaum Auskunft. In der nachfolgenden Kommentierung befasst sich Britta Dittmann mit dem Inhalt der Briefe; an dieser Stelle werden die Feierlichkeiten selbst mit ihrem Vor- und Nachgeschehen dokumentiert.[2]

Der Besuch im September 1931 war der erste, der Thomas Mann nach der Verleihung des Nobelpreises nach Lübeck führte, zugleich der letzte vor der Emigration. Doch obwohl der Schriftsteller vom 6. bis zum 8. September in der Stadt weilte, ist der Besuch bislang nur lückenhaft dokumentiert, und ein Foto davon hat sich, anders als vom Besuch zur Feier der 700-jährigen Reichsfreiheit 1926, bislang nicht finden lassen. Die lokalen Zeitungen berichteten natürlich über die Feierlichkeiten, erwähnten Manns Anwesenheit. Die Rede Thomas Manns erschien dazu im Volltext

[1] Edo Reents: Ein unbekanntes Zeugnis der Courage, in: Frankfurter Allgemeine Zeitung, 16.2.2002, 53.

[2] Einige Quellen sind bereits wiedergegeben in: Britta Dittmann / Manfred Eickhölter: Allen zu gefallen – ist unmöglich. Thomas Mann und Lübeck 1875 bis 2000. Eine Chronik. Lübeck Schmidt-Römhild 2001, 74.

in der Vossischen Zeitung,[3] doch auch in den großen Pressebildarchiven fehlt jegliches Dokument vom Auftritt des Nobelpreisträgers. Insgesamt bleibt die Überlieferung spröde und auch mit den hier zusammengetragenen Puzzlestücken nicht vollständig. Eines allerdings zeigen diese deutlich: Während sich die Lübecker mit dem „Nestbeschmutzer", Thomas Mann als Verfasser der *Buddenbrooks*, ausgesöhnt hatten und spätestens seit seiner Bekenntnisrede *Lübeck als geistige Lebensform* von 1926 auch stolz auf ihn waren[4], hatte das bürgerliche Lübeck, am Katharineum durch seine Jugend repräsentiert, mit dem politisch gewordenen Thomas Mann von 1931 seine Schwierigkeiten. Der Darstellung des Jubiläums vorangestellt sind Ausführungen über das Wirken Georg Rosenthals, der das Katharineum von 1918 bis 1933 leitete und dessen Initiative die Beteiligung Thomas Manns an der Feier zu verdanken ist.

Bei den regelmäßigen Besuchen seiner Heimatstadt, ob als Redner oder Ehrengast, kam Thomas Mann gar nicht umhin, ehemaligen Mitschülern zu begegnen. Wer in Lübeck vor 1904 (als das Johanneum zum Realgymnasium aufgewertet wurde) das Abitur abgelegt hatte oder, wie Mann, das Gymnasium bis zum „Einjährig-Freiwilligen" besucht hatte, war Katharineer. Im September 1921 vermerkte Thomas Mann in einem Tagebucheintrag anlässlich eines Lübeck-Besuches mit zwei Worten das Zusammentreffen mit einstigen Mitschülern: „Die Schulkameraden"[5]. Zugleich begegnete er anscheinend das erste Mal Senator Julius Vermehren, der ebenfalls Katharineer, aber 20 Jahre älter war. „Sympathie mit Senator Vermehren u. Frau" heißt es dazu im Tagebuch. In den nächsten Jahren sollte der Schriftsteller noch mehrfach mit dem Juristen zusammentreffen, der das Senatorenamt bereits seit 1904 bekleidete. Passagen aus dem Nachruf von Hans Ewers[6] auf Vermehren vermitteln eine Ahnung, worauf die Sympathie hat beruhen können: Vermehrens „Fähigkeit, mit Jungen jung zu sein, [...] seine schlechthin unbeirrbare Sicherheit im Repräsentieren, sein niemals schwankender Sinn für das Angemessene und Statthafte [...] der geborene Patrizier [...] in seiner Person die Synthese zwischen Altem und Neuem"[7].

3 Vossische Zeitung Nr. 209, Dienstag, 8. September 1931. Wiederabdruck in GW X, 316-327. Rezeption der Rede auch in der Neuen Leipziger Zeitung vom 9.9. und in der Kölnischen Zeitung vom 10.9.1931. Außerdem in: Die Hilfe. Zeitschrift für Politik, Wirtschaft und geistige Bewegung Jg. 37 (1931), Nr. 38, 19.9.1931, 307. In englischer Übersetzung in: The Living age (New York) Vol. 341, November 1931, 248-254.

4 Zu Thomas Manns Rede *Lübeck als geistige Lebensform* von 1926 siehe Wolfgang G. Krogel: Die Stadt als bürgerliche Heimat. Eine Untersuchung zum Geschichtsbild der mittelalterlichen Stadt in der 700-Jahrfeier der Reichsfreiheit Lübecks, in: ZVLGA Jg. 74 (1994), 262-269.

5 Tb, 17.9.1921.

6 Hans Ewers (1887-1968), Abitur am Katharineum 1906. Rechtsanwalt, Politiker in Lübeck. 1929-1933 hauptamtlicher Senator, nach 1945 Bürgerschafts-, Landtags- und Bundestagsmitglied. 1955 maßgeblich beteiligt an der Verleihung der Lübecker Ehrenbürgerschaft an Thomas Mann. Siehe BLSHL XI, 104-106; Alken Bruns: Antipathien, Animositäten. Lübeck und Thomas Mann vor dem „Friedensschluß", in: ZVLGA Jg. 70 (1990), 193-206. Siehe auch S. 173, Anm. 7.

7 Hans Ewers: Dem Menschen Julius Vermehren, in: Lübeckische Blätter Jg. 70 (1928), 109f.

1923 wohnte Thomas Mann in Begleitung von Vermehren unangekündigt einem Vortrag über sein eigenes Werk bei, der im Rahmen einer kostenpflichtigen Vortragsreihe der Gemeinnützigen Gesellschaft über „Neuere deutsche Erzähler" stattfand.[8] Der Redner, der die Anwesenheit des Schriftstellers beim dritten von fünf Vorträgen[9] zu seinem Schrecken erst vom Rednerpult aus bemerkte, war Dr. Fritz Jung, von 1915 bis 1956 Lehrer am Katharineum. Der junge Oberlehrer stand die Situation durch. Am nächsten Tag folgte ein langer Besuch des Lehrers bei dem Schriftsteller, bei dem es auch um die Schilderung des Katharineums in *Buddenbrooks* ging. Fritz Jung schloss aus dem Gespräch, Thomas Mann habe nicht sehr unter der Schule gelitten, weil er sich als achtzehnjähriger Untersekundaner doch schon „im Puppenstand des Schriftstellers"[10] befunden habe.

Der Briefpartner Georg Rosenthal: „Reisen, Reden, Ringkampf"

Die Wiederannäherung der Institution Schule an den schulisch wenig erfolgreichen Ehemaligen lässt sich erst für 1926 belegen. Der Lübeck-Besuch anlässlich der 700-Jahrfeier der Reichsfreiheit vom 5. bis zum 7. Juni 1926, der Thomas Mann den von der Stadt verliehenen Professorentitel einbrachte, umfasste auch einen Abstecher in das Katharineum in der Königstraße. Eigens für den Ehrengast, so scheint es, legte sich die Schule ein Gästebuch zu. Denn Thomas Mann nahm den ersten Eintrag vor: „Mit Stolz eröffne ich mit meiner Einzeichnung dieses Buch, nach einem rührenden Rundgang durch die Stätten meiner Jugend. Lübeck den 7. Juni 1926 Thomas Mann"[11]. Mehr ist zu diesem Besuch nicht bekannt; nur der von Mann vorgenommene Eintrag selbst hat eine weitergehende Geschichte. 1931 stimmte Mann der Veröffentlichung des Eintrags als Faksimile in der Festschrift zum Jubiläum zu,[12] nach der Machtübernahme durch die Nationalsozialisten und dem erzwungenen Wechsel der Schulleitung wurde er überklebt – aber nicht ausgerissen, so dass er nach 1945 wieder freigelegt werden konnte. Ergänzt wurde der Eintrag dabei um einen Kommentar von Walter Schönbrunn, der von 1949 bis 1956 Direktor des Katharineums war und 1955 der Gastgeber bei Thomas Manns letztem

8 Fritz Jung: Gedenken an Thomas Mann. Aus einer Ansprache bei einer Feierstunde des Katharineums, in: Das Katharineum. Mitteilungsblatt für die Eltern, Schüler und Freunde unserer Schule. Jg. 7 (1955), Heft 21, September 1955, 1. Nach Jungs Erinnerung behandelte die ganze fünfteilige Vortragsserie das Werk Thomas Manns. Dazu gibt die Ankündigung in den Lübeckischen Blättern (Jg. 1923, 38) aber keinen Hinweis.

9 Danach muss es sich um den Vortrag am 22.3.1923 gehandelt haben. Datum in H/S nicht belegt.

10 Fritz Jung 1955, 1.

11 Faksimile des Eintrags in Festschrift zur Vierhundertjahrfeier des Katharineums zu Lübeck 1531–1931, hrsg. von Richard Schmidt. Lübeck: Rathgens [1931], 4. Das Gästebuch wird im Katharineum verwahrt.

12 Buddenbrookhaus, Thomas Mann an Georg Rosenthal mit Brief vom 3.6.1931.

Besuch seiner Schule. Bei dieser Gelegenheit zeigte Schönbrunn dem Schriftsteller auch das Gästebuch.[13]

Als Thomas Mann 1926 das Katharineum besuchte, war Georg Rosenthal Direktor der Schule. Geboren 1874 in Berlin, war er fast gleich alt wie der Schriftsteller. Nach dem Besuch des Askanischen Gymnasiums in Berlin studierte er ebendort Alte Sprachen, Deutsch und Religion, promovierte 1897 mit einer Arbeit über Horaz und wurde nach dem Militärdienst Gymnasiallehrer, seit 1902 am Bismarck-Gymnasium in Berlin-Wilmersdorf. Ab 1914 leitete er das Gymnasium in Fürstenwalde, am 1. Oktober 1918 trat er sein Amt als Direktor des Katharineums an.[14] Neben der Lehrtätigkeit war Georg Rosenthal zeit seines Lebens auch wissenschaftlich tätig, als Autor zahlreicher Bücher und Aufsätze zu Fragen der deutschen und der lateinischen Philologie, zum Deutsch- und Lateinunterricht sowie zu allgemeinen Bildungs- und Erziehungsfragen.[15] War dies im 19. Jahrhundert für Gymnasiallehrer noch gängig gewesen (schon die Aufsätze in Hunderttausenden von Schulprogrammen erinnern daran), so war eine so intensive Publikationstätigkeit neben den Lehr- und Verwaltungspflichten eines Direktors eine Seltenheit geworden.[16] Neben den fachlichen Arbeiten, von denen die wichtigsten seine Veröffentlichungen zur Reform des Lateinunterrichts waren, entstanden um 1930 umfangreichere Bücher zu allgemeinen Erziehungsfragen und zur Zukunft des humanistischen Gymnasiums.

Eine umfassende Darstellung von Georg Rosenthals Wirken am Katharineum und eine Schilderung der Schwierigkeiten, die er mit mehreren Mitgliedern des Lehrerkollegiums hatte und die zu Dienstverfahren und Gerichtsprozessen führten, steht noch aus. Selbst „stets national eingestellt“[17], gab es doch Vorbehalte gegen ihn, die bis zu einer vom Lübecker Rechtsanwalt Ernst Wittern verfassten antise-

[13] Eva Dietze: Thomas Mann besuchte uns, in: Das Katharineum. Mitteilungsblatt für die Eltern, Schüler und Freunde unserer Schule. Jg 7 (1955), Heft 20, Juni 1955, 6. Fotos dieses Besuchs in: Das Katharineum. Jg. 27 (1975), Heft 74, Juni 1975, 6, 8.

[14] Katharineum zu Lübeck. Bericht über das 395. Schuljahr von Ostern 1925 bis Ostern 1926, 8; Archiv der Hansestadt Lübeck, Schul- und Kultusverwaltung, Erwerb 17/60, 99-101, Personalakten Georg Rosenthal.

[15] Hartmut Schulz: Lebendiges Latein auf deutscher Grundlage. Der Reformpädagoge Georg Rosenthal, in: Latein und Griechisch in Berlin Heft 35 (1991), 2-9.

[16] Hier nur einige der wichtigeren selbständigen Veröffentlichungen Rosenthals: Lateinische Schulgrammatik zur raschen Einführung für reifere Schüler. Mit besonderer Berücksichtigung von Caesars Gallischem Krieg für Lateinkurse an Mädchengymnasien, Oberrealschulen usw. Leipzig, Berlin: Teubner 1904; Über kunstgeschichtliche Übungen innerhalb des wissenschaftlichen Unterrichts. Nebst einem Exkurs „ut picture poesis“. Deutsch-Wilmersdorf 1910 (Beilage zum Jahresbericht 1910 des Bismarck-Gymnasiums zu Deutsch-Wilmersdorf); Der Wert der humanistischen Bildung für unsere Zeit. Lübeck 1919; Lebendiges Latein. Neue Wege im Lateinunterricht. Leipzig: Oldenburg 1924 (= Entschiedene Schulreform 37); Hellas und Rom und ihre Wiedergeburt aus deutschem Geiste. Neue Ziele und Wege der humanistischen Bildung. Berlin: Weidmann 1925; Anleitung und Erziehung zum Lateinsprechen. Ein Vademecum für alle Lateinschüler mittlerer und oberer Klassen. Berlin: Weidmann 1927; Schule und Erziehung. Weimar: Lichtenstein 1928; Erdgebundene Schule. Lübeck: Schmidt-Römhild 1931. Zahlreiche Aufsätze erschienen in pädagogischen, philologischen und philosophischen Zeitschriften.

[17] Archiv der Hansestadt Lübeck, Schul- und Kultusverwaltung, Erwerb 17/60, 100, Georg Rosenthal an Reichspräsident von Hindenburg, 22.3.1933.

mitischen Schmähschrift führten.[18] Wittern ging es unter anderem darum, die jüdische Abstammung Rosenthals nachzuweisen, um ihn damit als angeblichen Lügner anzuprangern und ihm die Befähigung und Berechtigung der Leitung des Katharineums abzusprechen. Theodor Eschenburg, der diese Prozesse als Primaner miterlebte, berichtete in seinen Erinnerungen davon: „Daß das [eine Absetzung] nicht möglich war, wußte der Jurist; es ging ihm allein um die öffentliche Diffamierung." Die Disziplinarverfahren, die sich vor allem durch Streitigkeiten mit dem von Wittern vertretenen Studienrat Karl Sander ergaben, wirken aus heutiger Sicht im Anlass banal, doch hatten sie in ihrer zeitlichen Ausdehnung zur Folge, dass sogar die Tageszeitungen darüber berichteten und in „der Lübecker Oberschicht [...] über diesen Fall viel gesprochen [wurde], entrüstet oder sogar empört"[19].

Der Unwille von Wittern und seinem Umkreis gegenüber Rosenthal entzündete sich auch an einer der ersten Publikationen des neuen Direktors, in dem dieser sich, fachfremd, über die Lübecker Gotik äußerte.[20] Von Kunsthistorikern abgelehnt,[21] publizierte Rosenthal nach 1921 nichts Ähnliches mehr. Dauerhaft präsent aber war Rosenthal während seines Direktorats mit vielen öffentlichen Vorträgen – „Rosenthals Aulareden waren stadtbekannt"[22] – zu Themen der deutschen und antiken Philologie. Seinen drei Zielen, die Gustav Reimann, einer der mit ihm unterrichtenden Lehrer, später zusammenfasste, konnte ohnehin „jeder Gutwillige" zustimmen: „1.) der Einführung in die Antike als Grundlage unseres Kulturbewußtseins, 2.) dem liebevollen Sichversenken in die Welt des deutschen Geistes und Gemütes und 3.) der Stärkung des sozialen Empfindens". So fanden seine Ziele „bei den meisten Schülern und deren Eltern lebhafte Billigung"[23], und Rosenthal war deshalb bis 1933 nie ernsthaft in seinem Amt gefährdet.

Rosenthals viele Schriften zeugen von seinen Bemühungen um eine fachliche Modernisierung des Unterrichts.[24] Zugleich arbeitete er an einem fächerübergreifenden Zugang zu Themen, der sich besonders auf den Schülerreisen zeigte; hierzu mehr im folgenden Abschnitt. Als Direktor und Lehrer blieb Rosenthal eine strenge Autorität, und seine hochgesteckten idealistischen Ziele bei der Persönlichkeitsbil-

18 Ernst Wittern: Moses Salomon – Professor Dr. Georg Rosenthal, Direktor am Katharineum zu Lübeck. Lübeck 1922. – Das Titelblatt der Broschüre ist mit einem Hakenkreuz versehen.

19 Theodor Eschenburg: Also hören Sie mal zu. Geschichte und Geschichten. Berlin: Siedler 1995, 135f.

20 Georg Rosenthal: Lübecker Gotik. Lübeck: Borchers 1921 (= Streifzüge durch Lübecks altdeutsche Kunst 1).

21 Eine Reihe von Kritiken in den Lübeckischen Blättern, Jg. 1921.

22 Hans Blumenberg: An Georg Rosenthal erinnernd, in: Katharineum zu Lübeck. Festschrift zum 450jährigen Bestehen, hrsg. vom Bund der Freunde des Katharineums. Lübeck 1981, 56. Siehe auch Georg Rosenthal: Aus der Geschichte des deutschen Geistes. Sechs Reden, gehalten in Lübeck zu Anfang des Jahres 1919. Lübeck 1919.

23 Zitiert nach Hans Bode: Abiturientenentlassung 1983, in: Das Katharineum Jg. 35 (1983), Nr. 88, Juni 1983, 14.

24 Horst Joachim Frank: Geschichte des Deutschunterrichts. München: Hanser 1973, 740 und 747.

dung seiner Schüler als einer heranwachsenden geistigen Elite sind nicht von jedem verstanden oder erfüllt worden: Die Gymnasiasten wären „schwerlich im Stande gewesen, die Ziele und immensen Fähigkeiten des temperamentvoll engagierten Dr. Rosenthal zu werten."[25] „Nur ein kleiner Teil der Klasse vermochte ihm zu folgen", so Theodor Eschenburg, „aber das bekümmerte den streng Elitären nicht."[26] Im besten Fall konnte sich ein freundschaftliches Verhältnis zwischen Rosenthal und einzelnen Schülern entwickeln, wenn die Entwicklung eines Schülers seinen Idealen entsprach.[27] Doch das blieb eine Ausnahme, er richtete kaum ein persönliches Wort an die Schüler.[28] Bei aller Autorität sah Rosenthal aber die Schüler seiner Zeit als heranreifende Persönlichkeiten in einem gesellschaftlichen Wandlungsprozess, denen in seinen Augen mehr Rechte und Pflichten angetragen werden konnten als es in der Vergangenheit der Fall gewesen war.[29]

Rosenthal war „an einer vom historischen Schicksal belasteten Diskussion beteiligt; ob einem weltverbindendem Humanismus der Vorzug zu geben sei" – hier konnte er sich, siehe weiter unten, mit Thomas Mann im Gespräch über das humanistische Erbe treffen – „oder aber einer Erziehung zu deutschem Nationalgefühl"[30]. Er war deutschnational,[31] er trauerte der Monarchie nach, so seine Enkeltochter und Tochter Julius Lebers, Katharina Christiansen: eine gravitätische Erscheinung, etwas steif, prüde, immer korrekt, preußisch bis ins Mark.[32] Doch half ihm das 1933 auch nicht: Nach den langen Auseinandersetzungen mit seinen nationalistischen, wenn nicht nazistischen Gegnern war Rosenthal für die neuen Machthaber nicht tragbar. In den Osterferien wurde er beurlaubt, ein junger Nationalsozialist folgte ihm im Amt. Doch Rosenthal, dem der Elternrat sein Bedauern aussprach, wehrte sich noch: Er schrieb an den Reichspräsidenten von Hindenburg mit der Bitte, seine Beurlaubung rückgängig zu machen.[33] Über das Reichsministerium des Innern erreichte ihn eine ablehnende Antwort. Am 1. Juli erfolgte die Entlassung unter Verweis auf das Gesetz zur Wiederherstellung des Berufsbeamtentums. Noch einmal wandte sich Rosenthal

25 Eli Rothschild: Außenseiter des Katharineums, in: Festschrift 1981, 52.

26 Eschenburg 1995, 135.

27 Siehe zum Beispiel Rosenthals Vorwort in einem Band mit Texten eines Abiturienten, den er in Berlin neun Jahre lang unterrichtet hatte; es schließt mit den Worten „Sein Lehrer und Freund" (Richard S. Ollenheimer: Suchen und Streben. München u.a. 1915, 6).

28 Rothschild 1981, 53.

29 Solche Gedanken sind ausgeführt in Georg Rosenthal: Geist und Form der Schülerselbstverwaltung. Lübeck 1919.

30 Rothschild 1981, 53.

31 Eschenburg 1995, 135: „Was seine politische Überzeugung betraf, so war er wahrscheinlich ein gemäßigter Konservativer, der aber wohl deutschnational wählte."

32 Gespräch mit Katharina Christiansen, Mai 2002.

33 Archiv der Hansestadt Lübeck, Schul- und Kultusverwaltung, Erwerb 17/60, 100, Georg Rosenthal an Reichspräsident von Hindenburg mit Brief vom 22.3.1933.

im November an den Reichsminister des Innern, der das Schreiben an das Lübecker Personalamt weiterleitete. Von dort kam am 9. Dezember 1933 das letzte, drohende Wort: Rosenthal wurde „anheimgegeben, weitere Schreiben in Ihrer Sache zu unterlassen", da er sonst „den Senat zu anderen Maßnahmen zwingen"[34] würde.

Georg Rosenthal war damit Ende 1933 ein gebrochener Mann. Der Schilderung seiner Enkeltochter zufolge hatte er, ohnehin gesundheitlich schon seit den zwanziger Jahren angeschlagen, den Lebenswillen verloren. Er wohnte mit seiner Frau inzwischen bei seiner Tochter Annedore, der Frau Julius Lebers, in der Gertrudenstraße 4 – im Zimmer des inhaftierten Julius Leber, denn das Haus der Rosenthals in der Rotlöscherstraße musste nach der Beurlaubung umgehend verkauft werden. Seine letzten Monate, so Katharina Christiansen, verbrachte er hauptsächlich auf dem Bett liegend. Am 16. März 1934 starb Georg Rosenthal – Todesursache laut Totenschein: Herzversagen. Aber es ist mündlich überliefert – von Annedore Leber an die Tochter Julius Vermehrens, Petra Vermehren, und von dieser an ihre Tochter Isa Vermehren –,[35] dass es sich um Freitod gehandelt hat.[36]

Julius Leber, der als Sozialdemokrat politisch so anders stand als sein Schwiegervater, ihn aber menschlich respektierte, fasste seine Würdigung Rosenthals in einem Satz zusammen: „Die Erscheinung ist ausgelöscht mit ihren Unzulänglichkeiten, Halbheiten, und geblieben ist die Erinnerung an eine große und edle Seele, an eine Seele voller Ziele, Aufgaben und voller Hingabe und Menschlichkeit."[37] An Georg Rosenthal erinnert heute im Katharineum die verkleinerte Bronzeplastik des antiken „Betenden Knaben", ursprünglich auf seinem Grab und heute auf einem Sockel in einem der Schultreppenhäuser stehend. Unter ihr ist auf einer kleinen Tafel zu lesen: „Bedenke, daß du ein Katharineer bist, denn καθαρός heißt rein." An das Pathos, mit dem Georg Rosenthal diese Mahnung seinen Schülern in einer seiner Reden mit auf den Lebensweg gab, erinnert sich der damalige Katharineer Hans-Werner Klindwort noch heute.

[34] Sammlung Katharina Christiansen, Ottobrunn, Persönliche Papiere Georg Rosenthals: Der Senat der Freien und Hansestadt Lübeck, Präsidialverwaltung, Personalamt an Georg Rosenthal mit Brief vom 9.12.1933.

[35] Isa Vermehren, geboren 1918, 1933 von der Lübecker Ernestinenschule verwiesen, weil sie sich weigerte, die Hakenkreuzfahne zu grüßen. Ging mit ihrer Mutter nach Berlin, wurde dort Kabarettistin in der „Katakombe" Werner Fincks, während des Krieges im Konzentrationslager inhaftiert. Nach dem Krieg Schauspielerin, dann zum Katholizismus konvertiert, tätig als Leiterin katholischer Mädchenschulen. Lebt als Ordensschwester in einem Bonner Kloster. Matthias Wegner: Ein weites Herz. Die zwei Leben der Isa Vermehren. München: Claassen 2003.

[36] Gespräche mit Katharina Christiansen, Mai 2002, und Isa Vermehren, 16.12.2005. Siehe auch Theodor Eschenburg in seinen Erinnerungen: Eschenburg 1995, 136. Katharina Christiansen vermutet, dass ihr Großvater sich erschossen haben könnte, denn er hatte einen Waffenschein und noch Teile seiner militärischen Ausrüstung; die Enkelkinder bekamen den toten Großvater nicht mehr zu Gesicht.

[37] Sammlung Katharina Christiansen, Ottobrunn, Julius Leber an Annedore Leber mit Brief vom 16.3.1934. Warum der Brief des Inhaftierten Julius Leber mit dem Todesdatum seines Schwiegervaters datiert ist, lässt sich nicht mehr rekonstruieren. Der Brief trägt einen Stempel der Gefängnisverwaltung vom 19.3.1934, so dass dies das späteste Datum für die Abfassung ist.

Besuch in München: Katia Mann reichte Schnittchen

Im pädagogischen Programm von Georg Rosenthal spielten die noch nicht allgemein üblichen Primanerreisen eine bedeutende Rolle. Schon während seiner Zeit am Bismarck-Gymnasium in Berlin war es Rosenthal gelungen, eine solche Fahrt als Fächer übergreifende Unterrichtsergänzung durchzuführen.[38] Am Katharineum hatte es ebenfalls vor dem Ersten Weltkrieg schon Schülerreisen gegeben; Rosenthal nahm sie nach seinem Amtsantritt wieder auf und reiste jährlich mit den Primanern.[39] Ziel waren jetzt aber nicht die klassischen Stätten Italiens und Griechenlands, sondern Städte und Regionen in ganz Deutschland, aber auch deutschsprachige Gebiete jenseits der Grenzen bis nach Südtirol und Prag. Im Jubiläumsjahr 1931 gab es eine „Ostmarkenfahrt" ohne Begleitung Rosenthals, der wegen der Vorbereitungen zum Schuljubiläum gebunden war. Besucht wurden Plätze der deutschen Geschichte, mit den römischen Zeugnissen beginnend, literaturgeschichtlich bedeutsame Orte, die Lebensstationen Walther von der Vogelweides und Goethes voran, und Kunst – Kirchen allerorten. Genauso besuchten die Gruppen aber auch Arbeitsstätten wie das Rheinstahlwerk in Duisburg oder den Verlag Moritz Diesterweg in Frankfurt, „als Hohelied vom unaufhaltsamen Siegeszug deutscher Arbeit"[40]. Nicht zuletzt hatten die Reisen auch einen politischen Anteil, wenn zum Beispiel in Prag ein Abgeordneter den Schülern „die gespannte Lage des schwer umdrängten Deutschtums in Prag eindringlich schilderte"[41]. Für Eberhard Groenewold, Abiturient des Jahres 1931, waren die Fahrten „humanistische Bildungsreisen", verbunden mit etwas „germanischem Mythos", gleichsam „Eroberungszüge"[42].

In einigen seiner Arbeiten erweiterte Georg Rosenthal seine sachlichen Texte mit literarischen Exkursen, in denen er die ihn bewegenden Fragen anschaulich zu machen suchte. Auch die Primanerreisen bezog er hier ein, um ihren Wert zu demonstrieren, und es ist zu vermuten, dass er auch reale Momente der erfolgten Reisen stofflich integrierte.[43] 1928 fasste Rosenthal mehrere Reiseberichte gemeinsam mit anderen Texten in einem Sammelband zusammen. Hier machte er noch

38 Georg Rosenthal: Eine Schülerfahrt nach Florenz und Rom. Mit Exkursen über kunst- und literarhistorische Fragen. Berlin 1911 (Beilage zum Jahresbericht des Bismarck-Gymnasiums zu Wilmersdorf 1911).

39 Georg Rosenthal: Die Primanerreisen des Katharineums nach dem Kriege, in: Festschrift 1931, 177-188.

40 Ebenda, 188.

41 Ebenda, 181.

42 Eberhard Groenewold: Junger Besuch aus der alten Schule, in: Thomas Mann, geboren zu Lübeck, hrsg. von Jan Herchenröder und Ulrich Thoemmes. Lübeck: Weiland 1975, 85.

43 Rosenthal, Schule und Erziehung 1928, 108-112: „Am Königsstuhl zu Rhens (ein deutsches Primanererlebnis am Rhein)"; ebenso die Novelle „Erdgebundene Schule" im gleichlautenden Buch (zit. Anm. 16), 33-44.

einmal deutlich, dass die Reisen „bewußt nach deutschkundlichen Grundsätzen"[44] erfolgten. Zu Grunde lag ein ganzheitliches, Fächer übergreifendes Konzept mit dem Ziel, „die Schüler mit tätiger Liebe zu ihrem Vaterlande zu erfüllen"[45]. Nicht alle Schüler konnten oder wollten Rosenthals Anforderungen folgen, wie er selber sah und zum Beispiel in seiner Novelle *Erdgebundene Schule*[46] aufarbeitete, doch ließ er sich davon nie schrecken. Die privat finanzierten Reisen, über die auch die Lübecker Presse berichtete, wurden mit Hilfe eines „Reisemarschalls" aus dem Kreis der Schüler straff durchorganisiert. Passend zum Ziel erhielten die Reisen ein Motto: 1927 war es die „Schwabenfahrt", 1928 die „Nibelungenfahrt". 1929 führte die „Tirolfahrt" bis nach Innsbruck und zum Brenner.

Auf dieser Reise besuchten Georg Rosenthal und einige Schüler am 3. oder 4. September in München auch Thomas Mann. Auf dem vorab gedruckten Zettel mit dem Reiseprogramm waren der Besuch bei dem Schriftsteller sowie ein Besuch im Atelier des Bildhauers Hans Schwegerle, auch er ein Katharineer, schon vorgemerkt.[47] Eberhard Groenewold hat 1975 von den Besuchen bei den prominenten Katharineern berichtet, vor allem vom Besuch bei Thomas Mann. Von den etwa 70 Teilnehmern der Fahrt durften zehn den Direktor begleiten. Das Auswahlkriterium war die Note des letzten deutschen Aufsatzes: Die besten zehn machten sich zusammen mit Rosenthal und dem jungen Lehrer Wilhelm Krüger[48] auf, das Haus des Schriftstellers in der Poschingerstraße zu finden. Im Herzogpark verlief sich die Gruppe trotz des von Rosenthals ausgearbeiteten Marschplans: „Völlig desorientiert streifte die wackere Schar durch das unbekannte Gelände"[49]; Golo Mann sammelte sie schließlich auf und führte sie zu seinem Vater. Das Gespräch entwickelte sich vor allem zwischen Thomas Mann und Georg Rosenthal; es ging um neue pädagogische Theorien – 1928

[44] Georg Rosenthal: Schule und Erziehung. Weimar: Lichtenstein 1928, 227.

[45] Ebenda, 229.

[46] Zit. Anm. 43.

[47] Programmzettel „Tirolfahrt der Primaner des Katharineums 1929", Exemplar in der Sammlung des Verfassers.

[48] Wilhelm Krüger, geboren 1900 in Gronau (Westfalen), studierte Neuere Sprachen und Philosophie, als Werkstudent im Bergbau tätig. Leiter einer studentischen Theatergruppe. Nach dem Referendariat in Hagen 1927 an das Katharineum berufen. Der Philosoph Hans Blumenberg charakterisierte ihn in seinen Erinnerungen an die Primanerreisen: „Unter den Lehrernamen, die in Rosenthals Reiseprogramm auftauchten, ist beständig der von Wilhelm Krüger, der 1927 an die Schule gekommen war. Er war unser Klassenlehrer, der uns ins Abitur führte (1939). Krüger war einer der wenigen Lehrer, die etwas von Prägung durch ihr Studium (nicht nur von Berufszurüstung) erkennen ließen: Er kam vom Marburger Neukantianismus her, und zumal von Paul Natorps Sozialidealismus. Er hatte als Werkstudent unter Tage gearbeitet, war mit einer Mysterienspielschar bis nach Lappland gezogen – und brauchte sich über den ‚nordischen Menschen' nichts erzählen zu lassen, denn er sah aus wie einer aus dem Bilderbuch. Das gab ihm in den Jahren des Ungeistes eigentümliche Immunität: Wer so aussah, konnte nicht unrecht haben, was immer er mit seiner Klasse trieb. Er bestimmte, ohne große Worte, fast beiläufig und mit unanfechtbarer Selbstverständlichkeit, den Geist seiner Klasse und schuf ihr eine Enklave der Freiheit. Seine maliziöse Art, beim Verlesen der in Schwang gekommenen infantilen Umläufe zu lächeln, hatte ihre eigene uns vertraute Sprache. Mit ihm machten wir die letzte Primanerfahrt vor dem Zweiten Weltkrieg – ein später Schimmer vom Erbe Rosenthals, als es schon sehr dunkel geworden war." Hans Blumenberg 1981, 57. Wilhelm Krüger wurde 1940 einberufen und fiel im Krieg.

[49] Eberhard Groenewold 1975, 86.

hatte Rosenthal sein Buch *Schule und Erziehung*[50] veröffentlicht –, die von den Schülern kaum verstanden wurden. Aber auch um Oswald Spengler ging es und dessen *Untergang des Abendlandes* – zwei Jahre später ein zentrales Thema in Thomas Manns Rede in der Lübecker Katharinenkirche.[51] Groenewold weiter: „Man also saß auf der Terrasse des schönen Hauses in der Poschinger Straße [sic]. Man trank nicht nur ein Glas Bier, Katia Mann reichte auch belegte Schnittchen herum."[52]

Wilhelm Krüger nahm wie erwähnt ebenfalls an dem Besuch teil – Thomas Mann hatte ihn wegen seines jugendlichen Aussehens zunächst für einen weiteren Primaner gehalten. Zwei Jahre später, als Thomas Mann seine Rede zum Jubiläum hielt, erinnerte er sich daran und wertete die Erscheinung Krügers als symbolisch für die Modernisierung der Schulgemeinschaft: „Ein junger Lehrer war noch dabei – mein Gott, er sah nicht aus wie die wandelnde Scholaren-Autorität; ebenso sportlich anzusehen wie seine Jungen, äußerlich kaum zu unterscheiden von ihnen, schien er ihr guter Kamerad und verkörperte mir die ganze Veränderung, die sich, seit ich jung war, in dem Verhältnis von Lehrer und Schülern vollzogen hat und für die diese ganze freie und herzliche Gemeinschaftsfahrt ja am stärksten zeugte."[53] Das enge Verhältnis zu den Schülern, das Thomas Mann beobachtet hatte, wird in den Erinnerungen von Ulrich Thoemmes bestätigt, der wegen Interesselosigkeit aus der Hitlerjugend ausgeschlossen wurde: „Ich konnte trotz mancher Schwierigkeiten diese Verweigerung bis zum Abitur durchhalten, wobei ich meinem Klassenlehrer der beiden letzten Schuljahre, dem unvergessenen Tutor Wilhelm Krüger, zu bleibendem Dank für seine Hilfestellung gegenüber der Schulleitung [dem nationalsozialistischen Nachfolger Rosenthals] und nicht zuletzt auch für einen vorzüglichen, vom Zeitgeist ganz ungetrübten Deutschunterricht verpflichtet bin. Er zählte wie der gütige Georg Deecke[54] zu den wenigen Mitgliedern des Kollegiums, welche sich jeglicher Einvernahme durch das verhasste und verachtete Regime mutig widersetzten."[55]

Seinen Festvortrag in der Katharinenkirche eröffnete Thomas Mann dann 1931 mit der Schilderung des zwei Jahre zurückliegenden Besuchs und stellte sein Kommen dazu in Beziehung: „Es ist nichts weiter als ein schicklicher Gegenbesuch, den

50 Georg Rosenthal: Schule und Erziehung. Weimar: Lichtenstein 1928.

51 Rosenthal bezog Spengler auch in seinen Unterricht ein: Er „inspirierte" die Schüler „mit den Ergebnissen seiner Lektüre der intellektuellen ‚Trendsetter' in diesen Jahren. Gerade hatte er Eduard Sprangers ‚Lebensformen' gelesen, dann folgte Spenglers ‚Untergang des Abendlandes'." Eschenburg 1995, 135.

52 Eberhard Groenewold 1975, 87.

53 Thomas Mann: Ansprache an die Jugend, GW X, 316.

54 Zu Georg Deecke siehe S. 146, Anm. 82.

55 Ulrich Thoemmes: Kindheitserinnerungen eines Lübecker Arztes, in: Der Ärzteverein zu Lübeck. 175 Jahre seiner Geschichte, 1809-1984, hrsg. von Bern Carrière. Lübeck 1984, 190.

ich diesmal der Vaterstadt und ihrer alten Schule abstatte, ein Gegenbesuch bei der Jugend. Ein Sommerabend schwebt mir vor – er liegt etwa zwei Jahre zurück – da sah ich in München sehr liebe Gäste bei mir. Es war Jugend, Lübecker Jugend, Katharineumsjugend."[56]

Vorbereitungen: Thomas Manns Beitrag zum Jubiläum

Geschichtlich miteinander verbunden, weil sie alle drei während der Reformation ihrer Stadt entstanden waren, gratulierten sich die humanistischen Gymnasien der Hansestädte Bremen, Hamburg und Lübeck gegenseitig bei ihren 400-jährigen Jubiläen. Das Alte Gymnasium in Bremen feierte die Wiederkehr seiner Gründung 1928, das Johanneum in Hamburg 1929. In diesem Jahr begannen auch die Vorbereitungen für das Jubiläum des Katharineums: Am 8. März 1929 legte Georg Rosenthal der Lehrerkonferenz einen ersten Entwurf zu den Feierlichkeiten vor, die sich über drei Tage erstrecken sollten.[57] Vorgesehen war zunächst eine Feier zu Pfingsten, die noch halbwegs in der Nähe des offiziellen Gründungstages liegen sollte (19. März).[58]

Mit dieser Terminierung wandte sich Georg Rosenthal am 2. Juni 1930 an Thomas Mann und bat ihn um die Teilnahme an der Feier und um einen schriftlichen Beitrag als Geleitwort der Festschrift. Die Festschrift sollte für Rosenthal nicht nur einen historischen Gehalt haben, sondern den in die Zukunft gerichteten „Geist eines geläuterten Humanismus"[59] am Katharineum dokumentieren. Der Direktor verwies dabei auf eine zwei Jahre zuvor erschienene Schrift der Schule, die über den Inhalt eines klassischen Schulprogramms hinausging.[60] Rosenthal hatte sie Thomas Mann zugesandt.[61] In seiner Antwort sagte Mann grundsätzlich „und mit Vergnügen" seine Mitwirkung zu; sein persönliches Kommen wollte er noch nicht garantieren.[62] Einen Monat später antwortete Mann auf ein Schreiben von Gustav Radbruch[63], der den Schriftsteller zum Herbst 1930 nach Lübeck eingeladen hatte, er habe Georg Rosen-

56 Thomas Mann: Ansprache an die Jugend, GW X, 316.

57 Archiv des Katharineums, Protokollbuch der Konferenzen, 8.3.1929. Weiteres Material im Archiv der Hansestadt Lübeck, Bestand 3.8-2, Schulen, 1.1, 170, 400-Jahrfeier des Katharineums.

58 Archiv des Katharineums. Protokollbuch der Konferenzen, ebenda, 19.6.1929

59 Buddenbrookhaus, Briefkonzept Georg Rosenthal an Thomas Mann, 2.6.1930.

60 Das Katharineum. Im Auftrag des Elternrates und des Lehrerkollegiums herausgegeben von Richard Schmidt. Lübeck: Borchers 1928.

61 Buddenbrookhaus, Briefkonzept Georg Rosenthal an Thomas Mann, 2.6.1930.

62 Ebenda, Thomas Mann an Georg Rosenthal mit Brief vom 7.6.1930.

63 Gustav Radbruch (1878-1949), Abitur am Katharineum 1898. Jurist, Universitätsprofessor. Seit 1919 Mitglied der SPD, 1920-24 Reichstagsabgeordneter, 1921-23 Reichsjustizminister, anschließend wieder Professor an der Universität Heidelberg. Am 28. April 1933 als erster Professor nach der Machtübernahme durch die Nationalsozialisten aus dem Lehramt entlassen. Lebte bis 1945 zurückgezogen, danach Dekan der Juristischen Fakultät der Universität Heidelberg. Bis zu seinem Tod 1949 veröffentlichte Radbruch grundlegende rechtsphilosophische Arbeiten, die zu Standardlehrbüchern wurden. Siehe BLSHL VII, 171-176.

thal den Besuch zum Jubiläum „bestimmt in Aussicht gestellt"[64]. Deshalb müsse er den Aufenthalt in Lübeck im Herbst 1930, zu dem ihn Radbruch und Senator Hans Ewers[65] eingeladen hatten, absagen, denn es sei vielleicht etwas viel, wenn er „zweimal innerhalb so kurzer Zeit in Lübeck rednerisch hervorträte". Zudem werde er im September 1930 bei einer Rotary-Konferenz in Den Haag sprechen.[66]

Erst im April 1931 setzt sich die überlieferte Korrespondenz zwischen Mann und Rosenthal fort. Der Termin des Jubiläums war schon im Winter in den September des Jahres 1931 verlegt worden, da wegen der Semesterferien dann mehr Studenten teilnehmen konnten und das nach dem Schuljahresanfang im Frühjahr neu zusammengesetzte Schulorchester mehr Zeit zum Proben hatte. Erstaunlicherweise findet sich noch im Januar 1931 im Protokoll der Schulkonferenz kein Hinweis auf eine Teilnahme Thomas Manns am Jubiläum; möglicherweise hielt sich Rosenthal noch zurück, solange der Besuch des Schriftstellers nicht endgültig gesichert war. Allerdings wurden auch die Namen anderer prominenter Ehemaliger noch nicht erwähnt.[67]

In den Briefen und Karten des Sommers 1931 ging es dann um die Thematik des Beitrags von Mann für die Festschrift und seine Zusage, als Redner aufzutreten.[68] Noch war von einem Abschnitt aus dem *Joseph*-Roman als Beitrag für die Festschrift die Rede. Ende August scheint Rosenthal dann mitgeteilt zu haben, dass abgesehen von dem Faksimile mit dem Eintrag im Gästebuch des Katharineums kein Beitrag Manns in der Festschrift erscheinen würde.[69] Vermutlich passte ein nicht auf die Schule bezogener literarischer Beitrag, auch wenn er von einem Nobelpreisträger stammte, nicht mehr in den Aufbau der Festschrift. Ihr erster Teil setzte sich aus mehreren schulgeschichtlichen Beiträgen zusammen, den zweiten Teil bildete eine umfassende Beschreibung der Schulgebäude, den dritten eine Reihe von Schulerinnerungen und den vierten Schilderungen des aktuellen Unterrichts in verschiedenen Fächern. Eine Passage aus Thomas Manns *Joseph* hätte hier ganz singulär gestanden. Einwände kamen von Richard Schmidt, der als Herausgeber der Festschrift fungierte und die Zusammenstellung der Beiträge besorgte.[70] Zeitweilig hatte Rosenthal

64 Universitätsbibliothek Heidelberg, Nachlass Gustav Radbruch (Heid. Hs. 3716), Thomas Mann an Gustav Radbruch mit Brief vom 3.7.1930.

65 Ebenda. Mann erwähnte, dass auch Hans Ewers ihn eingeladen hatte. Der Anlass war nicht festzustellen.

66 Am 13. September 1930 hielt Thomas Mann in Den Haag den Vortrag *Die geistige Situation des Schriftstellers in unserer Zeit* (H/S, 216).

67 Archiv des Katharineums, Protokollbuch der Konferenzen, 16.1.1931.

68 Buddenbrookhaus, Thomas Mann an Georg Rosenthal mit Brief vom 3.6.1931. Siehe dazu auch die nachfolgenden Briefe.

69 Buddenbrookhaus, Briefkonzept Georg Rosenthal an Thomas Mann, 17.8.1931.

70 Archiv der Hansestadt Lübeck, Bestand 3.8-2, Schulen, 1.1, 170, 400-Jahrfeier des Katharineums, Protokoll der Sitzung des Arbeitsausschusses am 22.6.1931.

übrigens auch an einen Beitrag gedacht, in dem einer der inzwischen ehemaligen Schüler, der 1929 an der Primanerreise teilgenommen hatte, vom Besuch bei Thomas Mann berichten sollte. Auch dieser Beitrag erschien nicht.[71]

Ebenfalls noch Ende August sandte Thomas Mann den Text seiner Rede oder eine Zusammenfassung davon an Rosenthal. Ausgearbeitet hatte Mann seinen Text in Nidden, wo die Familie von Mitte Juli bis etwa zum 2. September zum zweiten Mal den Sommer im eigenen Haus verbrachte und der Schriftsteller am *Joseph* arbeitete. Seine Rede werde mehr Zeit in Anspruch nehmen als zunächst gedacht, schrieb er an Rosenthal, denn er habe allerlei auf dem Herzen, was er der Jugend bei dieser Gelegenheit sagen wolle.[72] Schon aus dieser kurzen Ankündigung klingt heraus, dass Mann sich nicht mehr mit beliebigen „Erinnerungsworten", wie sie das gedruckte Programm des Jubiläums ankündigte, zufrieden geben wollte. Der Schriftsteller wollte offenbar das Schuljubiläum zum Anlass nehmen, die Reihe seiner republikverteidigenden Reden weiterzuführen, die er mit der *Deutschen Ansprache. Ein Appell an die Vernunft* im Oktober 1930 begonnen und im Juni 1931 vor den Studenten Erlangens fortgesetzt hatte.[73]

Zu tagesaktuellen Anlässen, die Thomas Mann beim Abfassen seiner Rede beeinflussten, gibt es keine näheren Hinweise. Die Tagespolitik war allerdings auch im abgelegenen Nidden nicht weit. Klaus Mann, der wie seine Schwester Erika im Sommer 1931 auch auf die Kurische Nehrung gereist war, schilderte die Segelflugübungen junger deutscher Nationalsozialisten an den hohen Dünen der Landzunge, auf deutscher Seite, aber direkt an der Grenze zu Litauen.[74] Unter diesem Eindruck entstand also die Rede für das Schuljubiläum, im Arbeitszimmer mit dem weiten Blick über das kurische Haff bis zur ostpreußischen Küste.[75] Über Königsberg, wo er über *Goethe und Tolstoi* sprach, und Elbing, wo er eine Lesung aus *Buddenbrooks*, dem *Zauberberg* und dem *Joseph* hielt,[76] reiste der Schriftsteller mit seiner Frau im Anschluß an die Ferien nach Lübeck, wo er vermutlich am 6. September eintraf,

[71] Ebenda, Georg Rosenthal an die ehemaligen Schüler Denker und Schwarzweller mit Brief vom 3.6.1930.

[72] Buddenbrookhaus, Thomas Mann an Georg Rosenthal mit Brief vom 28.8.1931.

[73] H/S, 218f. und 226.

[74] Klaus Mann: Der Wendepunkt. Ein Lebensbericht. Reinbek bei Hamburg: Rowohlt 1984, 216.

[75] Thomas Sprecher (Bearb.): „Alles ist weglos". Thomas Mann in Nidden. Marbach: Deutsche Schillergesellschaft 2000 (= Marbacher Magazin 89); Thomas Mann: Mein Sommerhaus, Vortrag gehalten bei der Zusammenkunft des Rotary Clubs München am 1. Dezember 1931. Siehe H/S, 230.

[76] Thomas Mann in Nidden, 5; Oskar Wendt: Thomas Mann in Elbing, in: Elbinger Zeitung, 5.9.1931. In Elbing begegnete Mann seinem zeitweiligen Mitschüler Oskar Wendt (in der Quarta in Thomas Manns Parallelklasse im altsprachlichen Zweig des Katharineums; geboren 1876 in Lübeck als Sohn eines Kaufmanns, Abitur 1896). Siehe Hermann Genzken: Die Abiturienten des Katharineums zu Lübeck (Gymnasium und Realgymnasium) von Ostern 1807 bis 1907. Beilage zum Jahresbericht 1907. Lübeck 1907, 74. Wendt versuchte nach dem Zweiten Weltkrieg, in Lübeck ein Thomas-Mann-Archiv zu gründen. Siehe dazu S. 178, Anm. 27.

aussehend „wie immer, jugendlich schlank und elastisch, von der Seeluft gebräunt, mit vollem dunklen Haar, trotzdem es nun auch schon sechs Jahre her sind, daß er seinen 50. Geburtstag feierte“[77].

Auftakt zum Jubiläum: Katharinen und Memorabilien

Die von auswärts kommenden Gäste waren gebeten worden, sich im Haus der Nordischen Gesellschaft (Breite Straße 50) zu melden, um dort die Festschrift, das Festabzeichen und bestellte Karten für die Theateraufführung in Empfang zu nehmen.[78] Ob das auch von den Ehrengästen erwartet wurde, ist nicht bekannt. Um diese von der Menge der übrigen Gäste zu unterscheiden, war neben dem Arbeitsausschuß, der die Feier vorbereitet hatte, ein Ehrenausschuss berufen worden. Ihm gehörten 14 Mitglieder an, neben den auswärtigen Prominenten wie Thomas Mann, Reichsjustizminister a.D. Gustav Radbruch, Ministerialdirektor Arnold Brecht, Theaterregisseur Jürgen Fehling, den Bildhauern Fritz Behn und Hans Schwegerle auch Bürgermeister a.D. Gustav Eschenburg, Bürgermeister Paul Löwigt, Senator Heinrich Eckholdt und Senator a.D. Arthur Kulenkamp.[79]

Die Feierlichkeiten begannen am Nachmittag des 6. September, einem Sonntag, mit dem Festgottesdienst in der Marienkirche, wo Thomas Mann 1875 getauft worden war. Ob der Schriftsteller an dem Gottesdienst bereits teilgenommen hat, ist nicht bekannt. Die Festpredigt hielt Johannes Evers, Senior des geistlichen Ministeriums in Lübeck und 1879 selbst Abiturient des Katharineums.[80] Anwesend war Thomas Mann spätestens beim Begrüßungsabend im Hindenburghaus[81], der von Senator Hans Ewers geleitet wurde. Versammelt waren hier zusammen mit Lehrern, ehemaligen und älteren Schülern auch die prominenten Ehemaligen. Einem angesichts der Zeitumstände reduzierten Mahl und mehreren Ansprachen, unter anderen von Hans Ewers und Georg Rosenthal, folgte das von Oberlehrer Georg Deecke[82] gedichtete Reimspiel *Die vier Katharinen* – vier Katharinen für 400 Jahre Schulgeschichte. Drei mittelalterliche Katharinen, die goldene, die steinerne und die

77 Lübeckische Anzeigen Nr. 208, 7. September 1931.

78 Zur 400-Jahrfeier des Katharineums zu Lübeck, 6.-8. September 1931. Hinweiszettel des Arbeitsausschusses. Sammlung des Verfassers. Der Vorsitzende des Arbeitsausschusses war Senator Hans Ewers; weiter gehörten ihm einige Lehrer sowie einige in Lübeck wohnende ehemalige Katharineer an.

79 Weitere Mitglieder: Gustav Ehlers, Wortführer der Bürgerschaft; Ministerpräsident Karl Eschenburg, Schwerin; Prof. Dr. Hermann Genzken; Dr. Hermann Link, Präsident des Landesarbeitsamtes, Hannover; Rittergutsbesitzer Graf Kaspar von Rantzau, Breitenburg. Die Namen sind verzeichnet in der Einladung zur Vierhundertjahrfeier (Sammlung des Verfassers).

80 Inhalt der Predigt wiedergegeben im Lübecker Generalanzeiger, 8.9.1931, und in den Hamburger Nachrichten, 7.9.1931.

81 An der Stelle des in den fünfziger Jahren abgerissenen Hindenburghauses, das nach dem Ersten Weltkrieg neben der neugotischen Villa der Bankiersfamilie Müller vor dem Burgtor errichtet worden war, stehen heute die Gerichtsgebäude.

82 Georg Deecke (1881-1945), Altphilologe. Zu ihm siehe Festschrift 1981, 45, und Ulrich Thoemmes 1984, 190: „der gütige Georg Deecke“.

hölzerne, begeistern sich für Schulverweis, Karzer und Prügel, spuken im Lehrerzimmer und ersinnen für zwei Schüler, die dort etwas stehlen wollen, vielfältige Strafen. Die vierte erscheint zum Ärger der anderen drei als modernes Bubikopf-Mädel und setzt auf die Liebe – „ein hübsches Mädel, rotweiß gekleidet [in den Lübecker Farben], mit A und B versehen [für den gymnasialen und den realgymnasialen Zweig der Schule], aus dem literarischen Werk Thomas oder gar Heinrich Manns stammend, erteilt [...] ihren Segen“[83]. Nicht nur aus dem Werk der Brüder stammend, sondern sogar von ihnen gemacht, heißt es im Text des Stückes beim Auftritt der „papiernen“, gütigen und liebevollen Katharina. Der Bezug zu *Buddenbrooks* und *Professor Unrat* – Heinrich Mann fand ansonsten während des Jubiläums keine Berücksichtigung – war deutlich:

> **Die hölzerne Katharina:**
> (indem sie [beim Anblick der papiernen Katharina] die Hand vor den Mund hält, dann aber doch so laut spricht, daß jeder sie versteht)
> Vorsicht! Die stammt aus der Werkstatt von Heinrich und Thomas Mann!
>
> **Die papierne Katharina:**
> (aufs höchste belustigt, klatscht in die Hände.
> Dann schalkhaft mitleidig):
> Ach, meine verlorenen Söhne! – ich armes Ding!
> Freilich, sie waren hinter mir her wie Kinder hinter
> einem Schmetterling.
> Thomas, mit einem großen Familien-Photographie-Album
> wollt er mich schnappen – bum, bum!
> Er erwischte aber nur ein bißchen bunten Flügelstaub.
> Und Heinrich, der schlimmere, – mit Verlaub [–]
> Nur ein bißchen Unrat. – Als sie ihren Fang bei Lichte besahn,
> Gaukelt ich längst wieder meine Bahn
> Zwischen Erde und Sonne
> Über ein Meer von Jugend – Blüten – Wonne.[84]

Am folgenden Morgen, am 7. September, zog ab 7 Uhr eine Trommler- und Pfeiferschar aus Schülern durch die Stadt, um zur Teilnahme an der Gefallenenehrung in der Aula der Schule zu wecken. Die Gedenkfeier für die 300 Gefallenen war von der zeittypischen Stilisierung des Heldentodes als Opfertod für das Vaterland geprägt, bereichert noch um antike Motive, die zum humanistischen Charakter der Schule passten: „Ein Chor von Epheben, die gerade oder kaum den Stimmwechsel überwunden haben, sprach die Elegie des hellenischen Dichters Simonides auf die Gefallenen von Thermopylae“. Studienrat Fritz Möhler setzte die Anleihe an die Antike noch fort: 300 Gefallene des Katharineums – „waren es nicht gerade ebenso

[83] Lübecker Generalanzeiger, 8.9.1931.

[84] Archiv der Hansestadt Lübeck, Bestand 3.8-2, Schulen, 1.1, 170, 400-Jahrfeier des Katharineums, Typoskript des Stückes.

viele Lakedämonier, die mit König Leonidas den Heldentod für das gemeinsame Vaterland starben?"[85]

Nach der Gedenkfeier ging es in die Schulklassen und Lehrerzimmer, wo Zeugnisse und Dokumente bekannter Ehemaliger ausgestellt waren – darunter das Klassenbuch mit Thomas Manns berühmten doppeltem Tadel:

> Besonders gemüthvoll oder neckisch war *die Aufdeckung einer Klassenbuchseite, auf der Thomas Mann mit zwei Tadeln an einem Vormittag verzeichnet steht* – wohl jener verhängnisvolle Schulvormittag, den er im vorletzten Kapitel der ‚Buddenbrooks' schildert. Und geradezu herzlos muß man die öffentliche Auslegung seines letzten Zeugnisses nennen; denn da steht beglaubigt: ‚Religion recht befriedigend' [auch in Lübeck hatte Thomas Mann schon aus dem entstehenden Joseph-Roman vorgetragen[86]].
> Und mit diesem Schüler a.D. will man doch gerade bei dieser Feier noch großen Staat machen, obwohl er nicht die vor 400 Jahren von Bugenhagen begründete humanistische Gelehrtenschule, sondern das erst vor wenig mehr als 60 Jahren eingerichtete Realgymnasium besucht hat. Bei der Hauptfeier in der Katharinenkirche soll er die krönenden Schlußworte sprechen.[87]

Diskret verzeichnete das Programm der Feier übrigens hinter dem Namen Thomas Manns das Jahr seines Abgangs von der Schule (1894), ohne darauf zu verweisen, dass es im Gegensatz zu den anderen Protagonisten der Feier einzig bei ihm nicht das Jahr des Abiturs war. Thomas Mann besuchte die Ausstellung der Memorabilien nicht. Aber Arnold Brecht[88], als hoher preußischer Beamter und Mitglied des Reichsrates einer der prominenten Ehemaligen des Katharineums, hatte das unter Glas liegende, aufgeschlagene Klassenbuch aus Manns Sekunda betrachtet und dem Schriftsteller auf der gemeinsamen Rückfahrt im Zug davon unterrichtet. „Das geht doch zu weit", kommentierte nach Brechts Erinnerung Thomas Mann das Geschehene.[89]

85 Hamburger Nachrichten, 8.9.1931.

86 Im Dezember 1928; Dittmann/Eickhölter 2000, 69.

87 Hamburger Nachrichten, 8.9.1931. Hervorhebung im Original.

88 Arnold Brecht (1884-1977), Abitur am Katharineum 1902, Studium der Rechtswissenschaft. In der Zeit der Weimarer Republik einer der führenden preußischen Beamten. 1918 Geheimer Regierungsrat im Reichsjustizministerium, 1921-1927 Ministerialdirektor im Reichsministerium des Innern, 1928-1933 Vizepräsident der Reichsschuldenverwaltung, Mitglied des Verfassungsausschusses der Länderkonferenzen, 1932 Vertreter Preußens vor dem Staatsgerichtshof. Am 2.2.1933 trat er Hitler mit einer Rede im Reichsrat entgegen. Nach der Entlassung Emigration in die USA, wo er mit seinen Veröffentlichungen zum wichtigen Vertreter der entstehenden Politikwissenschaft wurde. 1933-1953 Professor für Staatswissenschaften an der New School for Social Research New York. Nach dem Krieg regelmäßige Aufenthalte in Deutschland und Mitarbeit am Grundgesetz. BLSHL VII, 27-30; Manfred Asendorf und Rolf von Bockel (Hrsg.): Demokratische Wege. Deutsche Lebensläufe aus fünf Jahrhunderten. Stuttgart 1997, 95-97.

89 Arnold Brecht: Aus nächster Nähe. Lebenserinnerungen 1884-1927. Stuttgart: Deutsche Verlags-Anstalt 1966, 28.

Das Katharineum um 1905. Verändert hatte sich bis 1931 nur die Farbe der Fensterrahmen.

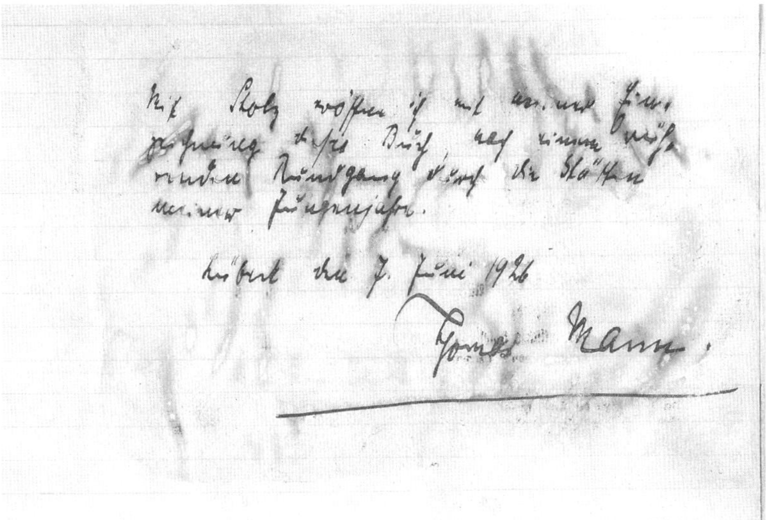

Mit Stolz eröffne ich mit meiner Einzeichnung dies Buch nach einem rührenden Rundgang durch die Stätten meiner Jugendjahre.

Lübeck den 7. Juni 1926

Thomas Mann.

In der Nazizeit wurde diese Eintragung überklebt!
Jetzt wieder freigelegt. Hoffentlich für immer!

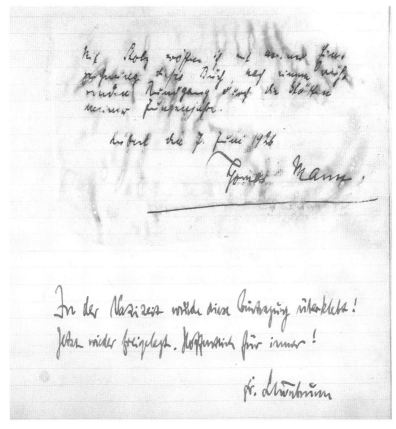

Das Gästebuch des Katharineums mit dem ersten Eintrag von Thomas Mann 1926.

Georg Rosenthal (1874-1934)

Georg Rosenthal. Karikatur von Charles Derlien aus dessen Mappe „Lübecker sehen dich an", Lübeck 1931.

Tirolfahrt

der Primaner des Katharineums 1929.

(**Studienreise zur praktischen Pflege der Deutschkunde** unter Führung des Direktors, des Studienrats Wilhelm Krüger und des Turn- und Sportlehrers Dietrich Janssen. Reisemarschall ist der Oberprimaner Gerhard Reimpell.)

1. Die Reise gilt wissenschaftlicher Arbeit; sie ist Schularbeit, wenn auch in veränderten Formen unter stärkerer Betonung der Kräfte des Gemütes und der Phantasie. Jede Arbeit ist ernst zu leisten. Den Führungen in Museen

Dienstag, 3. 9.: / **Mittwoch,** 4. 9.: Besichtigung der Galerien. Deutsches Museum. Glaspalast. Eine Klassikervorstellung im Staatstheater. Zusammenkünfte mit Professor Thomas Mann und Professor Hans Schwegerle. Atelierbesuch in München-Freimann.

Ausschnitt aus dem Ablaufplan der Tirolfahrt 1929 unter Leitung von Georg Rosenthal.

Vorbild für die junge Generation? Im Fall der „lieben Katharineumsjugend" geht das nur bedingt. Titelseite der an junge Kaufleute gerichteten Zeitschrift „Der Ansporn" vom September 1930.

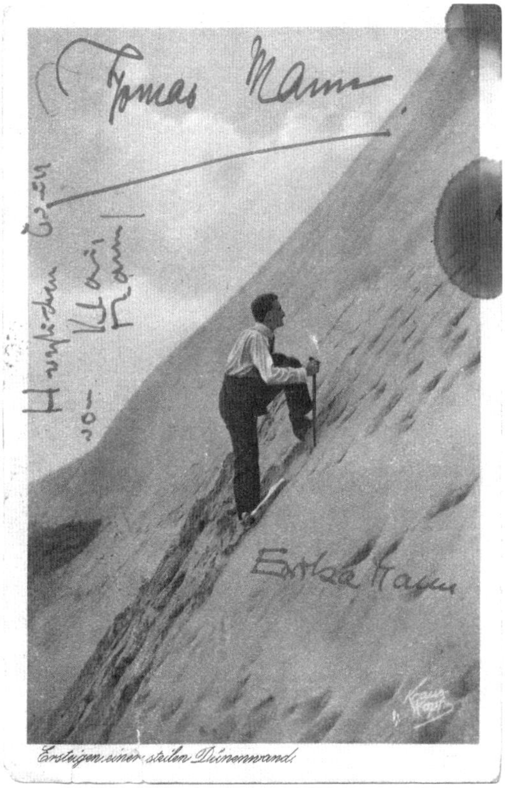

Postkarte aus Nidden vom 28.8.1931 mit den Unterschriften von Thomas, Erika und Klaus Mann.

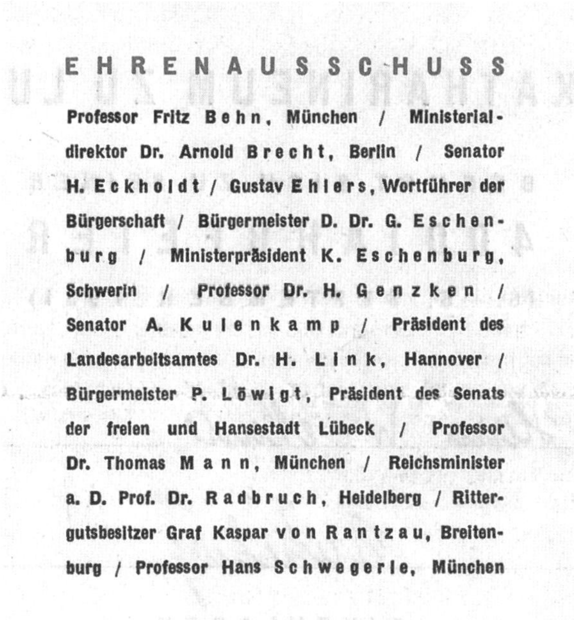

EHRENAUSSCHUSS

Professor Fritz Behn, München / Ministerialdirektor Dr. Arnold Brecht, Berlin / Senator H. Eckholdt / Gustav Ehlers, Wortführer der Bürgerschaft / Bürgermeister D. Dr. G. Eschenburg / Ministerpräsident K. Eschenburg, Schwerin / Professor Dr. H. Genzken / Senator A. Kulenkamp / Präsident des Landesarbeitsamtes Dr. H. Link, Hannover / Bürgermeister P. Löwigt, Präsident des Senats der freien und Hansestadt Lübeck / Professor Dr. Thomas Mann, München / Reichsminister a. D. Prof. Dr. Radbruch, Heidelberg / Rittergutsbesitzer Graf Kaspar von Rantzau, Breitenburg / Professor Hans Schwegerle, München

Mitglied ohne Pflichten: Thomas Mann. Aus dem Einladungszettel zum Jubiläum des Katharineums.

Das Hindenburghaus am Burgfeld. Hier fand am 6. September 1931 der Begrüßungsabend zum Jubiläum statt, an dem auch Thomas Mann teilnahm.

Das Mittelschiff der Katharinenkirche, Ort des Festaktes am 7. September 1931. Aufnahme von Wilhelm Castelli, 1930er Jahre. Die Akustik in der Katharinenkirche bei Großveranstaltungen ist immer schlecht – das musste auch Thomas Mann erleben.

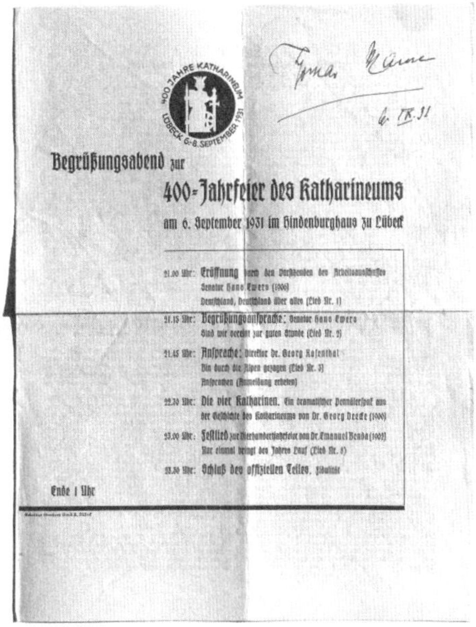

400 JAHRE KATHARINEUM LÜBECK 6.–8. SEPTEMBER 1931

Thomas Mann
6. IX. 31

Begrüßungsabend zur

400-Jahrfeier des Katharineums

am 6. September 1931 im Hindenburghaus zu Lübeck

21.00 Uhr: Eröffnung durch den Vorsitzenden des Arbeitsausschusses Senator Hans Ewers (1906)
Deutschland, Deutschland über alles (Lied Nr. 1)

21.15 Uhr: Begrüßungsansprache: Senator Hans Ewers
Sind wir vereint zur guten Stunde (Lied Nr. 2)

21.45 Uhr: Ansprache: Direktor Dr. Georg Rosenthal
Bin durch die Alpen gezogen (Lied Nr. 3)
Ansprachen (Anmeldung erbeten)

22.30 Uhr: Die vier Katharinen. Ein dramatischer Pennälerspuk aus der Geschichte des Katharineums von Dr. Georg Deecke (1900)

23.00 Uhr: Festlied zur Vierhundertjahrfeier von Dr. Emanuel Benda (1902)
Nur einmal bringt des Jahres Lauf (Lied Nr. 8)

23.30 Uhr: Schluß des offiziellen Teiles. Fidulität

Ende 1 Uhr

Schülertrophäe: Thomas Manns Autogramm auf dem Programm des Begrüßungsabends am 6. September 1931.

400 JAHRFEIER DES KATHARINEUMS

FESTAKT

IN DER KATHARINENKIRCHE AM MONTAG, DEM 7. SEPTEMBER, 11 UHR VORMITTAGS

FESTFOLGE

1.
Dall' Abaco: Kirchenkonzert, Teil I
Ausgeführt vom verstärkten Schulorchester

2.
Begrüßungen:
S. Magnifizenz Herr Bürgermeister P. Löwigt
Herr Senator Eckholdt, Präses der Oberschulbehörde
Herr Gustav Ehlers, Wortführer der Bürgerschaft
Herr Hauptpastor Dr. Jannasch, Vorsitzender des Elternrats
Herr Prof. Dr. Kelter, Leiter des Johanneums Hamburg
Herr Prof. Hempel, Direktor der Ernestinenschule Lübeck
Herr Ober-Bibliotheksrat Dr. Schneider, stellvertretender Direktor der Stadtbibliothek
Oberprimaner Karl-Heinz Allendorf

3.
Dall' Abaco: Kirchenkonzert, Teil II

4.
Herr Prof. Dr. Rosenthal, Direktor des Katharineums
Festrede: Sinn und Arbeit der höheren Schule

5.
Herr Prof. Dr. h. c. Thomas Mann: „Erinnerungsworte"

6.
Dall' Abaco: Kirchenkonzert, Teil III

Druck H. G. Rahtgens GmbH., Lübeck

Programmzettel des Festaktes am 7. September 1931 mit der Ankündung von Thomas Manns „Erinnerungsworten".

Der Festakt in der Katharinenkirche: gegen die „Kultursabotage“

Zum Festakt in der benachbarten Katharinenkirche erschien Thomas Mann in Begleitung von Georg Rosenthal – interessiert beobachtet schon von den jüngsten Schülern, darunter Hans Blumenberg, der den Festakt als Sextaner erlebte: „Neben dem Direktor, der ihn in das Halbdunkel von Sankt Katharinen zum Festakt geleitete, sah der Gast, auf den sich alle Blicke richteten, enttäuschend aus: ein wenig dürftig, wenn nicht hungerleidrig, steif und saftlos, alles andere als künstlertypisch.“[90] Der Korrespondent der Hamburger Nachrichten bemerkte auch Katia Manns Anwesenheit: „Da sieht man doch außer Thomas Mann, der seine feingebildete Frau – sie hat das humanistische Abiturium bestanden, und liest ihren Lukian auf Griechisch – mitgebracht hat, noch andere Schüler, auf die das Katharineum stolz sein kann, wie den Bildhauer Professor Fritz Behn, die Admirale Paul Behncke und Titus Türck, den früheren, von den Franzosen im Ruhrgebiet eingekerkerten Krupp-Direktor Bruno Bruhn“.

Dem Einzug des Nobelpreisträgers und der Eröffnungsmusik folgten eine Stunde Glückwunschreden: „Zuerst der Lübecker sozialdemokratische Bürgermeister Löwigt, er will dem Gymnasium eine Zukunft zugestehen, wenn es den Erziehungsgrundsatz der Weimarer Verfassung im Sinne der Völkerversöhnung befolgt und meint, nicht zu wissen, was gewesen ist, sondern was der Gegenwart nützt sei wertvoll [...] Folgt Senator Eckholdt, ein Demokrat, als Präses der Oberschulbehörde: nur einen Namen, meint er, braucht man zu nennen um den Ruhm des Katharineums zu beurkunden: Thomas Mann! Ebenso kurz faßt sich der Wortführer der Bürgerschaft und dankt der Schule, daß sie der Bürgerschaft tüchtige Mitglieder erzogen hat.“[91] Der Vorsitzende des Elternrates, Wilhelm Jannasch, Hauptpastor an St. Aegidien (nach 1933 Mitglied der Bekennenden Kirche), befürchtete den Abbau des Realgymnasiums. Es schlossen sich Grußworte der Universitäten Kiel und Hamburg und des Hamburger Johanneums an, danach stellvertretend für die höheren Schulen der Stadt Glückwünsche vom Leiter der Ernestinenschule sowie von der benachbarten Stadtbibliothek. Mit dem Bekenntnis des Primaners Karl-Heinz Allendorf zur humanistischen Gelehrtenschule schloss der erste Reigen von Reden. Allendorf war auch in der Festschrift mit einem Beitrag vertreten. Darin hatte er von der Schule eine neue Form der Autorität gefordert, der die Jugend angesichts der größeren Anfor-

90 Hans Blumenberg 1981, 55.

91 Hamburger Nachrichten, 8.9.1931.

derungen des Lebens und der ihr immer stärker zukommenden Führungsaufgaben bei der Erneuerung Deutschlands bedürfe.[92] Seine Worte waren ganz im Sinne Georg Rosenthals.

Der bekräftigte in seiner anschließenden Rede die Bedeutung des humanistischen Gymnasiums, das am Katharineum durch den realgymnasialen Zweig ergänzt war. Die Schule habe mehr als in früheren Zeiten auch Erziehung zu leisten und nicht mehr nur die Vermittlung des Lehrstoffs: „Die Schulerziehung wird [...] zu einer den Menschen sittlich umbildenden Erziehung, daß sie durch Ordnung der Wissensobjekte, durch Herausarbeiten des Wesentlichen, durch Anleitung zu eigenen Beobachtungen rein die Sache selber fördert, dadurch aber doch auch den Kampf gegen die Unordnung, gegen das Unwesentliche und gegen das kritiklose Übernehmen fremder Feststellungen aufnimmt."[93] Die Schule müsse erkennen, in welche Richtung sich die Entwicklung des Schülers bewege, ob in die wissenschaftliche oder die praktische, er also, bezogen auf das Katharineum, auf dem gymnasialen und dem realgymnasialen Zweig auch richtig aufgehoben sei. Der humanistische Zweig müsse in jedem Fall zum Studium hinführen. Am Katharineum halte man an dem Glauben fest, „daß die Welt des Altertums gerade in ihrer Auseinandersetzung mit dem Germanentum eine besonders wertvolle Bildung des modernen Menschen verbürgt"[94]. Und der Sinn der höheren Schule sei es, „in wissenschaftlicher Erziehung immer neue Generationen heranzubilden, die kraft ihrer wissenschaftlichen Tüchtigkeit in Not und Glück nichts anderes wollen als Deutschlands ungebrochene Geltung in der Welt"[95].

Dann endlich folgte Thomas Mann mit seiner Rede[96], die nach der kurzen Reminiszenz an den Besuch Rosenthals und seiner Primaner in München und einer Charakterisierung der deutschen Jugend im Allgemeinen zu einer offenen Kritik an Oswald Spenglers Kulturpessimismus wurde.[97] Für Mann waren traditionsreiche Schulen, an denen eine lebensfrische Jugend zu registrieren sei – er verwies auf seinen Besuch der Colleges in Oxford[98] –, der beste Beleg für das fortwährende Blü-

92 Karl-Heinz Allendorf: Eine junge Generation steht vor der Zukunft, in: Festschrift 1931, 174-177.

93 Lübecker Generalanzeiger, 9.9.1931, ausführliche Wiedergabe der Rede Rosenthals.

94 Ebenda. Zitat im Original gesperrt.

95 Ebenda.

96 Die Rede ist in vollem Wortlaut im Anhang abgedruckt.

97 Zu Thomas Manns Spengler-Rezeption allgemein siehe Barbara Beßlich: Faszination des Verfalls. Thomas Mann und Oswald Spengler. Berlin: Akademie-Verlag 2002. – Zum inhaltlichen Umfeld der Rede siehe das Kapitel „Verfälschung der Gehirne". Thomas Mann und die Okkupation der Jugend durch den Nationalsozialismus, in: Ludwig Fertig: Vor-Leben. Bekenntnis und Erziehung bei Thomas Mann. Darmstadt: Wissenschaftliche Buchgesellschaft 1993, 211-229, zur *Ansprache an die Jugend* speziell 217-220.

98 H/S, 145. Der Besuch in Oxford hatte 1924 stattgefunden.

hen Europas. „Die Wahrheit vom Untergang“, so Mann als Kritiker Spenglers, sei aber „keine lebensfördernde Wahrheit“[99]. Vielleicht befände sich die europäische Bürgerwelt in der Krise, Anzeichen für den biologischen Niedergang Europas seien „schlechterdings nicht auffindbar“[100]. Thomas Mann stellte Spengler in eine Linie mit einem Berliner Maurergesellen und Sektengründer der Vorkriegszeit, der sich als wiedererstandener Christus ausgegeben hatte; für Spengler-Anhänger war das ein Affront. Wie Rosenthal wünschte sich Mann das Vorhandensein einer kritischen Skepsis bei der Jugend, „einige aristokratische Skepsis gegen diese Welt des frenetischen Unernstes und der traurigen Narretei“[101]. Abstand solle sie nehmen „von dem Ideenhaß der Zeit überhaupt, der nur schlecht seinen Charakter als Kultursabotage, sein heimliches Liebäugeln mit der Barbarei zu verbergen weiß“[102]. Zwischen diesen Sätzen ließ Heinrich Manns *Untertan* grüßen: „Strammstehen und Zu-Befehl-Stehen unter begeistertem Verzicht auf eignes Denken wäre zum mindesten nicht neu. Wir haben genug davon gehabt.“[103]

Am Ende seien, so Thomas Mann, vielleicht die bürgerlichen Ideen, nicht aber Europa, und „wenn man von der Altersschwäche der Ideen des 19. Jahrhunderts spricht, so soll man sich hüten, das Kind mit dem Bade auszuschütten, und nicht vergessen, wie viel Überzeitliches, Unveräußerliches und ganz einfach Menschenanständiges mit diesen Ideen verbunden ist“[104]. Thomas Mann schloss seine Rede, nach einem kurzen Verweis auf die Lebensnotwendigkeit des Friedensgedankens für die Zukunft Europas, mit einer wiederholten Kritik an Spenglers Werk: „Wenn Schule und Jugend voneinander empfangen, was sie zu geben haben: Überlieferung die eine, ihr neues Weltgefühl die andere, so wird man vergebens von Untergang sprechen, wo es sich nur wieder einmal um die Erneuerung des Lebens handelt.“[105]

Als Thomas Mann der „Katharineumsjugend“ (und den anderen Gästen) seine Worte vortrug, herrschte in der Katharinenkirche mit ihren schlechten akustischen Bedingungen Unruhe; zu lang währte die Veranstaltung schon. Das schlug sich negativ auf die äußere Form der Rede nieder, die doch der Höhepunkt sein sollte. „Eine lebhafte Bewegung wogte durch die dichten Reihen von alt und jung, als nunmehr Thomas Mann an die Kathedra trat, um der ganzen Feier die Krönung zu verlei-

[99] Thomas Mann: Ansprache an die Jugend, GW X, 320.
[100] Ebenda, 321.
[101] Ebenda, 324.
[102] Ebenda, 325.
[103] Ebenda.
[104] Ebenda, 324.
[105] Ebenda, 327.

hen."[106] Der Schriftsteller erschien Hans Ewers „nervös durch die Verspätung"[107], seine Worte „litten stark unter dem Zeitmangel", ihr Umfang „mußte durch allzu rasches Vorlesen ausgeglichen werden"[108]. Und leider „kamen die Ausführungen Thomas Manns zuletzt", bedauerte der sozialdemokratische Volksbote, „als die Zuhörer schon von der Überfülle des Gehörten erschöpft waren, so daß vieles in der allgemeinen Unruhe verloren ging". Der Redakteur fügte hinzu: „Vielleicht war das manchen nicht unerwünscht."[109] Auch die Lübeckischen Anzeigen bedauerten die ungünstigen Umstände der Rede: „Allzu spät kamen dann Thomas Manns Erinnerungsworte dran, als die Versammlung schon nicht mehr recht aufnahmefähig war für diese hohe und erlesene Kost, die nichts weniger war als eine Antwort auf das Buch Spenglers vom Untergang des Abendlandes."[110] Am ausführlichsten berichteten die Hamburger Nachrichten direkt vom Festakt in der Schwesterstadt; die Zeitung hatte eigens einen Korrespondenten für die dreitägigen Feierlichkeiten nach Lübeck entsandt:

> Erinnerungsworte [Thomas Manns] waren verheißen. Aber die Erinnerung erschöpfte sich in der Schilderung eines Besuches, den die Schülerschar des Katharineums unter Führung des Direktors und eines jüngeren Lehrers in München gemacht hat, und dem Lob für das kameradschaftliche Gebaren, in dem die Lehrer mit der Jugend auf dieser Reise verkehrten. Im übrigen las Thomas Mann eine längere Abhandlung vor, die sich hauptsächlich gegen Spenglers Lehre vom Untergang des Abendlandes richtete, versicherte, daß Europa noch recht lebensfähig sei und der Jugend, die Thomas Mann reizend findet, Skepsis gegen diese Lehre und Skepsis gegen „Kultursabotage" und nach anderen Richtungen angelegentlich empfahl. Etwas enttäuscht spendete, als der Dichter sein Manuskript zusammenfaltete, die Festgenossenschaft höflichen Beifall, in den sich aber einiges Zischen von den entlegeneren Bankreihen mischte; wohl der erste Erfolg, den die angeratene Skepsis bei der Jugend erzielte.[111]

Hans Ewers schließlich berichtete Jahrzehnte später von dem unrühmlichen Ende des Festaktes: Thomas Mann, „ergrimmt über das drohende ‚Dritte Reich'", wollte sich nicht „mit allgemeinen ethischen Grundsätzen begnügen; er gab den Schülern unverblümte politische Ratschläge, was bei diesen lautstarkes Scharren und Zischen auslöste, so daß ganze Sätze unverständlich blieben". Arnold Brecht schilderte den Verlauf von Manns Rede in seinen Lebenserinnerungen: „Wie gewöhnlich waren die vorhergehenden Begrüßungsreden zu zahlreich und zu lang. Als Mann endlich zu Wort kam, schien daher seine eigene Rede erheblich zu lang für die schon ermüdeten Zuhörer, und ich schob auf diesen Umstand auch die immer stärker

[106] Hamburger Nachrichten, 9.9.1931.

[107] Hans Ewers: Durch die Brille des Zeitgenossen, in: Lübecker Nachrichten, 2.8.1964, Beilage Sonntagmorgen.

[108] Lübecker Generalanzeiger, 8.9.1931.

[109] Lübecker Volksbote, 8.9.1931.

[110] Lübeckische Anzeigen, 8.9.1931.

[111] Hamburger Nachrichten, 9.9.1931.

werdende Unruhe in den Reihen der Primaner, bis ich gewahr wurde, daß sie ihr Mißfallen über Manns politische Ermahnungen äußerten.“[112] Während Thomas Mann in der Republik angekommen und zu ihrem Verteidiger geworden war, waren die Schüler noch ihren konservativen Elternhäusern verhaftet, für sie war Thomas Manns Stellungnahme „mit jenem engen Begriff von ‚Bürgerlichkeit‘, in dem die meisten von uns aufgewachsen waren, nicht vereinbar“[113]. Hans Ewers als Vorsitzender des Festkomitees hat es miterlebt und überliefert: „Es war ein Eklat, der für die Freunde des Dichters nur durch harmonische Aussprachen mit ihm verschmerzbar wurde.“[114] Ein persönlicher Kommentar Thomas Manns ist nicht dokumentiert.

Der Münchener Antipode: Fritz Behns Gegenrede

Unter den Zuhörern Thomas Manns war auch der bereits erwähnte Bildhauer Fritz Behn. Klaus W. Jonas ist in einem Aufsatz über ihn auch auf dessen Verhältnis zu dem Schriftsteller eingegangen.[115] Drei Jahre jünger als Mann, war Behn ebenfalls nach der Schulzeit am Katharineum nach München gezogen. Eine engere Berührung der beiden ist allerdings nur für das Jahr 1913 belegt: In einem in Lübeck erschienenen Zeitungsartikel trat Mann für Behn ein, der sich von seiner Vaterstadt durch das Ausbleiben öffentlicher Aufträge vernachlässigt fühlte.[116] Die Wertschätzung, die Behn Thomas Mann dafür lebenslang entgegenbrachte, hinderte den Bildhauer jedoch nicht, politisch gegen den Schriftsteller Position zu beziehen. Behn stand nach 1918 und der Abdankung des von ihm verehrten bayerischen Königshauses der Wittelsbacher im Lager der Republikgegner und äußerte sich auch publizistisch. Als Künstler mit politischen Anklang, nicht anders als Thomas Mann. Behn allerdings wurde persönlich und warnte mit Blick auf Ernst Toller und andere Demokraten: „Merkt euch diese Namen: Max Weber, Thomas Mann, Hoffmannsthal, Halbe, Zweig, Bahr, Werfel, Moissi.“[117] Für die Aufnahme Manns in diese Riege entschuldigte sich Behn umgehend in einer Fußnote, aber wie zu anderen Gelegenheiten ließ der impulsive Behn, „der gern nationalistisch-müncherisch andere Leute frotzelte“[118], Gespür im

112 Arnold Brecht: Mit der Kraft des Geistes. Lebenserinnerungen. Zweite Hälfte 1927-1967. Stuttgart: Deutsche Verlags-Anstalt 1967, 170.

113 Eberhard Groenewold 1975, 89.

114 Hans Ewers 1964.

115 Klaus W. Jonas: Der Bildhauer Fritz Behn, in: Der Wagen. Ein lübeckisches Jahrbuch. Jg. 2000, 190-214.

116 Thomas Mann: Für Fritz Behn, in: Lübecker Nachrichten und Eisenbahnzeitung, 12.4.1913; GKFA 14.1, 363-371, Kommentar in GKFA 14.2, 516-523.

117 Fritz Behn: Freiheit. Politische Randbemerkungen. München 1920. Hier zitiert nach Jonas 2000, 197. – Zur gleichen Zeit hatte Fritz Behn in München, auch wenn er eigentlich ein Monarchist war, schon Umgang mit der NSDAP: Arnold Brecht berichtet, wie Behn ihn im Februar 1921 in München zu einer Versammlung der NSDAP mitnahm, bei der Hitler, der Behn bereits kannte, auch anwesend war. „Führer“ wurde Hitler allerdings erst ein halbes Jahr später. Siehe Arnold Brecht 1966, 334f.

118 Arnold Brecht 1967, 170.

öffentlichen Dialog vermissen. Das sollte auch beim Jubiläum des Katharineums der Fall sein. In seiner Untersuchung stellte Jonas selbst die Frage, ob Thomas Mann wohl die Erwähnung seines Namens in Behns Kampfschrift je kenntlich geworden war. Jedenfalls war sie kein Hindernis dafür, dass der Bildhauer zu Gast war beim 51. Geburtstag des Schriftstellers, den dieser 1926 bei seiner frühen Fürsprecherin Ida Boy-Ed in deren Burgtorwohnung in Lübeck feierte.

1931 war die Auseinandersetzung Behns mit Mann direkter, erfolgte aber wieder nicht von Angesicht zu Angesicht. Denn nur „ein kleiner Teil der vielen Festteilnehmer vereinte sich am Montagnachmittag zum ganz einfachen Festmahl im Städtischen Saalbau, bei dem sich ein vertraulicher Austausch entwickelte“[119]. Der „Saalbau“ war die Restauration im Gebäude des Stadttheaters in der Beckergrube. Das zunächst wegen des Ernstes der Zeit abgesagte Festessen fand auf Wunsch der auswärtigen Teilnehmer doch statt; fast alle prominenten Ehemaligen nahmen teil. Thomas Mann allerdings war nicht zugegen – die Feierlaune war ihm vermutlich noch verdorben angesichts des misslungenen Endes des Festaktes in der Katharinenkirche.

Beim Festessen durften die Tischreden nicht fehlen. Besondere Beachtung fand eben diejenige Fritz Behns, und ihr Inhalt schaffte es wegen des Bezugs auf Thomas Mann in die Berichterstattung der Tageszeitungen. Zwei Zeitungsberichte gaben den Inhalt von Behns Rede, die er „auf seinen alten Freund Prof. Thomas Mann“[120] hielt, gerafft wieder. Eine Formulierung wie „einstiger Freund“ hätte es genauer getroffen, sofern das große Wort vom „Freund“ überhaupt passend war, denn wann sollte sich die von Mann niemals erwähnte Freundschaft entwickelt haben? Fritz Behn, so die Lübeckischen Anzeigen, rückte Thomas Mann

> in eine interessante Parallele zu dem hundertjährigen Wilhelm Raabe, was zu aufschlußreichen Vergleichen zwischen alter und neuer Zeit, zwischen dem alten und dem neuen Dichtertyp führte. Wilhelm Raabe, der alte Seher, Dichter und Weise, verschwand ganz hinter seinem Werk, das er allein wirken lassen wollte, unbeeinflußt und ungestört von der Person. Die heutige Zeit mit ihrer Betriebsamkeit hat einen anderen Dichtertyp hervorgebracht, der selbst vor sein Werk tritt und der sich auch zur Tagespolitik und den Tagesfragen äußert. Fühlte sich der alte Raabe noch allein als deutscher Dichter, so ist heute an dessen Stelle der „Europäer“ getreten. So ungefähr waren die Gedankengänge. Selbstverständlich ergaben sich aus dieser Gegenüberstellung manche satirische Streiflichter auf das alte und das neue Deutschland, die allen, da Fritz Behn sehr witzig sprach, großen Spaß machten, nicht zum wenigsten Thomas Mann selbst, der an geschliffener Ironie ja seine besondere Freude hat.[121]

[119] Hamburger Nachrichten, 9.9.1931

[120] Lübeckische Anzeigen, 8.9.1931.

[121] Lübeckische Anzeigen, 8.9.1931.

Was in der Schilderung der Lübeckischen Anzeigen so harmonisch wirkt, hatte sich in der Wirklichkeit etwas anders abgespielt. Thomas Mann war, wie oben erwähnt, nicht unter den im Saalbau versammelten Ehemaligen, und Behns Ausführungen wurden nicht von allen Zuhörern als geistvolle Ironie aufgenommen, denn die Rede enthielt, so Arnold Brecht in seinen Lebenserinnerungen, „antidemokratische Untertöne“[122]. Die Hamburger Nachrichten gaben den zweiten Eklat des Tages ausführlicher und getreuer als das Lokalblatt wieder – der auswärtige Beobachter sah keine Notwendigkeit, die Situation zu beschönigen:

> In humorvoller Damenrede betonte der Bildhauer Professor Fritz Behn, daß unter den ehemaligen Schülern über alle Skepsis hinweg noch ganz ungebrochene Kräfte walten, die sich nicht nur in der Literatur äußern. Als er aber seinen [sic] Münchener Antipoden Thomas Mann mit einigen Worten gedachte, dem in Paris die Franzosen zu Gemüte geführt hätten: Gedenke, daß du ein Deutscher bist, erhob sich ostentativ der Professor und frühere Reichsjustizminister Dr. Radbruch und verließ indigniert den Raum. Fritz Behn glitt alsbald zu dem Dichter hinüber, dessen 100. Geburtstag wir soeben gefeiert haben; Wilhelm Raabe war ein Schriftsteller voll Geist, Humor und zugleich voll Bescheidenheit und Weltklugheit. Vereint in Liebe zu Raabe und Freude am Leben wollen wir das höchste preisen, was Deutschland hat, das sind die Frauen, von den Müttern hinab bis zu den Sekundanerflammen. Und in den Ausklang der Rede, das Hoch auf die Frauen, stimmten die noch Anwesenden fröhlich ein.[123]

Gustav Brecht[124], Bruder Arnold Brechts und ebenfalls unter den Gästen, wies Behn einige Tage nach der Feier auf die Missverständlichkeit von dessen Worten hin: „Deine Rede [wirkte] deswegen so sehr als schweres Geschütz und nicht als leichte Ironie, weil sie ungewöhnlich ernst und feierlich von Dir vorgetragen wurde.“[125] Der Ton habe eine andere Musik gemacht. Gestört hatte sich Gustav Radbruch wohl besonders an einer Passage, in der Behn auf Thomas Manns Frankreich-Besuch im Mai 1931 anspielte.[126] Weil die Ironie wegen Behns Erregung nicht zu erkennen war, habe Radbruch interpretiert, dass der Bildhauer „auf Grund besonderer Kenntnis eines Einzelfalles Thomas Mann unpatriotisches Verhalten in Paris vorwerfen“[127] wollte. In Paris, Reiseziel aus Anlass des Erscheinens der französischen Ausgabe des *Zauberbergs*, hatte sich Mann auch für eine fruchtbare Annäherung Deutschlands und Frankreis ausgesprochen. Unbekannt ist noch, auf welche Äußerungen sich Behn bezog.

122 Arnold Brecht 1967, 170.

123 Hamburger Nachrichten, 9.9.1931.

124 Gustav Brecht (1880-1965), Abitur am Katharineum 1898, Maschinenbauingenieur und Wirtschaftsführer in der Kohlenindustrie.

125 Bundesarchiv Koblenz, N 1089, 7, Nachlass Arnold Brecht, Gustav Brecht an Fritz Behn mit Brief vom 11.9.1931.

126 H/S, 224. Siehe auch S. 173, Anm. 4.

127 Zit. Anm. 125.

Ob Thomas Mann Behns Worte am Nachmittag oder Abend des festlichen Tages zugetragen wurden, lässt sich nicht mehr feststellen. Die Tagespolitik drängte sich in jedem Fall an diesem Tag noch einmal in die Festlichkeit. Am Abend, nach der Aufführung von Plautus' Verwechslungskomödie *Menaechmi* durch Primaner im Stadttheater,[128] saßen Thomas Mann und Arnold Brecht zusammen beim Essen in der Schiffergesellschaft oder im Schabbelhaus. Mann habe erzählt, so Brecht, sein „sonst so freundlicher Lübecker Gastgeber und treuer Bewunderer" habe mit ihm über Militarismus gesprochen und dabei gesagt, „ein Krieg würde für das deutsche Volk ganz gut sein: ‚so ein kleiner Aderlaß'". Thomas Mann wiederholte diese Worte „kopfschüttelnd immer wieder"[129]. Wer dieser Gastgeber war, der Thomas Mann so irritierte, ließ sich bislang nicht ermitteln.

Anschließend besuchten Thomas und Katia Mann, Arnold Brecht und Fritz Behn zum Abendbrot noch die Familie Vermehren am Jerusalemsberg 6, wo die Witwe von Julius Vermehren, ihr Sohn Kurt und dessen Frau Petra wohnten. Isa Vermehren, Tochter der beiden Letztgenannten, berichtet, wie sie sich als 13-Jährige die Nase an der Glastür platt drückte, um den berühmten und in ihrem Elternhaus herzlich willkommenen Gast zu sehen. Die Kinder waren bei dieser Gelegenheit am Tisch nicht zugelassen.[130] Ganz entspannt war die Visite nicht: „mit dem Ehepaar Mann und Behn zugleich ließ sich keine heitere Stimmung erzielen"[131]. Behns „Damenrede" vom Nachmittag dürfte ihren Anteil daran gehabt haben.

Der Sekundaner beobachtet die Primaner: „die Pose ist wundervoll"

Am Dienstag, den 8. September, stand schließlich das seit 1832 jährlich begangene Schulfest auf dem Programm. Gemeinsam zogen Schüler, Lehrer und Angehörige hinaus nach Israelsdorf auf die Festwiese. Hier befanden sich auch die Gedenksteine für die im Ersten Weltkrieg gefallenen Mitglieder der drei Primanerverbindungen des Katharineums.[132] Ihrer Ehrung schloss sich ein Dreikampf der Sekundaner an, dem dann der Höhepunkt des Schulfestes folgte, der Primanerfünfkampf für die Schüler der beiden obersten Klassen:

128 Für den kurzfristig erkrankten Hauptdarsteller sprang an diesem Abend Wilhelm Krüger ein. Er hatte das Stück auch inszeniert.

129 Arnold Brecht 1967, 170. Brecht berichtete auch, Mann und er hätten merkwürdigerweise nicht auf der Ehrentribüne gesessen, wo keine Plätze mehr frei waren, „aus undurchsichtigen Gründen, aber vielleicht wirklich nur ganz zufällig". Hans Ewers als Vorsitzenden des Festkomitees und Georg Rosenthal ist hier sicher keine böse Absicht zu unterstellen.

130 Gespräch mit Isa Vermehren, 16.12.2005.

131 Arnold Brecht 1967, 170.

132 Karl Müller: Geschichte der Schülerverbindungen Lübecks, in: Katharineum 1931, 162-172, mit Fotos der Gedenksteine.

> Um 11 Uhr trat die ganze Schule wieder unter die Fahnen und marschierte mit Musik auf der Spielwiese auf, am Schluß die Primaner nach antikem Vorbild mit nackten Gliedern und Oberkörpern. Das war vielen alten Semestern aus den sechziger bis neunziger Jahren des vorigen Jahrhunderts ein ganz neuer, aber ein ästhetisch erfreuender Anblick. Denn diese eben dem Knabenalter entwachsenen Jünglinge zeigten zwar vielfach überschlanke, aber doch plastisch wohlgeformte Akte [...] Mittlerweile hatten sich die Festteilnehmer sehr zahlreich eingefunden. Auch Thomas Mann war mit seiner Frau zugegen, ebenso Professor Dr. Radbruch. Leider war Fritz Behn zu einer Denkmalsweihe nach Braunschweig abberufen, bei der er als Schöpfer nicht fehlen durfte.[133]

Der Korrespondent der Hamburger Nachrichten, der schon die Rede von Fritz Behn am ausführlichsten wiedergegeben hatte, schilderte für seine Leser auch den Primanerfünfkampf und schwang sich selbst dabei zu einer poetischen Höchstleistung auf: „Und nun der Fünfkampf: Hochsprünge von großer Gewandtheit und Anmut, Speerwürfe mit junger Reckenkraft, Wettlauf mit fliegender Leichtigkeit, Schleuderballwürfe mit dem Spiel schwellender Muskeln entfesselten Brandungen begeisterter Anerkennung, bis zuletzt der Ringkampf der beiden Sieger unter andächtiger Stille dem gewichtigeren Älteren nach kühner Gegenwehr des schlankeren und behenderen Jüngeren die Überlegenheit und den ersten Preis gab."[134] Der Sieger des Jahres 1931 hieß Hartwig Sälhoff; sein Name ist auf einer der hölzernen Siegertafeln im Kreuzgang des Katharineums zu finden.

Der Primanerfünfkampf wird seit 1882 und bis heute zelebriert. Eingeführt hatte ihn Direktor Julius Schubring, der preußische Direktor Wulicke aus *Buddenbrooks*, auf Anregung von Karl Schramm, der als Turnlehrer auch Thomas Mann unterrichtete. Die Antike bot das Vorbild für den im Rahmen des Schulfestes ausgetragenen sportlichen Wettbewerb, der das frühere Vogelschießen der Primaner ablöste: „Einen besonderen Glanz erhielt das Fest [1882] durch den nach griechischem Muster eingerichteten Fünfkampf [,] welchen die Primaner vor den Augen der ganzen Schule mit löblichem Eifer begingen."[135]

Als Schüler wird Thomas Mann den Fünfkampf in den Jahren 1889 bis 1893 zuschauend miterlebt haben, teilnahmeberechtigt war er als ewiger Sekundaner nicht. Ob er ihm damals Interesse entgegengebracht hatte? Angesichts der von Mitschülern geschilderten Abneigung Manns dem Sportunterricht gegenüber ist

[133] Hamburger Nachrichten, 9.9.1931. – Kurze Meldung zur Einweihung des Raabe-Denkmals in Braunschweig am 8. September mit Foto in: Lübeckische Anzeigen Nr. 211, 10.9.1931. Thomas Mann hatte die bevorstehende Einweihung in einem Brief vom 2.6.1931 kommentiert: „Ich habe das Gefühl, daß in diesen Zeiten vordringender Barbarei und illiterater Erinnerungslosigkeit solche Feste kulturellen Gedenkens für das deutsche Volk eine rechte seelische Wohltat sind" (B G 494, Adressat Thaddäus Abitz-Schulze)

[134] Hamburger Nachrichten, 9.9.1931.

[135] Einladung zu den auf den 15. und 16. März 1882 angeordneten Prüfungen und Redeübungen der Schüler des Katharineums zu Lübeck. Lübeck 1883, 61. Die erste Tafel für die Sieger wurde von den Primanern selbst gestiftet. – Der Verfasser dieser Zeilen erreichte bei seiner Teilnahme nur den vierten Platz.

zumindest zu bezweifeln, dass er selbst gern teilgenommen hätte: „Denn Thomas Mann als Turner war, was Können und Wollen anbetrifft, ein Fall für sich: er übte diesem Unfug [dem Turnunterricht] gegenüber souverän passive Resistenz, er faßte Reck und Barren nur gleichsam symbolisch mit den Fingerspitzen an und streifte dieses seiner unwürdige Gerät mit einem vor Verachtung förmlich blinden Blick."[136] Beim „Sturmspringen" (Bockspringen) ging es nicht anders zu. Thomas Mann habe versucht, die vorgeschriebene Leistung zu vollbringen, „ihre Wiederholung aber mit eigensinnigem Kopfschütteln abgelehnt..., wozu der allzu milde Turnlehrer [Karl Schramm], der Thomas Mann wohlgeneigt war und ihn stets mit Vornamen nannte, nur ein betrübtes Gesicht machte."[137]

Vier Jahrzehnte später war Thomas Mann ein interessierter Zuschauer, und jetzt fügte sich auch für ihn der Wettbewerb nach griechischem Vorbild in den Rahmen eines humanistischen Gymnasiums. Seine nach der Rückkehr nach München an Georg Rosenthal gerichteten Zeilen schloss er mit der Wiedergabe seiner Beobachtung des sportlichen Wettbewerbs: „Als ich beim Fünfkampf die nackten Jungen Speer werfen sah (die Pose ist wundervoll), dachte ich kurz: Die neue Zeit ist gar nicht so unhumanistisch wie sie meint."[138] Für eine eigene sportliche Betätigung war Thomas Mann allerdings auch 1931 nicht zu begeistern, wie Arnold Brecht sich später erinnerte: „Der Fünfkampf der Primaner fesselte uns wie einst. Meine Anregung eines Wettlaufs zwischen Thomas Mann, Radbruch, Behn und mir fiel auf taube Ohren."[139]

Noch einmal Georg Rosenthal: das „Volksgymnasium"

Mit dem Schulfest und dem Primanerfünfkampf am 8. September schloss das Schuljubiläum ab. Am 9. September waren Thomas und Katia Mann wieder in München, und am Tag darauf schrieb Mann einen kurzen Brief an Georg Rosenthal, in dem er seine umstrittene Rede nur andeutungsweise streifte.[140] Länger kommentierte er darin eine zwanzigseitige Broschüre Rosenthals, die dieser ihm mitgegeben hatte. Als Rundschreiben an alle höheren Schulen Deutschlands vor dem Jubiläum aus-

[136] Korfiz Holm: ich – kleingeschrieben. München: Langen 1931, 36.

[137] Alfons Hermann: Aus Thomas Manns Schülerzeit. Eine Erinnerung zu seinem 50. Geburtstag am 6. Juni, in: Niedersachsen. Monatsschrift für Heimat, Kunst und Leben Jg. 30 (1925), 356.

[138] Buddenbrookhaus, Thomas Mann an Georg Rosenthal mit Brief vom 10.9.1931. – Schon kurz zuvor in Nidden hatte Thomas Mann Gelegenheit gehabt, einen jungen Sportler zu bewundern: „Am Strand beobachtete er gern einen sonnenbraunen Jüngling von schönem Wuchs, der sich da von früh bis spät im Laufen und Springen übte, im Speer- und Diskuswurf..." (Monika Mann: Vergangenes und Gegenwärtiges. Erinnerungen. München: Kindler 1956, 82f.).

[139] Arnold Brecht 1967, 170. Bei der Nennung von Behn hat sich Brecht in der Rückschau nach einigen Jahrzehnten geirrt, Behn war bereits abgereist nach Braunschweig.

[140] Buddenbrookhaus, Thomas Mann an Georg Rosenthal mit Brief vom 10.9.1931.

gesendet, waren darin Rosenthals in verschiedenen Schriften publizierte Gedanken in kürzerer Form zusammengefasst. Resultierend aus seinem langjährigen Einsatz für das humanistische Gymnasium propagierte er nun eine neue Form der höheren Schule. Das *Volksgymnasium*[141], so der Titel der Broschüre, sollte durch eine strengere Auslese nur noch die Schüler aufnehmen, die wirklich zur wissenschaftlichen Arbeit befähigt waren, und sie heranbilden als Elite, die „späterhin durch eigene Arbeit auf wissenschaftlichen Gebieten ihren Dienst am Volk zu erfüllen“[142] habe. Basierend auf fünf Fächergruppen – „Körperkultur, Kunsterziehung, deutsche Kultur, altsprachliche und westeuropäische Kultur, mathematisch-naturwissenschaftliche Welt“[143] – sollte das Volksgymnasium in stärkerem Maße als bisher die Schüler zur Befähigung des wissenschaftlichen Arbeitens an sich führen. Den Bildungshorizont sollte ein deutscher Hellenismus bilden: die Vermischung des römischen und des germanischen Erbes, von denen Deutschland geprägt sei. Auch wenn Rosenthal den Begriff des humanistischen Gymnasiums für überholt hielt – an der Antike allein sei der Mensch nicht mehr zu bilden –, war für ihn die tiefe Kenntnis des Lateinischen – bis zur Befähigung des Lateinsprechens – als primus inter pares die Grundlage eines „Gymnasiums in kommenden Tagen“[144]. Denn das Lateinische sei am wenigsten zweckhaft und so am besten dafür geeignet, dass „das Arbeiten selbst, die Genauigkeit, Gewissenhaftigkeit, Gründlichkeit und Treue jedem, auch dem kleinsten Objekte gegenüber [...] unbeirrt durch lockenden praktischen Gewinn, sich zu vollster und reinster Schärfe entwickeln“[145] könne. Das Griechische als „das Schöne“ trete gegen das Notwendige des Lateinischen zurück.

Beschrieb Rosenthal zunächst den „deutschen Hellenimus“ – die Umsetzung eines solchen Bildungsprogramms deutete sich auf seinen Primanerreisen an –, kam er über die Ausführungen zu den antiken Sprachen auf einen „europäischen Hellenismus“ zu sprechen. Antike Begriffe seien Erkennungszeichen „einer in menschlichen Dingen geeinten europäischen Gemeinschaft“, „Grundfesten einer europäischen Denkgemeinschaft, die Grundbestandteile einer über alle Zollgrenzen hinaus klingenden Sprache, welche die Denkformen aller geistigen Menschen zum Ausdruck bringt“, „ein von der Antike befruchtetes Gesamteuropa“. Das Volksgymnasium würde seine Lebensnähe nicht zum wenigsten dadurch bekunden, „daß es auf

141 Georg Rosenthal: Volksgymnasium. Verlebendigung der Schule und neue Entwicklungsmöglichkeiten. Sendschreiben an alle höheren Schulen in Deutschland. Lübeck: Schmidt-Römhild 1931.

142 Ebenda, 18.

143 Ebenda, 14.

144 Ebenda, 17.

145 Ebenda, 18.

die europäische Einstellung seiner wissenschaftlichen und erzieherischen Tätigkeit nicht verzichtet."[146] Elitenbildung und Europa: Das waren auch Aspekte in Thomas Mann Rede an die mehr oder weniger liebe Katharineumsjugend gewesen, und hier traf er sich mit dem Direktor der Schule, der sich mit seiner Schrift als entschiedener Schulreformer positionierte: „Für mich [Thomas Mann] ist das durchschlagendste Ihrer Argumente die Tatsache der Zugehörigkeit antiker Bestandteile zur europäischen Bildung überhaupt."[147] Georg Rosenthal beschrieb in seiner programmatischen Broschüre Marathon und Salamis als europäische Symbole, Thomas Mann führte die Perserkriege als „Entscheidungssieg des formgewillten Geistes über die sarmatische Masse, der Auserlesenheit über sklavisches Gewimmel"[148] an.

Fritz Behn schreibt an Thomas Mann: „zur Scheidung der Geister"

Noch war für Thomas Mann die gedankliche Beschäftigung mit den Ereignissen in Lübeck nicht vorbei. Kurz nach seinem Schreiben an Georg Rosenthal erhielt er einen Brief Fritz Behns, der die Kritik Thomas Manns an Spengler sehr ernst nahm; bewunderte er doch Spenglers Werk, kannte ihn seit 1926 persönlich und privat, schuf zwei Büsten von ihm.[149] Zugleich wollte Behn die Lübecker Vorgänge aus seiner Sicht darstellen. Beim gemeinsamen Abendessen im Hause Vermehren dürfte eine Diskussion über Spengler kaum stattgefunden haben, und der Zeitungsbericht – Behn meint in seinem Brief die Ausgabe der Lübeckischen Anzeigen vom 8. September[150] – gab seine eigenen Worte nur unvollständig wieder. Behn schickte eine Kopie des Briefes an Gustav Brecht; sie gelangte später an dessen Bruder Arnold Brecht, in dessen Nachlass sie bislang unbeachtet gelegen hat. Behns Brief sei deshalb hier im Ganzen wiedergegeben:

> 11. Sept. 31
> Sehr geehrter Herr Thomas Mann!
> Leider waren Sie nicht bei dem Lübecker Festessen am Montag und leider konnte ich mit meiner Rede nicht auf Ihre Anwesenheit warten, da sie für diesen Nachmittag bestimmt war, die Rede auf die Frauen.
> Ich kam, angeregt durch Ihren Vortrag am Vormittag, auf Gedankengänge, die Sie in beiliegendem Artikel skizziert finden. Ich möchte sie Ihnen nicht vorenthalten, damit es

[146] Ebenda, 10.

[147] Buddenbrookhaus, Thomas Mann an Georg Rosenthal, 10.9.1931.

[148] Thomas Mann: Ansprache an die Jugend, GW X, 322.

[149] Foto der einen Büste gegenüber der Titelseite in: Oswald Spengler zum Gedenken. Hrsg. von Paul Reusch. Als Manuskript gedruckt. [Nördlingen: Beck 1938]. – Die eine Büste datiert von 1926-28 (heute im Lenbachhaus München), die zweite von 1936 (Verbleib unbekannt). Siehe auch Georg Jakob Wolf: Fritz Behn, München: Oechelhäuser 1928, mit Abbildungen der ersten Büste; Fritz Behn, in: Richard W. Eichler: Künstler und Werke. Maler, Bildhauer und Graphiker unseres Jahrhunderts im deutschen Sprachraum. München: 2. ern. Auflage, J. F. Lehmanns, 1965, 118-121.

[150] Siehe S. 157.

nicht heißt, (schon behaupteten es Ihre übereifrigen Anhänger) ich hätte absichtlich Ihre Abwesenheit zu einigen persönlichen Ausfällen gegen Sie benutzt. Ich ergänze auch die in der Zeitung fehlende Stelle: ‚Die Franzosen riefen Thomas Mann zu, gedenke, daß Du ein Deutscher bist' natürlich von mir ironisch gemeint, nicht als historisches Zitat, wie mir fälschlich untergelegt wurde. Ich hatte nichts vor Ihnen zu verbergen, im Gegenteil, es wäre mir sehr lieb gewesen, Sie hätten meine Worte gehört. Denn ebenso wie Sie Ihre Meinung am Vormittag, allerdings vorsichtigerweise ohne Namensnennung sagten, so erlaubte ich mir, ja ich hielt mich dazu als Freund Spenglers und seiner Ideen und als abgesagter [sic] Feind jeden Internationalismusses verpflichtet, meine Ihnen widersprechende Ansicht ebenfalls auf diesem Katharineumsfest öffentlich zu äußern, nicht als Angriff, sondern eine Abwehr. Und ich tat es unter großem Beifall, selbst wenn mein alter Schulfreund Justizminister a.D. Radbruch spontan den Tisch verließ mit einigen erschrockenen und verletzten Gemütern und seine verehrte Gattin allein an meiner Seite ließ.
Jedenfalls freue ich mich, durch diese Erwiderung auf Ihre Rede zur Scheidung der Geister in Lübeck beigetragen zu haben, ebenso wie Ihre Lübecker Rede aufklärend über Ihre persönlichen Ansichten wirkte. Heute ist eine klare gegenseitige Auseinandersetzung nötiger denn je.
Sie bestens grüßend
Ihr sehr ergebener
[Fritz Behn][151]

Fritz Behn wollte seine Meinung aber nicht nur auf der privaten Ebene von Mann zu Mann äußern. Er sandte eine weitere Kopie des Briefes an die Lübeckischen Anzeigen, die den Brief in Fortsetzung ihrer Berichterstattung vom Jubiläum im vollen Wortlaut abdruckten.[152] Von einer Antwort Thomas Manns ist nicht bekannt.

Dessen Rede erschien im Anschluss an das Jubiläum in der Vossischen Zeitung, weitere große Tageszeitungen gaben ihren Inhalt gerafft wieder.[153] Max Rychner[154] setzte in der Kölnischen Zeitung die Lübecker Rede in Bezug zu Thomas Manns Rede *Von deutscher Republik*, mit der er 1922 zum ersten Mal als Befürworter der Weimarer Republik hervorgetreten war. Die Neue Leipziger Zeitung wertete die Lübecker Rede als „eine große Ansprache an die Jugend" und eine „Abrechnung mit den zeitläufigen Propheten des Massenwahns, der Gewaltgläubigkeit und der Untergangsstimmung". Der Germanist Felix Bertaux, Freund Heinrich Manns und Korrespondenzpartner Thomas Manns,[155] gab die Rede 1932 in französischer Übersetzung in einem Band mit Texten für den Schulunterricht heraus.[156] Im Dezember 1931 sandte Thomas Mann seine Rede an den schwedischen Verleger und Publizisten Carl Björkman:

151 Bundesarchiv Koblenz, N 1089, 7, Nachlass Arnold Brecht, Fritz Behn an Thomas Mann mit Brief vom 14.9.1931.

152 Lübeckische Anzeigen, 14.9.1931.

153 Zu den erwähnten Tageszeitungen siehe Anm. 3.

154 Zu dem Schweizer Essayisten und Kritiker (1897-1965) siehe Max Rychner: Bei mir laufen Fäden zusammen. Literarische Aufsätze, Kritiken, Briefe, hrsg. von Roman Bucheli. Darmstadt: Wallstein 1998 (= Veröffentlichungen der Deutschen Akademie für Sprache und Dichtung 74).

155 Biruta Cap: Thomas Mann – Félix Bertaux. Correspondence 1923-1948. New York 1993 (= Studies in modern German Literature 49).

156 Felix Bertaux / Emile-L. Lepointe: L'Allemand et l'Allemagne par les textes. L'Allemagne moderne. Classes de philosophie et de mathématiques. Preparation aux grandes écoles. Paris: Hachette 1932.

Vielleicht sei bei dessen Lesern Interesse vorhanden „auf Grund der historischen Beziehungen zwischen Schweden und Lübeck“[157]. Der Journalist, Kunsthistoriker und Filmkritiker Rudolf Arnheim, der wie Thomas Mann 1933 ins Exil ging, erwähnte die Rede – sicher auf Grund der Lektüre in der Vossischen Zeitung, deren Mitarbeiter Arnheim war –, in einem Artikel in der Weltbühne: „Thomas Mann hat dieser Tage in seiner schönen Lübecker Rede an die Jugend davon gesprochen, daß es an der Zeit sei, dem Begriff der Elite zu neuen Ehren und zu neuer Geltung zu verhelfen gegen den weltbedrohenden Geist oder Ungeist der Masse, welcher mit Demokratie in des Wortes respektablem Verstande längst nicht mehr das geringste zu tun‘ habe.“[158]

Es nützte nichts: Der Kampf um die Demokratie, in dessen Zusammenhang auch die Rede Thomas Manns zum Jubiläum des Katharineums gehörte, ging 1933 gegen den Ungeist der Masse und das nationalsozialistische Gewaltsystem verloren. Aus der Zeit danach lässt sich nur noch einmal, im Jahr 1938, eine thematische Bindung zwischen Thomas Mann und Fritz Behn finden. Der Schriftsteller lebte inzwischen im Exil, der Bildhauer stellte regelmäßig auf der Großen Deutschen Kunstausstellung in München aus. Oswald Spengler war zwei Jahre zuvor gestorben. Freunde und Bewunderer, darunter Behn, brachten ein Gedächtnisbuch als Privatdruck heraus. In seinem Beitrag beklagte sich Behn über das Missverstehen und das Missachtetwerden, das Spengler immer wieder habe erleiden müssen. So sei es auch bei der Deutschen Akademie der Dichtung (bis 1933 die Preußische Akademie der Künste, Sektion Dichtkunst) gewesen: „Erst vor ein paar Jahren wählte ihn die Deutsche Akademie, in der Thomas Mann schon mehr als zehn Jahre Ehrensenator gewesen war.“[159] Aufgenommen worden war Spengler allerdings erst im September 1933. Zu einem Zusammentreffen von Mann und Spengler im Rahmen der Deutschen Akademie war es deshalb nicht mehr gekommen.

Nachhall: Georg Rosenthal bekräftigt „den Mahnruf Manns“

Im Jahr 2000 war eine Ausgabe von Thomas Manns Novelle *Unordnung und frühes Leid* im Antiquariatshandel zu finden. Sie trug zwei handschriftliche Widmungen: „Dem Katharineum zu Lübeck als Prämie gestiftet von Thomas Mann“ und „Dem Unterprimaner Hermann Lützow 4/XI/31 Rosenthal, Direktor“[160]. Signiert hatte Mann das Buch vermutlich während des Jubiläums. Dass Rosenthal es einem sei-

[157] R I, 640. Eine Veröffentlichung in Schweden ist bislang nicht nachgewiesen.

[158] Rudolf Arnheim: Der ökonomische Tee, in: Die Weltbühne Jg. 27 (1931), Nr. 38 (22.9.), 450.

[159] Wie Anm. 149, 19-27.

[160] Exemplar der 46.-50. Auflage, Berlin: S. Fischer [1930]. Widmungen zitiert nach der Beschreibung in zvab.com und Email-Wechsel mit dem Antiquariat Halkyone, Hamburg, 28.3.2000.

ner Schüler widmete, zeigt sowohl seine Wertschätzung für den Schüler als auch für Thomas Mann. Am Ende des Jahres 1931 dokumentierte sich die Sympathie Rosenthals noch ein weiteres Mal. Die Veröffentlichung der *Ansprache an die Jugend* in der Vossischen Zeitung habe „zu einer lebhaften Auseinandersetzung in der Jugend geführt". Rosenthal nutzte dasselbe Medium, „um den Mahnruf Manns zu bekräftigen"[161]. Der Artikel zeigt starke Parallelen zum Inhalt von Manns Rede, gerade auch in der Absage an Oswald Spengler. Als abschließender Kommentar zur *Ansprache an die Jugend* und als Nachhall auf das 400-jährige Jubiläum des Katharineums beendet deshalb Georg Rosenthals Artikel die Schilderung von Thomas Manns letztem Besuch seiner Heimatstadt vor der Emigration. Die Passagen zeigen auch, wie sich das Denken Rosenthals in der Zeit der Weimarer Republik gewandelt hatte. Das „Deutschnationale" und „Versailles" waren nur noch Facetten darin, neben den schulreformatorischen Aspekten und dem Bekenntnis zu einem Humanismus in europäischer Dimension:

> Kultur scheint zur Konvention zu werden und Ursprünglichkeit will sich vorkultürlichen Zuständen bisweilen wieder zuwenden. Dieser Krisis heißt es tapfer ins Auge schauen; mit dem eigenen Wesen sollte jeder an dem Austrag des Gegensatzes mitarbeiten, vor allem die werdende Generation. Darum: wie sich niemand nur an dem Alten verzweifelt festklammern kann, wäre es ebenso falsch, die offenbare Krisis der bürgerlichen Welt in schwächlichem Pessimismus als E n d e der Kultur und gar als Ende der abendländischen Kultur anzusprechen. Der e u r o p ä i s c h e M e n s c h (und dazu gehört auch der Deutsche!) könnte die Aufgaben, die uns das Leben stellt, nicht erfüllen, wenn er seinen Untergang samt der Kultur für besiegelt hielte. Hier steht er in tiefer Schicksalsgemeinschaft mit allen Völkern des Erdteils. Ohne einen solchen starken Optimismus zum Leben könnte der Mensch nicht wahrhaft energisch handeln, und grade die höhere Jugend, die antike und westeuropäische Kultur in engster Verbindung mit deutscher Kultur treibt, bedarf dieses glaubensvollen Optimismus. Sie will und muß zum Leben in seiner Gesamtheit Ja! sagen Dieser Glauben macht die Jugend tüchtig zur Erfüllung ihrer Aufgaben, die ihr Europa im Spiegelbild ihrer Lehrverfassung stellt, ohne daß sie deswegen die Errungenschaften des Ostens zu verachten brauchte. Die ‚teuerste geschichtliche Erinnerung' wird darum immerdar für die Jugend das heroische Zeitalter der Perserüberwindung bleiben, symbolhaft dafür, dass der ‚formgewillte Geist' die formlose Masse niederringen kann.
> Aber d i e M a s s e ist es grade, welche heute wieder die Errungenschaften der Kultur aufs schwerste zu gefährden droht. Die Masse ist nicht etwa gleichzusetzen [mit] bestimmten Volksklassen, die ihr neues Recht an die Kultur anmelden und ihrer Pflichten gegen die Kultur sich bewußt sind und dabei volle Verantwortung übernehmen. Nicht der Geist des sich emporringenden Proletariats ist der Ungeist. Wohl aber sind es die ‚wuchernden Ausartungen' des bürgerlichen Zeitalters, die von allen Parteien her marktschreierisch mit Schlagworten Massen an sich zu reißen vermag, und Thomas Mann wünscht leidenschaftlich der höheren Jugend, daß sie durch das wundervolle Jahrzehnt der Schulung in methodischem und kritischem Denken genügend Widerstandskraft fände, um nicht dieser Masse anheimzufallen. Nicht die Partei ist das Erlösende, sondern die im Geiste geeinte Volksgemeinschaft.

[161] Georg Rosenthal: Ansprache an die Jugend, in: Vossische Zeitung, 30.12.1931, Morgenausgabe.

Denn es gibt Errungenschaften der Menschheit, die nun und nimmer rückgängig zu machen sind. Dazu gehören in erster Linie ‚die Persönlichkeit und die Freiheit'. [...] niemals [wird] die überragende Bedeutung des Persönlichkeitswertes für die Fortentwicklung der Menschheit auch nur im geringsten schwinden, und Entmassung bleibt höchstes pädagogisches Ziel [...].
Auch im ‚Friedensgedanken' findet Thomas Mann ein männliches Dransetzen geistiger Werte, kein mattes Glücksuchen der Friedensfreunde für die eigene Person [...]. Der Idealismus im Friedensgedanken ist fern allem Ausweichen von Gefahren, er ist heroisch wie nur etwas. [...]
Zwei große Gedanken von hoher pädagogischer Kraft schälten sich deutlich aus der Rede [Thomas Manns] heraus: der unerschütterliche Glauben an die hohe Aufgabe, die Europa der Welt weiterhin zu leisten hat, und die tiefsittliche Überzeugung vom Recht der Persönlichkeit, die in ihrer Geschlossenheit kraft des Geistes die Welt weiter vorwärtsreißt. Pessimismus und Massengeist haben im ganzen Verlauf der Weltgeschichte den Ansturm gegen die Geisteswelt versucht. Aber Marathon und Thermopylä sind ewig leuchtende Symbole, für alle Zeit.
Vielleicht fällt es der Jugend unserer Zeit schwer, der Rede ganz zu folgen, wenn Europa über dem eigenen Volke zu stehen scheint, wenn das Wort ‚Friedensidee' tönt und grade der Nationalismus in die Nähe einer monströsen Ausgeburt der bürgerlichen Kultur gerückt ist. Das kann und will die Jugend nicht verstehen. Vielleicht sind Thomas Manns Worte hier nicht glücklich gewählt und führen zu Mißverständnissen. Das Vaterland wird uns immer höher als Europa stehen, und so lange dem Volk nationale Ideale nicht erfüllt sind, muß grade die Jugend immer wieder mannhaft aufstehen. Das war von jeher das Vorrecht der jeunesse dorée. Eine Schule gäbe sich selber auf, wenn sie grade hier ihr schönstes Erziehungsideal nicht zu verwirklichen trachtete. Anders ist es mit der rein wissenschaftlichen Aufgabe; denn diese kennt nur die Wahrheit der Sache, die nicht an Raum und Zeit gebunden ist, sondern der ganzen Menschheit angehört. Vielleicht ist das grade heute die schwere Krisis der höheren Schule, daß die rein wissenschaftlichen Bestrebungen zur Zeit noch nicht Hand in Hand mit den nationalen Gegebenheiten des Augenblicks stehen. Hier liegt eine wirkliche Antinomie vor, in der jede Reihe leicht zu Gewaltsamkeiten greift. Aber auch das wäre kein Grund zum Pessimismus, sondern Vorbereitung eines neuen Lebens und einer neuen höheren bürgerlichen Kultur. Dann reichen sich Kultur und Ursprünglichkeit, europäische Wissenschaft und nationales Sichausleben zu neuem Bunde die Hand.

Epilog

Thomas Mann hatte es im Vorweg als Ironie bezeichnet, dass ausgerechnet er, „eine solche ‚Unmöglichkeit von Schüler'"[162], als Festredner zum Jubiläum des Katharineums geladen worden war. Doch war es am Ende gerade der Auftritt des Schriftstellers, durch den die 400-Jahrfeier des Katharineums über Lübecks Grenzen hinaus Beachtung fand. In Lübeck selbst war die Rede Manns eines von zwei bedeutenden öffentlichen Bekenntnisse zur Weimarer Republik in deren Endphase: Das zweite war die Solidaritätskundgebung von 10 000 Menschen für Julius Leber, den Schwiegersohn Georg Rosenthals, am 19. Februar 1933 auf dem Burgfeld. Für Julius Leber folgten Haft, Konzentrationslager und Hinrichtung; Thomas Mann ging ins Exil.

[162] Oskar Wendt: Thomas Mann zum Gruß! In: Elbinger Zeitung 1.9.1931.

Seine Rede an die Katharineumsjugend erschien in den Vereinigten Staaten noch einmal,[163] obwohl sein Appell nicht gefruchtet hatte. 24 Jahre nach dem Jubiläum war er dann noch einmal in seiner Schule, für eine kurze halbe Stunde im Jahr 1955. Die Einladung von Direktor Walter Schönbrunn hatte er zunächst abgelehnt, war aber doch gekommen. Thomas Mann sprach in der nach den Kriegszerstörungen wieder aufgebauten Aula ein paar zu erwartende Erinnerungsworte. Und dann „wandte sich der Dichter zum Gehen, blieb aber gleich wieder stehen, um Versäumtes nachzuholen und beschrieb mit seinem Arm einen Kreis über die Schar der Schüler: ‚Ich wünsche Ihnen alles alles Gute'"[164]. So schloss Thomas Mann am Ende seines Leben wie mit Lübeck auch mit der ‚lieben Katharineumsjugend' seinen Frieden. Denn wenn er auch, wie er im Blick auf die Schulzeit immer eingestand, ein schlechter Schüler gewesen war, das Katharineum bildete eben auch den Schauplatz seiner ersten Liebe. 1953 hatte er es im Tagebuch nach dem ersten Nachkriegsbesuch seiner Vaterstadt notiert: „Auf der Rückfahrt in Lübeck, Holstenstraße, Königstraße, Katherineum [sic!], der Schulhof verewigt, Willi Timpe und der Bleistift. Der Zweite nach Arnim. Ewige Knabenliebe."[165]

Mein Dank gilt, in der Reihenfolge der hohen Lebensalter: Hans-Werner Klindwort, Bad Schwartau, für die Gespräche, in denen er Georg Rosenthal als persönlich erlebte Lehrerpersönlichkeit schilderte; Schwester Isa Vermehren, Bonn, für die Schilderung des Besuches von Thomas Mann in ihrem Elternhaus; Katharina Christiansen, Ottobrunn, für die Erzählungen über ihren Großvater, dem sie bis zu seinem Tod nahe war.

[163] Thomas Mann: „To German Youth", in: Leadership in a changing world. Hrsg. von M. David Hoffman und Ruth Wagner. New York, London: Harper and brothers 1935, 314-323.

[164] Eva Dietze 1955, 6.

[165] Tb Juni 1953, Reise nach England und Hamburg. Willi Timpe, geb. 1876, Mitschüler im altsprachlichen Zweig des Katharineums. Später preußischer Offizier. Siehe Hermann Genzken 1907, 72. Dort als Vorname „Wilri". Arnim Martens (1876-1906), Mitschüler in der Untersekunda, Vorbild für Hans Hansen in Tonio Kröger. „Denn den habe ich geliebt – er war tatsächlich meine erste Liebe [...]" Thomas Mann an Hermann Lange, mit Brief vom 19.3.1955. Siehe auch Zauberer, 171.

Die Briefe an Georg Rosenthal

Im Nachfolgenden werden erstmals Briefe von Thomas Mann veröffentlicht, die sich bis zum Jahre 2002 in den Schulakten vom Archiv des Katharineums befanden. Zwischen Unterlagen zum 400-jährigen Jubiläumsfest der Schule im Jahr 1931 verbargen sich Briefe von Thomas Mann an Georg Rosenthal, den Schulleiter des Katharineums von 1918-1933. Die Anschreiben von Georg Rosenthal an Thomas Mann sind als Briefe nicht erhalten, bewahrt sind aber Briefentwürfe von Rosenthal. Diese Entwürfe sind größtenteils handschriftlich, nur einer, vom 2.6.1930, ist auch in maschinengeschriebener Form vorhanden. Nicht alle Konzepte sind mit einem Datum versehen, aber durch Verweise innerhalb des Textes lassen sich bei undatierten Entwürfen Rückschlüsse auf das Entstehungsdatum ziehen. Wir können nicht mit Gewissheit davon ausgehen, dass die Briefe so wie im Entwurf verfasst auch tatsächlich an Thomas Mann abgeschickt worden sind; jedenfalls finden sich enge Bezüge zwischen den Thomas Mann-Briefen und den Rosenthal-Entwürfen, die darauf hindeuten.

Die Briefe von Thomas Mann sind teilweise mit An- und Unterstreichungen versehen. Ob diese Hervorhebungen durch Rosenthal oder eine andere Person vorgenommen wurden, bleibt ungeklärt. Rosenthal geht in seinen Konzepten mit der Person Thomas Mann sehr achtungsvoll um. Umso mehr muss es verwundern, dass er auf dem ersten Brief von Thomas Mann, den er am 7.6.1930 erhält, seinen Entwurf für die Rückantwort direkt unter den Zeilen des Dichters notiert.

Thomas Mann an Georg Rosenthal

München 27, den 7.VI.30
Poschingerstr. 1

Sehr verehrter Herr Direktor:
Nehmen Sie vorläufig für Ihre liebenswürdigen Zeilen vom 2. des Monats[1] verbindlichsten Dank! Schon heute sage ich Ihnen mit Vergnügen das Geleitwort für Ihre Festschrift zu, aus dem ich gewiss kein Kapitalprodukt werde machen können, das aber doch zeigen soll, mit wie herzlichen Empfindungen ich das Gedenkfest[2] der alten Schule begleite. Ich bewahre Ihren Brief auf, der mir für das Geleitwort von Nutzen sein wird. Was mein Kommen zu dem Fest betrifft, so ist es natürlich recht schwer, auf so lange Sicht ein bindendes Versprechen zu geben, aber wenn mein Leben und meine Pflichten es irgend erlauben, will ich gewiss dabei sein.[3]

Seien Sie vielmals gegrüsst von Ihrem ergebenen
Thomas Mann

[1] Von dem Anschreiben von Georg Rosenthal an Thomas Mann gib es einen handschriftlichen und einen maschinengeschriebenen Entwurf. Der Inhalt des Entwurfes wird im Folgenden wiedergegeben:
Hochgeehrter Herr Professor!
Ich wende mich heute, namens der Lehrerkonferenz des Katharineums, an Sie mit der Bitte, an der 400 Jahrfeier unserer Schule, die auch die Ihre ist, im nächsten Jahr zu Pfingsten teilzunehmen. Gleichzeitig spreche ich unsere Bitte aus, Sie möchten zu unserer Festschrift das Geleitwort schreiben. Wir könnten uns keine würdigere Persönlichkeit denken, hochgeehrter Herr Professor, als Sie, der Sie nicht nur zu den bedeutendsten Schülern des Katharineums gehörten, sondern auch der Dichter sind, der in ganz Deutschland und in der Welt gefeiert ist.
Die Schrift wird einen Umfang von 10-12 Druckbogen haben. Die Verfasser sind jetzige und ehemalige Lehrer der Schule, Mitglieder des Elternrates, auch ein junger Student, der jetzt zu Ostern das Abitur gemacht hat und kurz über einen Besuch unserer Prima bei Thomas Mann in München schreiben wird.
Alle Arbeiten stellen das Katharineum in Vergangenheit und Gegenwart in den Mittelpunkt und sehen wir von rein wissenschaftlichen Abhandlungen über fern liegende Stoffe ab. Es liegt uns durchaus fern, sehr geehrter Herr Professor, Ihnen ein bestimmtes Thema ans Herz zu legen, wir bitten nur um ein Geleitwort, das zugleich ein Geleitwort für unserer Katharineum in das neue Jahrhundert hinein ist, in dem wir wie in abgelebten Zeiten um eine würdige Schule ringen wollen. Sie kennen schon unseren Jahresbericht, den ich Ihnen vor 2 Jahren geschickt habe, der in kleinem Massstabe das schon anzudeuten sucht, was die Festschrift weiter ausführen soll. Wir wollen das Jubiläum nicht vorüber gehen lassen, ohne der Mitwelt zu verkünden, dass wir im Strom der Zeit als schaffende Menschen stehen, die das überkommende Erbe gemäss den Forderungen der Zeit weiterleiten wollen. Wenn sich auch stärker als früher realistische Stoffe angegliedert haben, wird doch der Geist eines geläuterten Humanismus im Vordergrund stehen.
So bitte ich Sie denn, hochgeehrter Herr Professor, uns als einer der Unsrigen ein glückverheissendes Wort mit auf den Weg zu geben. Ihr Auge, das so fest auf den Gegebenheiten der Welt ruht und zugleich die Dunsthüllen der Welt zu durchdringen weiss, wird auch für uns den richtigen Weg zu erblicken helfen.
Auch über den Umfang Ihres Beitrages will ich nichts Bestimmtes sagen, sondern nur erbitten, dass er nicht über den Umfang eines Bogens hinausgeht. Die Einsendung des Manuskriptes wäre uns bis Neujahr erwünscht. Zu allen notwendigen Auskünften bin ich jederzeit bereit.
So sende ich Ihnen, hochgeehrter Herr Professor, den Gruß Ihser [sic!] einstigen Bildungsstätte und versichere, dass wir Ihr Wort in Ehren halten und in ihm auch eine [sic!] Bürgen für das Gelingen unseres Festes sehen werden.
In vorzüglicher Hochachtung und mit den ergebensten Grüssen und Empfehlungen
Ihr dankbarer
Oberstudiendirektor des Katharineums

[2] Es handelt sich um das vierhundertjährige Jubiläum der 1531 gegründeten Schule.

[3] In seinem Entwurf für ein Antwortschreiben, welcher direkt auf dem Thomas Mann-Brief geschrieben wurde, bedankt sich Rosenthal für Thomas Manns Zusage, das Geleitwort zu schreiben, und bittet ihn, bei dem Fest dabei zu sein. Zudem berichtet er von dem Eintrag Thomas Manns ins Gästebuch und von der Idee, diesen Eintrag in der Festschrift zu publizieren.

Thomas Mann an Georg Rosenthal

München 27, den 20.5.31
Poschingerstr. 1

Sehr verehrter Herr Direktor,

von Paris zurück, wo ich Vorträge zu halten hatte und ein paar gesellschaftlich turbulente Wochen verbrachte[4], fällt mir das Versprechen wieder aufs Gewissen, an das Ihr Brief vom 15. April[5] mich erinnerte. Ein Beitrag[6] für die Festschrift... Mein überanstrengter Zustand trägt dazu bei, mich recht ratlos wegen eines solchen zu machen. Senator Ewers[7] schrieb mir über den Festakt am 7. September und fragte nach meiner Beteiligung. Ich antworte ihm heute (mit großer, bedauerlicher Verspätung) und versichere, daß ich dabei seie und am Schluss des Programms, nach dem Musikstück also, das Ihrer Ansprache folgen soll, ein paar Worte sprechen will.[8] Ich kann mir ungefähr denken, was ich bei dieser Gelegenheit als „alter Schüler"[9] der Jugend sagen werde ; aber ich kann mir schwer denken, was ich *außerdem* in der Festschrift sagen könnte. Soll ich meine kleine Rede vorweg nehmen? Das wäre nicht gut, und außerdem bin ich zu müde, und die Rückkehr zu meiner laufenden Arbeit[10] ist zu dringlich, als daß ich jetzt etwas Aufsatzähnliches ausarbeiten könnte

[4] Am 4. Mai 1931 bricht Thomas Mann zu einer Frankreichreise auf. Zuerst fährt er nach Paris, wo die französische Ausgabe des *Zauberberg* vorgestellt wird. Am 5. Mai hält er in Straßburg auf Einladung des Comitée des Grandes Conférences den Vortrag *Die geistige Situation des Schriftstellers in unserer Zeit*. Im Anschluss daran liest er aus *Joseph und seine Brüder*. Zurück in Paris trägt Thomas Mann am 7. Mai im Palais Royal, Institute International de Coopération Intellectuelle, die Kapitel *Freiheit und Vornehmheit* und *Adelsanmut* aus dem Essay *Goethe und Tolstoi* vor. Im Germanistischen Institut der Sorbonne hält Thomas Mann am 11.Mai den Vortrag *Die Stellung Freuds in der modernen Geistesgeschichte*. Die Abreise von Paris ist am 14.Mai, nach einer Fahrt über den Schwarzwald ist Thomas Mann am 16. Mai wieder in München.

[5] In dem Entwurf des Briefes vom 15.4.31 teilt Rosenthal Thomas Mann mit, dass das Jubiläum des 400jährigen Bestehens vom 6.-8. September gefeiert wird. Anknüpfend an den Briefwechsel vom letzten Jahr fordert Rosenthal den Dichter auf, den zugesagten Beitrag für die Festschrift zu schicken. Ein Programm für die Gründungsfeier legt Rosenthal dem Brief bei.

[6] Statt eines Geleitworts spricht Rosenthal hier von Beitrag.

[7] Hans Ewers (1887-1968), der jüngere Bruder von Ludwig Ewers (1870-1946), kennt Thomas Mann als Schulkameraden vom Katharineum. Nach dem Abitur 1906 arbeitet er als Rechtsanwalt in Lübeck. Er gehört in der Weimarer Republik der DVP an und ist von 1929 bis 1933 hauptamtlicher Senator für Justiz und Bauwesen in Lübeck. Am 25. September 1945 gründet er in der Hansestadt die *„Deutsche Sammlung"*, die sich am 14. Februar 1946 in Mülheim an der Ruhr an der Gründung der *„Deutschen Aufbau-Partei"* (DAP) beteiligt. Bereits einen Monat später, am 22. März 1946 geht die DAP in der *„Deutschen Konservativen Partei – Deutschen Rechtspartei"* DKP-DRP auf. Am 11. November 1947 tritt Ewers mit dem Lübecker Kreisverband der DKP-DRP, der bei der Landtagswahl 1947 immerhin 10 % der Stimmen erreicht hat, zur DP über und wird deren Landesvorsitzender. Bei den ersten Wahlen zum Deutschen Bundestag 1949 wird Ewers zum Bundestagsabgeordneten gewählt (bis 1953). 1951 bis 1953 ist er stellvertretender Vorsitzender des *„Parlamentarischen Untersuchungsausschusses betreffend des Dokumentendiebstahls im Bundeskanzleramt"* und vom 17. März 1953 bis zum Ende der Legislaturperiode stellvertretender Fraktionsvorsitzender seiner Partei. 1955 hat Ewers maßgeblichen Anteil an der Versöhnung Lübecks mit Thomas Mann.

[8] Laut Programmfolge vom 7. September folgt Thomas Manns Ansprache direkt nach der Festrede von Direktor Rosenthal. Die Musikstücke (Kirchenkonzert von Dall'Abaco) sind vor Rosenthal und nach Thomas Mann.

[9] Thomas Mann besuchte das Katharineum von Ostern 1889 bis Ostern 1894. „Zum Kaufmann bestimmt [...] besuchte ich die Realgymnasialklassen des ‚Katharineums', brachte es aber nur bis zur Erlangung des Berechtigungsscheines zum einjährig-freiwilligen Militärdienst, das heißt bis zur Versetzung nach Obersekunda." (GW XI, 99). Für die drei Klassen der Mittelstufe benötigte Thomas Mann 5 Jahre, da er die achte und die zehnte Klasse wiederholen musste. Vgl. Zauberer, Bd.1, 165.

[10] Bei der „laufenden Arbeit" handelt es sich um *Joseph und seine Brüder*.

und möchte. Auch kenne ich die Raumverhältnisse der Festschrift nicht, habe keine Ahnung, welchen Umfang der vergebene Beitrag haben darf oder muß .
Ich frage Sie nun: ist es wirklich nötig, daß ich auch in der Festschrift vertreten bin, wenn ich am 6. und 7. September beständig zugegen bin? Ich meine: Nein, das Eine genügt. Wenn Sie mich aber durchaus beim Wort nehmen wollen, würde dann nicht irgend etwas nicht ad hoc Hergestelltes, nicht auf das Fest Bezügliches als Beitrag dienen können: ein Aphorismus oder, wenn mehr Platz zur Verfügung steht, etwa ein Abschnitt aus meinem unvollendeten biblischen Roman[11]? Sie würden mich sehr entlasten, wenn Sie mir auf diese Fragen entgegenkommenden Bescheid geben könnten!

Ihr ergebener Thomas Mann

Thomas Mann an Georg Rosenthal

München 27, den 3.VI.31
Poschingerstr. 1

Sehr verehrter Herr Direktor:
Ihre freundlichen Zeilen erhielt ich und habe mit großem Interesse von Ihren Beschlüssen die Festschrift betreffend Kenntnis genommen.[12] Es wird mir eine Freude sin [sic!], ein Stückchen aus meinem werdenden Roman[13] in dieser Festschrift wiedergegeben zu sehen. Es ist freilich schwer, aus dem sehr dichten Zusammenhang ein Stück, das einigermassen für sich selbst spricht, herauszufinden. Die Auswahl ist da nicht gross, und etwas überhaupt noch Ungedrucktes anzubieten, wäre schwer. Von den beiden Kapiteln, die ich Ihnen schicke, und die den räumlichen Bedingungen ungefähr entsprechen, ist das eine, das „Jaakob kommt zu Laban" betitelt, vor längerer Zeit einmal in Reclams Universum[14] gedruckt worden, das andere, „Das bunte Kleid", erschien von [sic!] kürzerer Zeit in einer Monatsschrift namens „Der

11 siehe Fußnote 9

12 Im Entwurf zu dem Antwortschreiben dankt der Direktor dafür, dass Thomas Mann selbst am 7. September sprechen will. Er geht auf Thomas Manns Bedenken ein, neben der Ansprache auch noch einmal mit einem Geleitwort in der Festschrift zu Wort zu kommen. Rosenthal kann sich aber auch mit dem Gedanken anfreunden, in der Schrift einen Abschnitt aus Manns unvollendetem, biblischen Roman zu publizieren.

13 *Joseph und seine Brüder*

14 Reclams Universum. Oktober 1928, Jg.45, H.I = Sonderheft zum 100jährigen Bestehen des Verlages Philipp Reclam jun., Leipzig, 9-11.

Morgen"[15], einem Blatt ziemlich exklusiver Natur, dessen Spezialität jüdisch-religiöse Angelegenheiten sind, und das in weiteren Kreisen nach meiner Erfahrung unbekannt ist. Es ist also meiner Überzeugung nach nicht zu befürchten, dass dem Leserkreis der Festschrift die beiden Abschnitte, die ich anbiete, schon bekannt sein sollten, denn auch die Publikation im Universum hat nicht gar zu viele Leute erreicht und ist längst der Vergessenheit anheimgefallen. Ich denke also, Sie können ruhig einen der Texte wählen, und ich darf Sie bitten, mich Ihre Entscheidung wissen zu lassen. Auch wäre ich dankbar, für Rücksendung der Manuskripte, nachdem sie gesetzt sind. Mit der Ankündigung meiner Ansprache beim Festakt bin ich einverstanden, ebenso natürlich mit der Idee des Facsimile aus dem Gästebuch[16].
Ihr ergebener
Thomas Mann

Thomas Mann an Georg Rosenthal

Nidden, Kur. Nehrung
Haus Thomas Mann[17]
den 20 VII.31

Sehr verehrter Herr Oberstudiendirektor:
Für Ihre freundliche Karte vom 8. des Monats sage ich heute noch vielen Dank. Sie sagen mir darin noch nicht, für welchen der beiden Romanabschnitte Sie sich entschieden haben.[18] Ich wäre neugierig darauf und möchte Sie ausserdem noch einmal bitten, mir die Manuskripte, so bald es geht, das heisst, so bald das gewählte abgesetzt ist, wieder zugehen zu lassen, am besten an meine hiesige Adresse.[19]

15 Der Morgen. April 1931. Jg. 7, Nr. 1, 12-22.

16 „Mit Stolz eröffne ich mit meiner Einzeichnung dieses Buch nach einem rührenden Rundgang durch die Stätten meiner Jugendjahre. Lübeck, 7. Juni 1926 (gez.) Thomas Mann."

17 Seit Mitte Juli befindet sich Thomas Mann zu einem Ferienaufenthalt in Nidden an der Kurischen Nehrung, wo er seit Juli 1930 ein Ferienhaus besitzt.

18 In einem Briefentwurf vom 30.6.31 berichtet Rosenthal Thomas Mann dass er die Vorschläge Thomas Manns bezüglich seines Beitrags dem Arbeitsausschuss vorgestellt hat.

19 Rosenthal hatte ein Manuskript an Hans Ewers gegeben. Dieser sendet es ihm am 28. Juli 1931 mit einem Begleitbrief wieder zurück. Der Inhalt des Briefes lautet wie folgt:
Sehr geehrter Herr Direktor!
In der Anlage übersende ich Ihnen das Manuskript Thomas Mann's zurück. Ich halte den Abschnitt zur Veröffentlichung in der Festschrift für besonders geeignet. Ich möchte sogar in der Aufnahme gerade dieses Abschnitts eine gewisse Beziehung zu dem Festakt sehen, in dem in dem Gespräch zwischen Vater und Sohn die Fortentwicklung der Tradition eine schwerwiegende Rolle spielt und das Gleichnis vom Baum, den die Väter zur Erinnerung gepflanzt haben und dessen Wipfel sich jetzt funkelnd im Wind regen, geradezu symbolhafte Bedeutung hat.
Ihr sehr ergebener
Ewers

Ferner wäre ich Ihnen dankbar, wenn Sie mir das Programm der Festtage vom 6 bis 8. ein wenig präzisierten und mir besonders sagten, an welchem dieser Tage die Veranstaltung stattfindet, zu der meine Ansprache gehört.[20] Ich muss anderer Dispositionen halber bald möglichst wissen, an welchem Tage es auf meine Anwesenheit in Lübeck besonders ankommt, da ich kaum glaube, dass ich die ganzen drei Tage dort werde zubringen können[21].
Mit hochachtungsvoller Begrüssung
Ihr sehr ergebener Thomas Mann

Thomas Mann an Georg Rosenthal

Nidden, Kur. Nehrung
Haus Thomas Mann
den 18. VIII.31

Sehr verehrter Herr Oberstudiendirektor,
ich möchte Sie nochmals sehr bitten, mir die überlassenen beiden Druckvorlagend [sic!] [22]umgehend an mei-hiesige [sic!][23] Adresse zu schicken, da ich sie für Vorträge benötige.[24]

Mit verbindlichen Grüssen
Ihr ergebener
Thomas Mann

[20] Rosenthal fügt seinem Schreiben vom 30.6.31 ein Programm bei und weist darauf hin, dass Thomas Manns Ausführungen unter dem Titel *Erinnerungsworte* zusammengefasst sind.

[21] Tatsächlich war er dann aber doch vom 6. bis 8. September in Lübeck.

[22] Thomas Mann hat offensichtlich Originalmanuskripte verschickt, von denen er keine Kopien hatte.

[23] Die Schreibfehler in der Karte (siehe Faksimile) bezeugen die Eile und Dringlichkeit.

[24] Ein Briefentwurf Rosenthals vom 17.8. zeigt, dass sich Rosenthals Brief mit der Manuskript-Anlage mit Thomas Manns Karte zeitlich überschnitten hat.

Thomas Mann an Georg Rosenthal

Nidden, Kur. Nehrung
Haus Thomas Mann
den 23.VIII.1931

Sehr verehrter Herr Direktor,
besten Dank für die Manuskripte. Ich bin mit den Beschlüssen, die Festschrift betreffend, ganz einverstanden.[25]
Auf Wiedersehen am 6. September!

Ihr ergebener
Thomas Mann

Thomas Mann an Georg Rosenthal

Nidden, Kur. Nehrung
Haus Thomas Mann
den 28.VIII.1931

Sehr verehrter Herr Direktor,

ich überreiche Ihnen, was ich mir für meine Ansprache am 7. notiert habe. Es ist nicht ganz wenig. Ich hatte allerlei auf dem Herzen, was ich der Jugend bei dieser Gelegenheit sagen möchte, und es wird nicht in so kurzer Zeit zu sagen sein, wie ich ursprünglich für meinen Beitrag zum Programm in Anspruch zu nehmen gedachte. Diese Seiten sollen Sie darauf eben nur vorbereiten und mir vielleicht etwas mehr Spielraum erwirken, als sonst übrig bliebe.[26]

Ihr sehr ergebener
Thomas Mann

[25] Im Briefentwurf vom 17.8. berichtet Rosenthal, dass das Kapitel *Das bunte Kleid* großen Eindruck gemacht hat. Da aber bei der Festschrift Einschränkungen gemacht worden sind, teilt Rosenthal Thomas Mann mit, dass letztendlich nur das Faksimile seines Gästebuch-Eintrags abgedruckt wird. Es wird kein weiterer Beitrag von Thomas Mann in der Festschrift erscheinen.

[26] Eine Notiz auf der Karte von Thomas Mann lautet: 20 min.

Thomas Mann an Georg Rosenthal

München 27, den 10.9.31
Poschingerstr. 1

Sehr verehrter Herr Direktor,
hier ist ein Nachklang zum Fest, ein Gruß von Studienrat Oskar Wendt in Elbing (Westpr.), einem Mitschüler von mir in Quarta[27], den ich jetzt auf der Reise[28] wiedertraf.
Wir sind gestern früh wieder eingetroffen und denken mit Dankbarkeit und Freude an die Lübecker Tage zurück. Der Gedanke, daß ich es natürlich nicht allen recht machen konnte,[29] darf mir diese Gefühle nicht stören.
Ihre vortreffliche Schrift über das Volksgymnasium[30] habe ich schon gestern Abend studiert. Möge die Zeit ein Ohr dafür haben. Für mich ist das durchschlagendste Ihrer Argumente die Tatsache der Zugehörigkeit antiker Bestandteile zur europäischen Bildung überhaupt. Diese Symbole werden immer fortwirken, nur ein Zufall war es ja zum Beispiel nicht, wenn auch ich in meiner Ansprache die Jugend auf die Perserkriege hinweise, um ihren Europäerstolz zu wecken. Als ich beim Fünfkampf die nackten Jungen Speer werfen sah (die Pose ist wundervoll), dachte ich kurz: Die neue Zeit ist garnicht so unhumanistisch wie sie meint.

Ihr ergebener
Thomas Mann

[27] Über Oscar Wendt schreibt Thomas Mann
„Er war ein so netter, intelligenter, humorvoller Junge und blieb durch das ganze Gymnasium ein Musterschüler. Aber als ich ihn dann als Studienrat in Elbing wiedertraf, war er zwar dick geworden, wirkte aber stark reduziert und genoss offenbar geringen Ansehens in seiner Umgebung. Nun geht es also so betrüblich zu Ende mit ihm." Thomas Mann an Hermann Lange mit Brief vom 20.5.1948 (R III 48/274). Für den Primus Adolf Todtenhaupt in *Buddenbrooks* liefert Wendt das Vorbild. Oscar Wendt ist am 29.4.1876 geboren. Nach dem Abitur 1896 studiert er in Göttingen Geschichte, mit dem Schwerpunkt auf Wirtschaftsgeschichte. 1902 promoviert er mit einer Studie über Lübecks Schiffs- und Warenverkehr. Danach geht Wendt in den Schuldienst, ist u.a. als Studienrat in Elbing/Westpreußen tätig. 1946 wendet sich Wendt brieflich an den in Amerika lebenden Thomas Mann mit der Bitte, ihm Materialien für die Gründung eines Thomas-Mann-Archivs in Lübeck zu senden. Thomas Mann freut sich über diese Idee und stimmt zu, etwas für den Grundstock zu senden: „Einige kleine Handschriften, Gelegenheitswerk, auch wohl etwelche Bücher von mir, deutsch und in Übersetzungen, könnte ich wohl stiften – wenn man sie schicken darf, und wenn Dir damit gedient ist." (Thomas Mann an Oscar Wendt mit Brief vom 8.9.46) Erst Anfang Januar 1948 kommt es zur Übersendung von elf Paketen mit Materialien. Da Wendt im Frühjahr 1948 psychisch erkrankt, übernimmt im Februar 1948 Studienrat Horstmann die Leitung der Lübecker Thomas-Mann-Sammlung bis zu seinem Weggang aus Lübeck Ende 1954. Die Thomas-Mann-Sammlung wird von ihm an die Bibliothek der Hansestadt Lübeck übergeben. Vgl Tb 17.5.48, Thomas Mann an Hermann Lange mit Brief vom 20.5.1948 (R III 48/274), Thomas Mann an Viktor Mann mit Brief vom 3.7.48 (R III 48/358) und Unterlagen zur Lübecker Thomas-Mann-Sammlung im Buddenbrookhaus.

[28] Von Nidden über Königsberg und Elbing nach Lübeck.

[29] „‚Allen zu gefallen – ist unmöglich.' Ein gut lübischer Spruch, den ich früh gelesen und später oft zitiert habe." Ansprache in Lübeck, 20.5.1955 bei der Verleihung der Lübecker Ehrenbürgerwürde (GW XI, 514)

[30] Georg Rosenthal: Volksgymnasium. Verlebendigung der Schule und neue Entwicklungsmöglichkeiten. Sendschreiben an alle höheren Schulen in Deutschland. Lübeck 1931.

DR. THOMAS MANN

MÜNCHEN 27, DEN 7.VI.30.
POSCHINGERSTR. 1

Sehr verehrter Herr Direktor:

Nehmen Sie vorläufig für Ihre liebenswürdigen Zeilen vom 2. des Monats verbindlichsten Dank! Schon heute sage ich Ihnen mit Vergnügen das Geleitwort für Ihre Festschrift zu, aus dem ich gewiss kein Kapitalprodukt werde machen können, das aber doch zeigen soll, mit wie herzlichen Empfindungen ich das Gedenkfest der alten Schule begleite. Ich bewahre Ihren Brief auf, der mir für das Geleitwort von Nutzen sein wird. Was mein Kommen zu dem Feste betrifft, so ist es natürlich recht schwer, auf so lange Sicht ein bindendes Versprechen zu geben, aber wenn mein Leben und meine Pflichten es irgend erlauben, will ich gewiss dabei sein.

Seien Sie vielmals gegrüsst von Ihrem ergebenen

Thomas Mann

[illegible]

Brief vom 07.06.1930 von Thomas Mann an Georg Rosenthal.

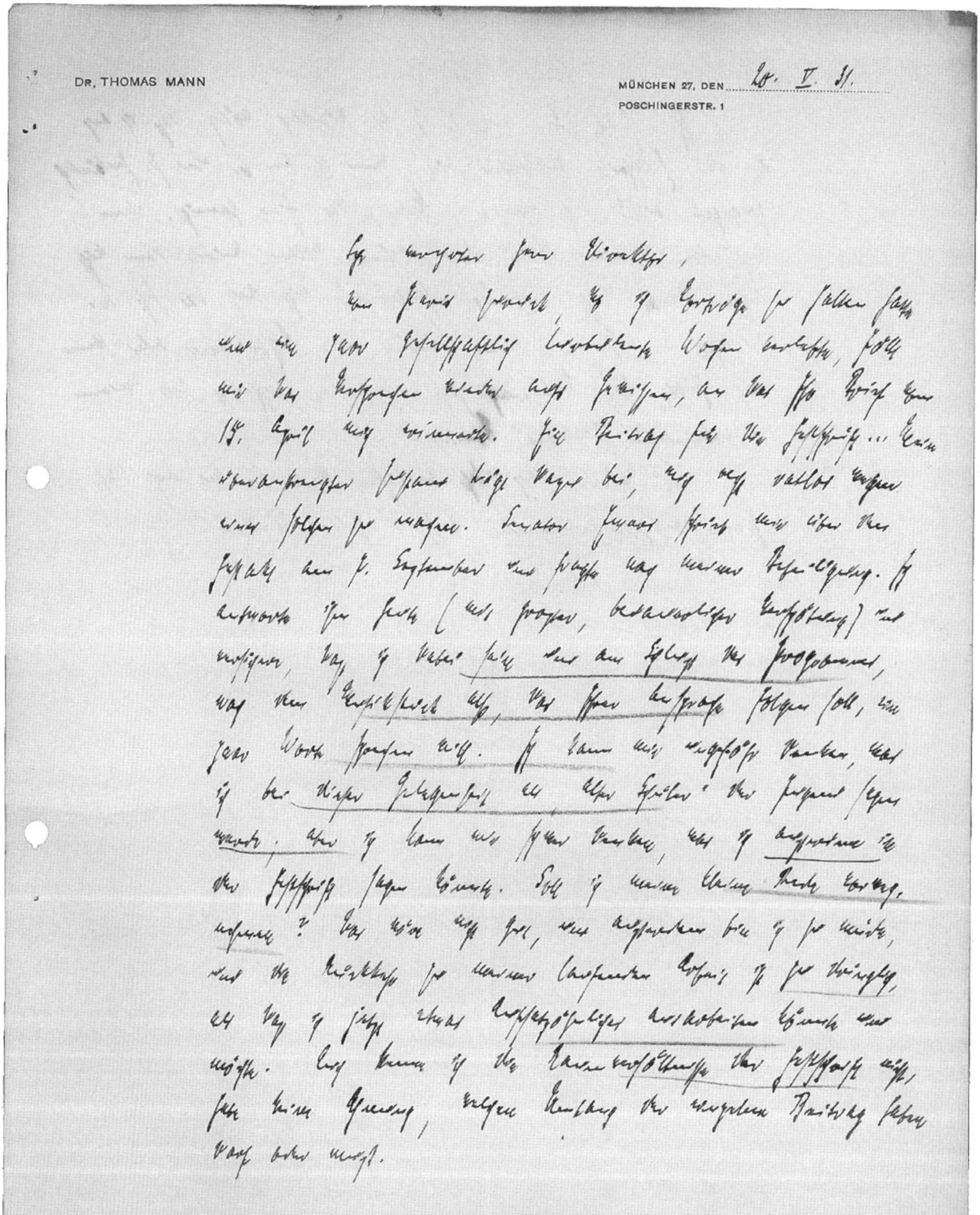

DR. THOMAS MANN

MÜNCHEN 27, DEN 20. V. 31.

POSCHINGERSTR. 1

Sehr verehrter Herr Direktor,

Brief vom 20.05.1931 von Thomas Mann an Georg Rosenthal.

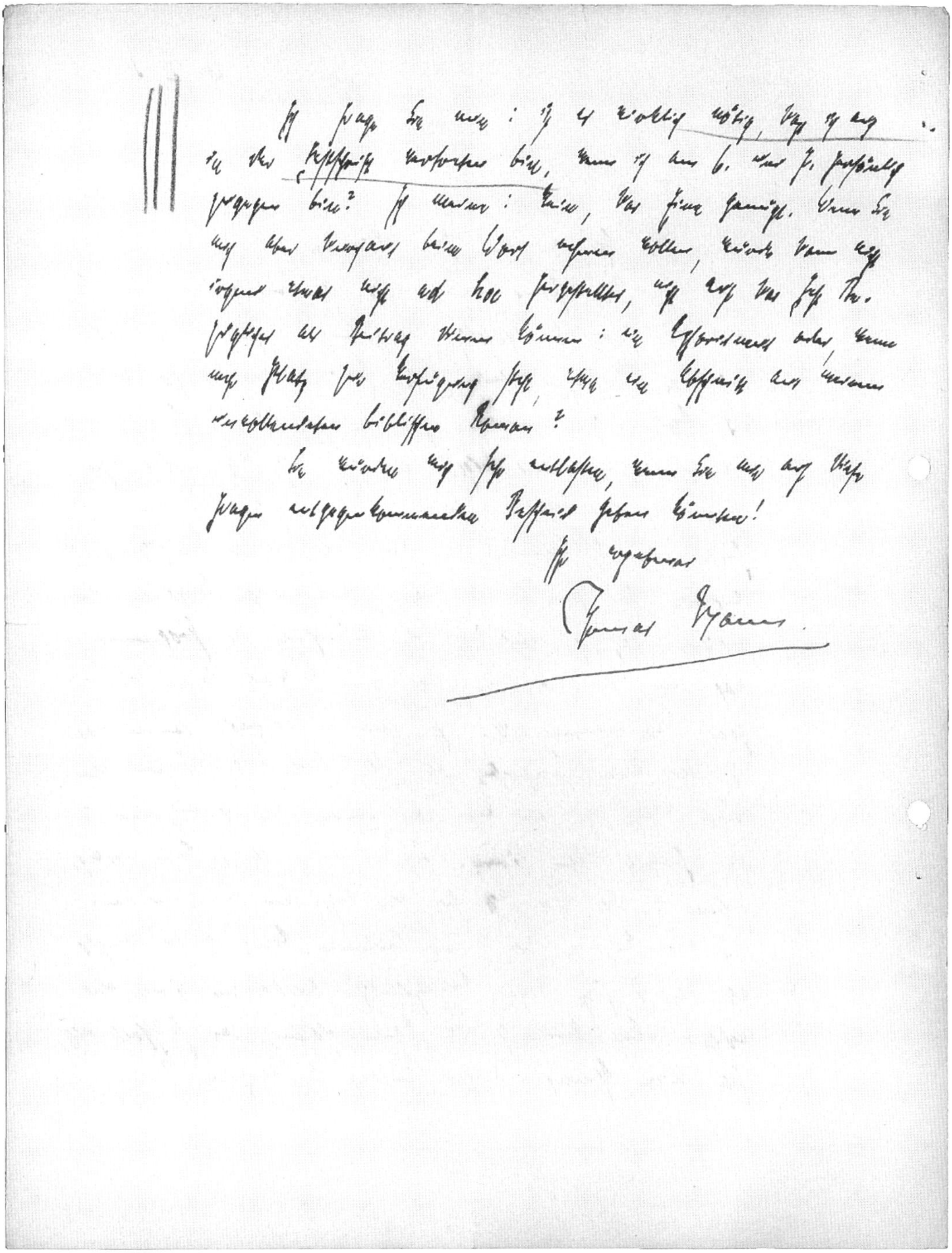

Brief vom 20.05.1931 von Thomas Mann an Georg Rosenthal.

DR. THOMAS MANN

MÜNCHEN 27, DEN 3.VI.31.
POSCHINGERSTR. 1

Sehr verehrter Herr Direktor:

Ihre freundlichen Zeilen erhielt ich und habe mit grossem Interesse von Ihren Beschlüssen die Festschrift betreffend Kenntnis genommen. Es wird mir eine Freude sin, ein Stückchen aus meinem werdenden Roman in dieser Festschrift wiedergegeben zu sehen. Es ist freilich schwer, aus dem sehr dichten Zusammenhang ein Stück, das einigermassen für sich selbst spricht, herauszufinden. Die Auswahl ist da nicht gross, und etwas überhaupt noch Ungedrucktes anzubieten, wäre schwer. Von den beiden Kapiteln, die ich Ihnen schicke, und die den räumlichen Bedingungen ungefähr entsprechen, ist das eine, das "Jaakob kommt zu Laban" betitelt, ~~ist~~, vor längerer Zeit einmal in Reclams Universum gedruckt worden, das andere, "Das bunte Kleid", ~~betitelt~~, erschien von kürzerer Zeit in einer Monatsschrift namens "Der Morgen", einem Blatt ziemlich exklusiver Natur, dessen Spezialität jüdisch-religiöse Angelegenheiten sind, und das in weiteren Kreisen nach meiner Erfahrung unbekannt ist. Es ist also meiner Überzeugung nach nicht zu befürchten, dass dem Leserkreis der Festschrift die beiden Abschnitte, die ich anbiete, schon bekannt sein sollten, denn auch die Publikation im Universum hat nicht gar zu viele Leute erreicht und ist längst der Vergessenheit anheimgefallen.
Ich denke also, Sie können ruhig einen der Texte wählen, und ich darf

Brief vom 03.06.1931 von Thomas Mann an Georg Rosenthal.

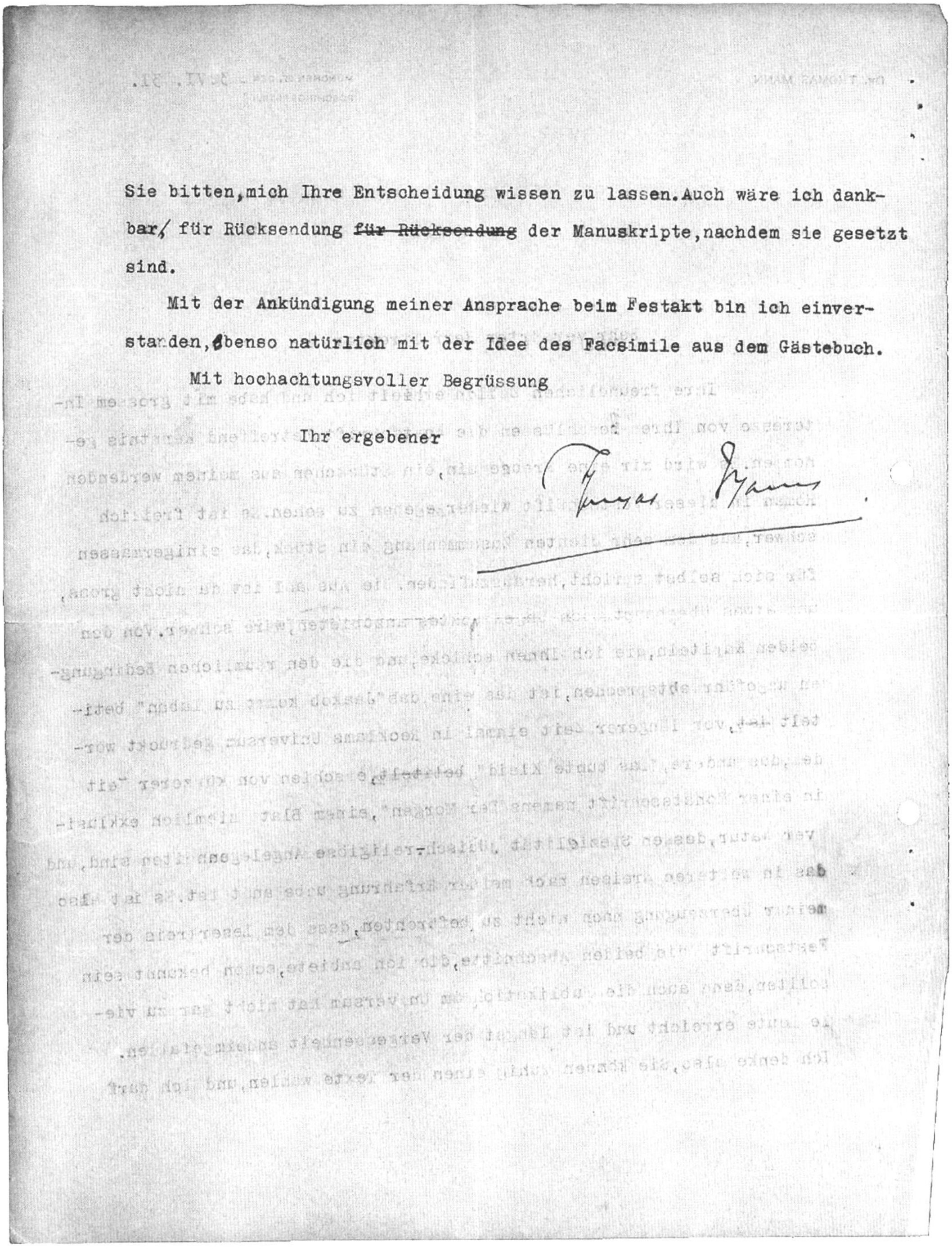
Sie bitten, mich Ihre Entscheidung wissen zu lassen. Auch wäre ich dankbar, für Rücksendung ~~für Rücksendung~~ der Manuskripte, nachdem sie gesetzt sind.

Mit der Ankündigung meiner Ansprache beim Festakt bin ich einverstanden, ebenso natürlich mit der Idee des Facsimile aus dem Gästebuch.

Mit hochachtungsvoller Begrüssung

Ihr ergebener

Thomas Mann

Brief vom 03.06.1931 von Thomas Mann an Georg Rosenthal.

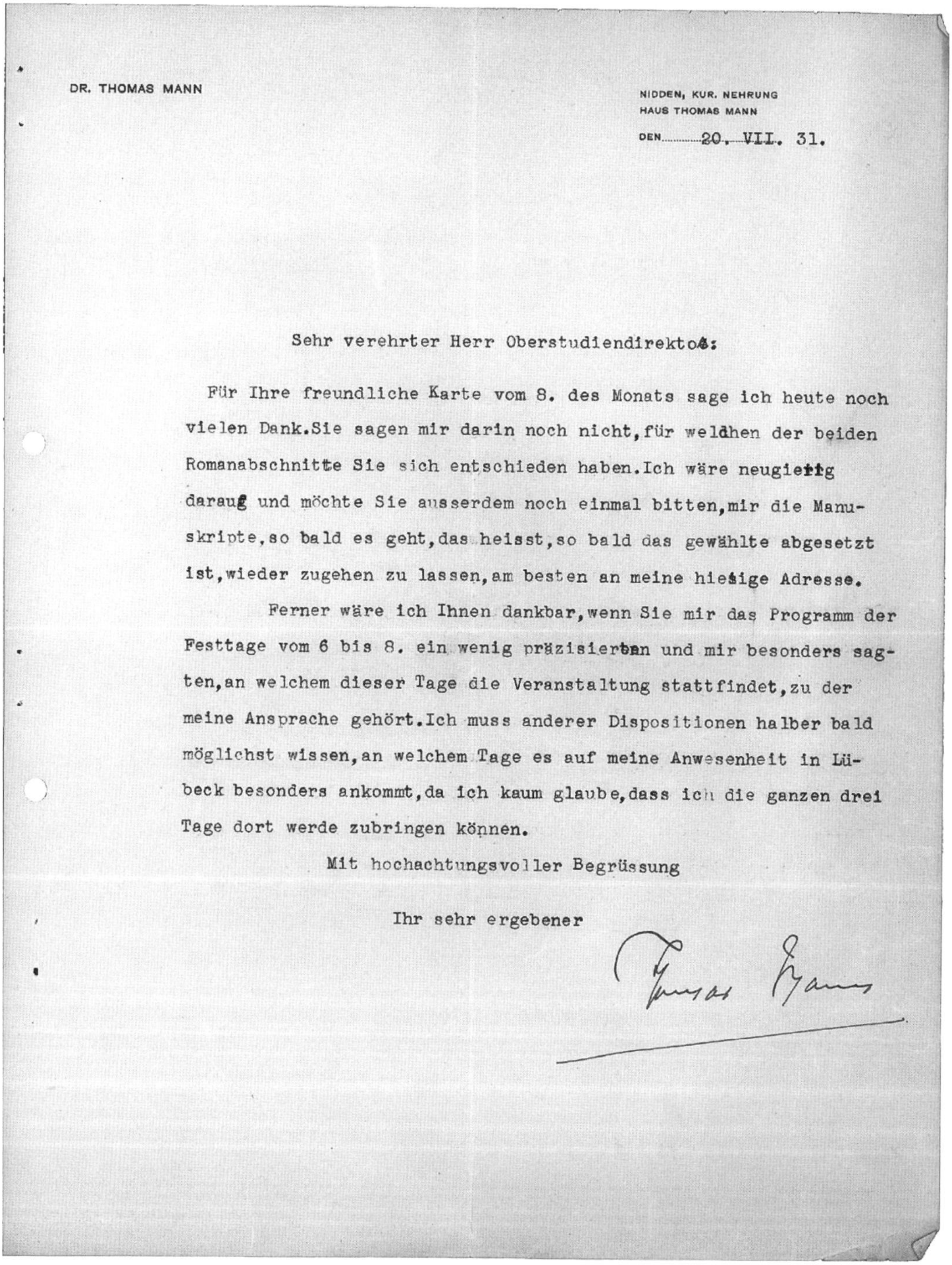

DR. THOMAS MANN

NIDDEN, KUR. NEHRUNG
HAUS THOMAS MANN

DEN 20. VII. 31.

Sehr verehrter Herr Oberstudiendirektor:

Für Ihre freundliche Karte vom 8. des Monats sage ich heute noch vielen Dank. Sie sagen mir darin noch nicht, für welchen der beiden Romanabschnitte Sie sich entschieden haben. Ich wäre neugierig darauf und möchte Sie ausserdem noch einmal bitten, mir die Manuskripte, so bald es geht, das heisst, so bald das gewählte abgesetzt ist, wieder zugehen zu lassen, am besten an meine hiesige Adresse.

Ferner wäre ich Ihnen dankbar, wenn Sie mir das Programm der Festtage vom 6 bis 8. ein wenig präzisieren und mir besonders sagten, an welchem dieser Tage die Veranstaltung stattfindet, zu der meine Ansprache gehört. Ich muss anderer Dispositionen halber bald möglichst wissen, an welchem Tage es auf meine Anwesenheit in Lübeck besonders ankommt, da ich kaum glaube, dass ich die ganzen drei Tage dort werde zubringen können.

Mit hochachtungsvoller Begrüssung

Ihr sehr ergebener

Thomas Mann

Brief vom 20.07.1931 von Thomas Mann an Georg Rosenthal.

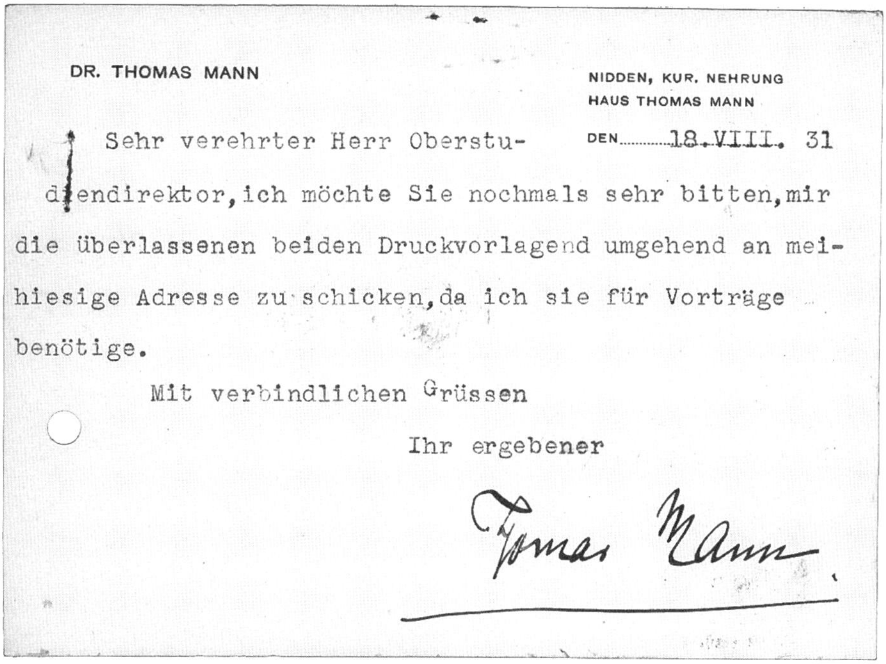

DR. THOMAS MANN

NIDDEN, KUR. NEHRUNG
HAUS THOMAS MANN

DEN 18.VIII. 31

Sehr verehrter Herr Oberstudiendirektor, ich möchte Sie nochmals sehr bitten, mir die überlassenen beiden Druckvorlagend umgehend an meihiesige Adresse zu schicken, da ich sie für Vorträge benötige.

Mit verbindlichen Grüssen

Ihr ergebener

Karte vom 18.08.1931 von Thomas Mann an Georg Rosenthal.

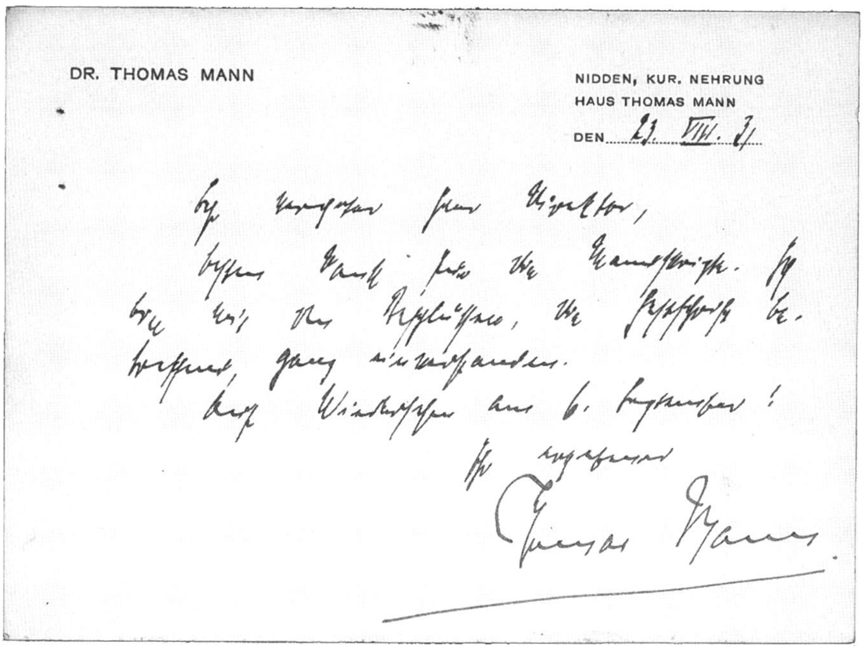

DR. THOMAS MANN

NIDDEN, KUR. NEHRUNG
HAUS THOMAS MANN

DEN 23. VIII. 31

Karte vom 23.08.1931 von Thomas Mann an Georg Rosenthal.

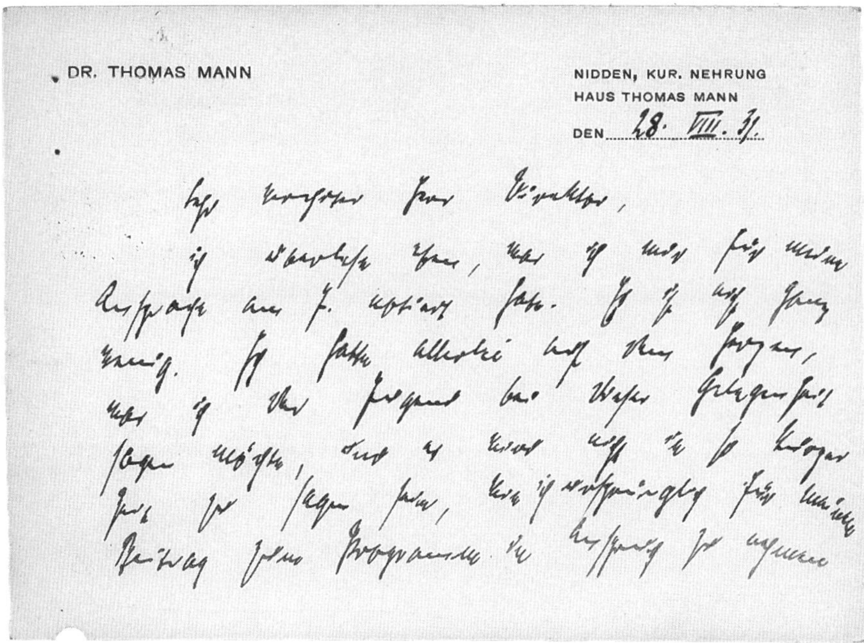

DR. THOMAS MANN

NIDDEN, KUR. NEHRUNG
HAUS THOMAS MANN
DEN 28. VIII. 31.

Karte vom 28.08.1931 von Thomas Mann an Georg Rosenthal.

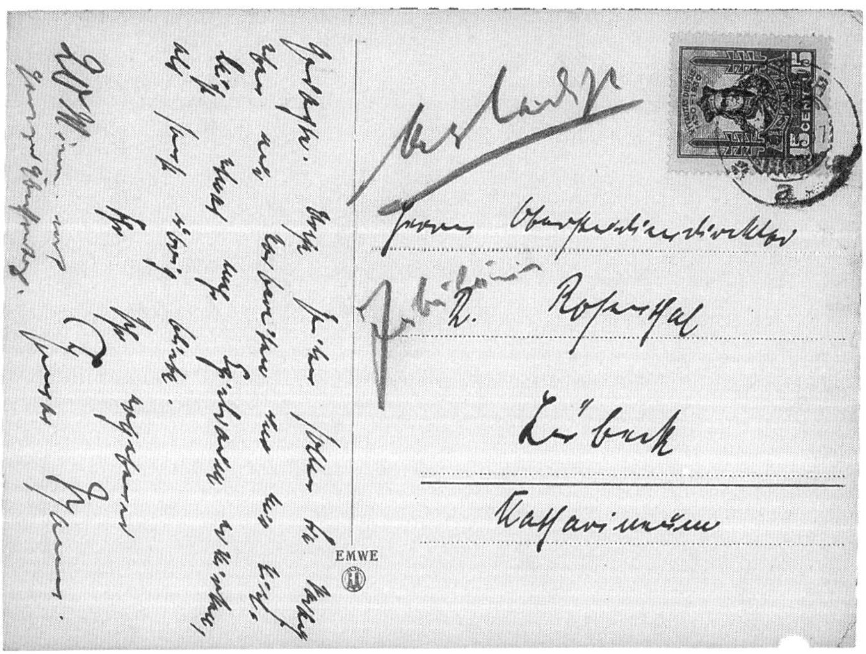

Herrn Oberstudiendirektor
Dr. Rosenthal
Lübeck
Katharineum

EMWE

Karte vom 28.08.1931 von Thomas Mann an Georg Rosenthal.

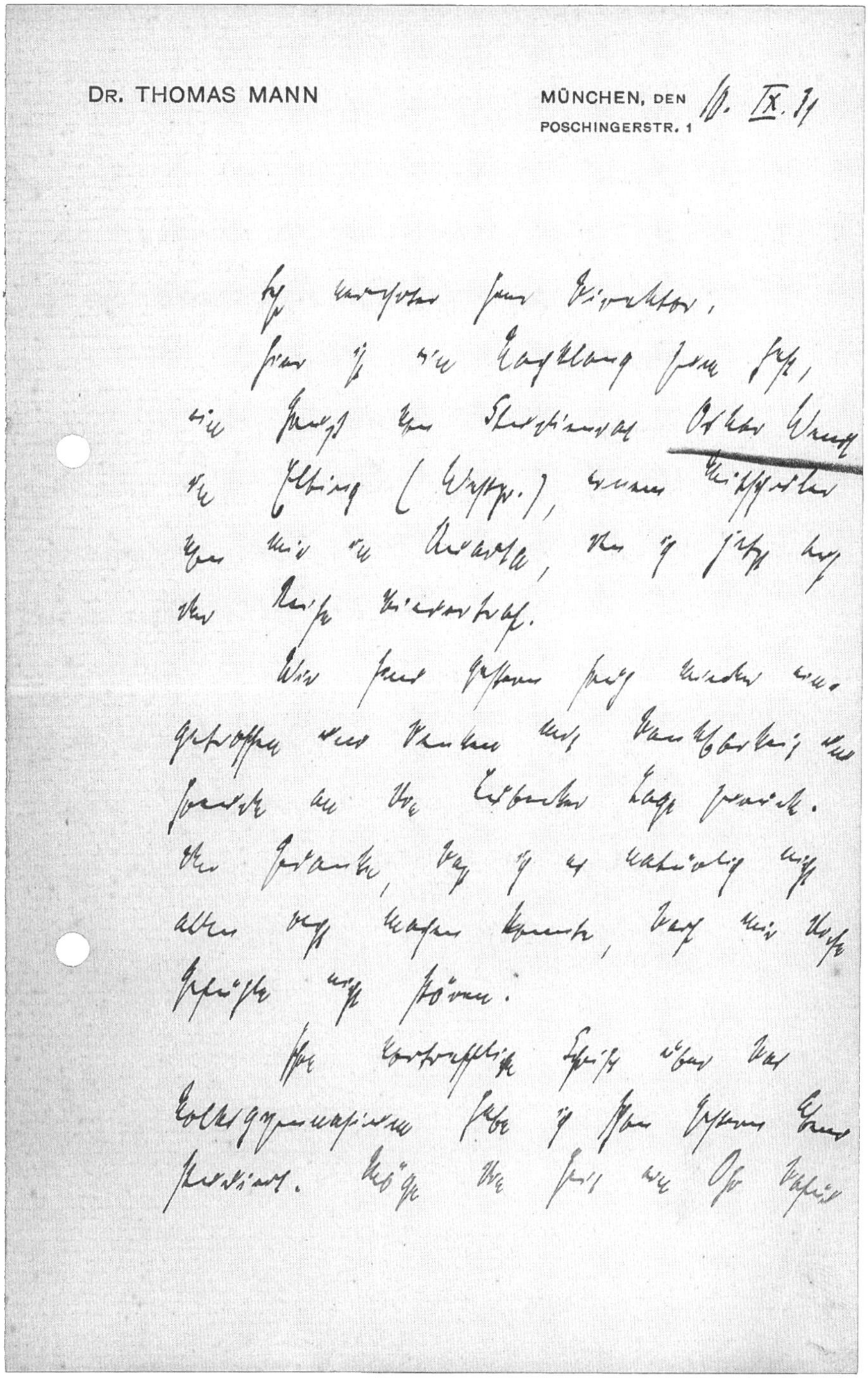
Dr. Thomas Mann
München, den 10. IX. 31
Poschingerstr. 1

Brief vom 10.09.1931 von Thomas Mann an Georg Rosenthal.

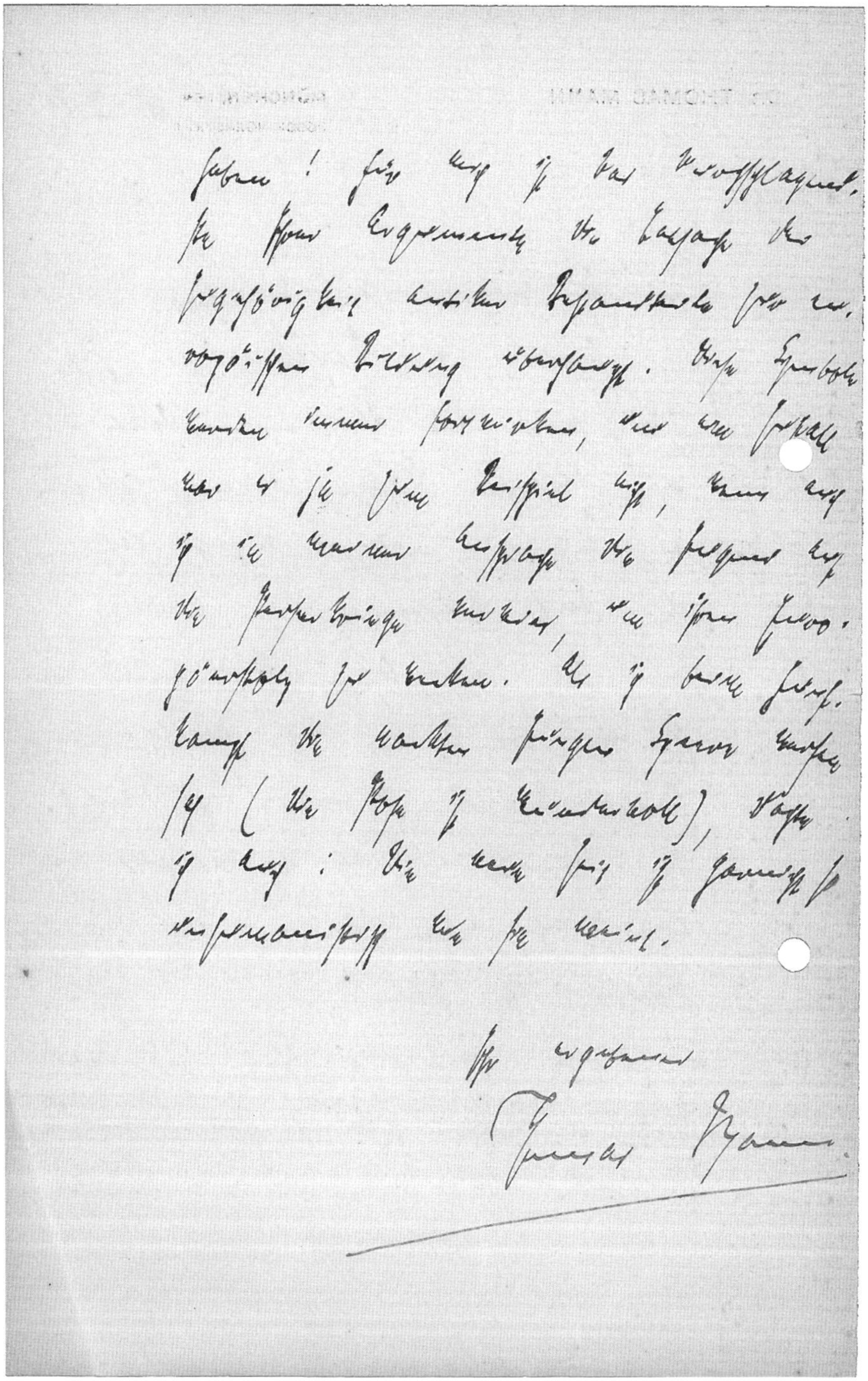

Brief vom 10.09.1931 von Thomas Mann an Georg Rosenthal.

Thomas Mann
Ansprache an die Jugend

Meine Damen und Herren!
Liebe Jugend vom alten Katharineum!

Es ist nichts weiter als ein schicklicher Gegenbesuch, den ich diesmal der Vaterstadt und ihrer alten Schule abstatte, ein Gegenbesuch bei der Jugend. Ein Sommerabend schwebt mir vor – er liegt etwa zwei Jahre zurück –, da sah ich in München auf unserer Gartenterrasse sehr liebe Gäste bei mir. Es war Jugend, Lübecker Jugend, Katharineumsjugend. Oberstudiendirektor Rosenthal machte mit seinen Primanern eine dieser wunderschönen Unterrichts- und Gemeinschaftsreisen, an die man in meiner Schulzeit noch nicht dachte. Es ging nach Süden, und in München fiel ein Gruppenbesuch für mich ab: es war – zum mindesten für mich – eine reizende Stunde. Man trank ein Glas Bier und plauderte. Ein junger Lehrer war noch dabei – mein Gott, er sah nicht aus wie die wandelnde Scholarchen-Autorität; ebenso sportlich anzusehen wie seine Jungen, äußerlich kaum zu unterscheiden von ihnen, schien er ihr guter Kamerad und verkörperte mir die ganze Veränderung, die sich, seit ich jung war, in dem Verhältnis von Lehrer und Schülern vollzogen hat und für die diese ganze freie und herzliche Gemeinschaftsfahrt ja am stärksten zeugte.

Ja, wenn ich meine Gäste betrachtete, den im genauen Sinne des Wortes jovialen Schuldirektor, den jungen Lehrer und ihre Zöglinge, so sah ich den Wandel zum Glücklicheren mit Augen und griff ihn mit Händen, den das fortschreitende Leben in der pädagogischen Atmosphäre, der Atemluft der Jugend, gezeitigt hat. Mißverstehen Sie mich nicht! Es hat auch früher nicht an natürlichem individuellen Wohlwollen für die Jugend gefehlt – wer wollte dergleichen behaupten, aber der Zeitgeist kam diesem Wohlwollen nicht in dem Maße entgegen, daß es sich in Formen hätte auswirken können, wie heute – wie in unserer Gegenwart, die es freilich uns allen, auch der Jugend, in mehr als einer Hinsicht schwer macht, deren schönste Eigenschaft es aber ist, daß sie der Jugend erlaubt, mehr Jugend zu sein als früher.

Man könnte sagen, daß sie die Jugend als autonome und eigenwertige Lebensform überhaupt erst entdeckt habe, und hinzufügen, daß namentlich Deutschland die Ehre dieser einschneidenden Entdeckung gebühre. Ein junger Franzose, der in Deutschland gereist war, sagte kürzlich zu mir: „Mein Gott, auch wir haben natürlich junge Leute, aber es sind *petits bourgeois*, kleine und unfertige Erwachsene, im

Schniepelrock und den Zwicker auf der Nase. Jugend im *pittoresken* Sinn des Wortes, die sich als Jugend trägt und fühlt und gebärdet, die dem Leben und dem Bilde des Landes ihre eigene, besondere Note hinzufügt –, die haben wir nicht, die haben nur Sie." Daran ist viel Wahres, und in dem Frankreich, das sich um die Ergründung der deutschen Wirklichkeit bemüht, weiß man auch wohl Bescheid über die eigentümlichen Ursprünge dieser Erscheinung: über „le mouvement de la jeunesse", die deutsche Jugendbewegung, die zu Anfang des Jahrhunderts geboren wurde und zu einem guten, entscheidenden Teil dazu beigetragen hat, die Krise der bürgerlichen Zivilisation, in der wir leben, bewußt zu machen und das deutsche Gesicht zu verändern. Sie war eine echte moralische Revolution, eine Freiheitsbewegung des Körpers und der Seele, eine Umwälzung der inneren und äußeren Sitte; und solche siegen natürlich nicht in der Form dramatischer Machtergreifung; sie siegen, indem das Leben sie aufnimmt und in sich auflöst, um nachher anders auszusehen als vorher. Es gibt heute keine militante Jugendbewegung mehr, wie es keine Frauenbewegung mehr gibt – nicht also, weil die Bewegung gescheitert wäre, sondern weil sie die pädagogischen Stellungen erobert hat, die sie angriff, weil sie in die Wirklichkeit eingegangen ist und sie verändert hat.

Man darf von einem geschichtlichen Novum sprechen: Vielleicht hat noch niemals eine Epoche ihre Signale und sogar ihre artikulierten Losungen zu einem so großen Teil von der Jugend empfangen – ich nenne nur das Wort „Gemeinschaft". Und es ist auch neu, daß bei aller Zeitbetrachtung, Zeituntersuchung und Zeitdiskussion der Gedanke an die Jugend so sehr im Vordergrund steht wie heute.

Unsere Zeit, meine Damen und Herren, diese junge, wilde, wirre und reiche Zeit des Abenteuers und des Anbruchs neuer Dinge, in der manche Leute nichts als Untergang sehen wollen, während sie doch von Lebenskräften strotzt und nur nicht recht weiß, was damit anfangen in ihrer ratlosen Zukunftsfülle – man könnte ein Buch über sie schreiben, das nichts wäre als ein hymnisches Loblied ihrer phantastischen Größe, und ein anderes, ebenso wahres, ebenso wohl dokumentiertes, das sie bis in den Grund verwürfe und verdammte. Sie bietet wirklich zu beidem reichlichen Anlaß: zur Liebe und zum Abscheu, zur Freude und Zuversicht und zur tiefen Besorgnis, ja zur Verzweiflung. Kein Wunder, daß es, in kleinerem Maßstabe, auch mit der Jugend so ist, daß man speziell auch über sie die beiden Bücher schreiben könnte, das herzlich bejahende und das bitter verneinende – und daß beide mit Gründen wohl zu belegen wären. Sie ist reizend, diese Jugend; vielleicht gab es nie eine reizendere; vielleicht hat nie eine die biologische Liebenswürdigkeit des Jugendlichen auf so bezwingend malerische Weise herausgestellt wie diese – was wieder kein Wunder ist, da sie ja mehr und ausdrücklicher sie selbst sein darf als frühere Jugenden. Es ist leicht, ein Herz für sie zu haben, und es wäre schwer, für das, was man auf dem Herzen hat gegen sie – oder eigentlich wieder nur für sie – den Ton der Philippika zu finden. Wie von selbst werden gute Wünsche daraus. Und ein paar Wünsche an die Jugend sind es, die dieser mein Gegenbesuch bei ihr mir eingibt.

Die träumerisch anziehende Kontrastwirkung, die wir beim Besuche hochbetagter Bildungs- und Erziehungsstätten empfinden, beruht darin, daß wir das Zarte, Naive und Neugeborene mit dem Überlieferten und wissensvoll Überdauernden in *einem* Bilde vereinigt sehen: Jugend, unbefangenes Leben, zutraulich wandelnd im Rahmen des Uralten als in ihrem Erb und Eigen. So sah ich es, nicht ohne Rührung, vor einigen Jahren in Oxford, als man mich durch zwei oder drei seiner berühmten Colleges führte. Die Gotik ihrer Gemäuer ist nicht gar so alt – es wurde in England noch gotisch gebaut, als auf dem Kontinent der neue Stil sich durchzusetzen begann. Aber die starke Verwitterung des weichen Steines betont und verstärkt ihre säkulare Patina, die noch gehoben wird für das Auge durch das saftige Grün der Rasenflächen ihrer Höfe und Gärten – lebensfrisch wie die naive Bevölkerung dieser Hallen und Gelasse, die höhere Jugend Englands, die hier wandelt und wohnt, eingehüllt, beeinflußt, erzogen von der Atmosphäre eines Humanismus, wie er so ehrwürdig wohlerhalten auf dem Festlande kaum noch erfahrbar ist.

Kultur und Ursprünglichkeit – ihre anschauliche Vereinigung bezaubert wie ein Bild höheren und glücklicheren Daseins. Nie sollten sie, in Kunst und Leben, als geistiger Gegensatz, in wechselseitiger Geringschätzung, auseinandertreten; und einer meiner Wünsche an unsere Jugend, vielleicht der hauptsächlichste und alle anderen einschließende, geht eben dahin, sie möge das eine nicht über dem anderen vergessen – ein Wunsch übrigens, der gerade in hanseatischer Sphäre, wo Freiheit und Vornehmheit sich immer zur Lebenseinheit zusammenfanden, gewiß nicht ins Leere und Verständnislose gesprochen ist.

Die alte Lateinschule, die wir feiern, das Lübecker Katharineum, präsentiert sich seit einigen Jahrzehnten ja schon im blanken Komfort moderner Hygiene und Luftigkeit. Ich kann mich an den Um- und Anbau noch wohl erinnern und an den angenehmen Trubel, den er in den Unterricht brachte. Aber die Grundmauern ihrer Gewölbe ruhen nicht weniger tief im Ehrwürdigen als die der gelehrten Stätten, von denen ich erzählte. Das Reformationszeitalter legte sie, die Epoche, die den hellen Namen der Wiedergeburt trägt und die nicht nur wiedergebar, nicht nur die Menschheit mit verschüttetem Seelen- und Geistesgut wiederbeschenkte, sondern auch gewaltig Neues entdeckte und begründete: die „nuove scienze", die Naturwissenschaften, die, an ihrer Quelle eine Forschung und Angelegenheit geistiger Erkenntnis so gut wie die Humaniora, sich als exploitierbar, als praktisch auswertbar erwiesen und die theoretische Voraussetzung für die Technik und die Industrie des neunzehnten Jahrhunderts bilden. Mit einem Wort, indem wir uns des Ursprungs dieser Bildungsstätte erinnern, kehren wir zurück an die Wiege der bürgerlichen Kultur.

Wir wissen nun alle – und die Jugend fühlt und weiß es natürlich am stärksten –, wie kritisch es um diese Kultur nach ihrem ganzen Umfange und in allen ihren Ausprägungen – in gesellschaftlicher, wirtschaftlicher, politischer, allgemein geistiger Beziehung – heute bestellt ist. Wer die Krisis nicht fühlt, nicht mit dem eigenen Wesen daran teilhat, der lebt nicht. Wer sie zwar fühlt, aber sich rein konservativ dagegen verstockt und sich vergrämt ans Alte klammert, schließt sich gleichfalls vom Leben aus. Der Wahrheit ins Gesicht sehen zu können, dieser Mut ist die erste Bedingnis des Lebens; denn Wahrheit und Leben sind zu sehr ein und dasselbe, als daß ein Leben außerhalb der Wahrheit und gegen die Wahrheit überhaupt denkbar wäre.

Andererseits gibt es übereifrige Bekenner, Liebediener der Zeit, wie ich sie nennen möchte, die sich des Wahrheitsexzesses schuldig machen. Die Krisis der bürgerlichen Kultur erscheint ihnen als Ende der Kultur überhaupt, zum mindesten als das Ende der abendländischen Kultur, und so gellt denn, eine Art von verzweifeltem Hochgefühl erweckend, das Plakat vom „Untergang des Abendlandes" von allen Wänden. Ich wollte, die Jugend bewahrte sich einige Skepsis angesichts der aufsehenerregenden Ankündigung. „Es ist nichts wahr", spricht Goethe, „als was das Leben fördert." Die Wahrheit vom Untergang des Abendlandes aber ist keine lebenfördernde Wahrheit. Der europäische Mensch kann die Aufgaben, die ihm das Leben stellt, unmöglich erfüllen, er kann auch seinen Weg aus der Krisis der bürgerlichen Kultur nicht finden, wenn er sich des Maßes von Optimismus entschlägt, das zum Handeln gehört, und seinen Untergang für besiegelt hält. Er kann dann nur die Hände in den Schoß legen und in jener Haltung hoffnungslosen und falsch-heroischen Ausharrens sein Genüge zu finden suchen, die die Geschichtsprophetie ihm nicht ohne Bosheit empfiehlt. Wo diese den Verfall des Abendlandes sieht, da könnte man mit mehr Recht den Verfall des Pessimismus sehen, des großen Pessimismus der zweiten Hälfte des bürgerlichen neunzehnten Jahrhunderts, seine späte Verhunzung zu einem Defaitismus, mit dem kein lebenswilliger Mensch, am wenigsten die Jugend, etwas anfangen kann.

Wie sehr auch Europa, besonders durch den Krieg, sich moralisch bloßgestellt haben möge; wie sehr es durch die angerichteten Verwüstungen und durch die Unangepaßtheit seiner inneren Organisation wirtschaftlich ins Hintertreffen geraten sein möge, – irgendwelche überzeugenden Anzeichen für seinen biologischen Niedergang sind schlechterdings nicht auffindbar; im Gegenteil: jeder Tag bedrängt uns mit Eindrücken von seiner vitalen, aller Not trotzenden geistigen und physischen Leistungslust, und seine natürliche Führerschaft, die Welthegemonie der weißen Rasse ist im Grunde unangetastet.

Diese Überzeugung entspringt nicht der naiven Überheblichkeit, die nicht wüßte, welche geistigen Werte die Menschheit außereuropäischen Kulturen, dem Erdosten etwa, verdankt. Der umfassende Eklektizismus, die unendliche Neugier Europas haben es immer empfänglicher gemacht für diese Werte, aber wer seine Empfänglichkeit für Schwäche hielt, der täuschte sich sehr über ihr königliches Wesen. Es ist nicht Schwäche und Abdankung, wenn Goethe den Hafis nachahmt, es ist das genaue Gegenteil. Europa wird nicht aufhören, den Blick der Welterwartung auf sich gerichtet zu fühlen, sei es auch, daß es ihn los sein und abdanken möchte. Ein solcher Antrag würde nicht angenommen werden aus dem einfachen Grunde, weil nichts vorhanden ist, was Europas Herrschaft ersetzen könnte. Sie bleibt vorderhand eine menschliche Gegebenheit; und ich wollte, die weiße Jugend, sei sie vom Sport auch noch so braun, öffnete ihr Bewußtsein dieser aristokratischen Überzeugung als einer Tatsache, sie ließe ihr Lebensgefühl davon durchdringen und glaubte stolz und fest an die damit verbundenen Pflichten und Rechte. Das würde sie tüchtig machen, die Aufgaben zu erfüllen, die die Zukunft unseres Erdteils ihr stellt, und es würde sie feien gegen mancherlei Verwirrung, Versuchung und Verführung, die die Zeit gegen ihre Willenskraft aussendet.

Die Bürgerwelt ist nicht Europa. Möge es mit jener am Ende sein – wie man behauptet –, so ist es darum nicht am Ende mit dem Abendland. Das Gedächtnis der Kultur ist älter als hundert oder auch vierhundert Jahre, und als teuerste geschichtliche Erinnerung sollte der Jugend noch immer die Epoche der Perserkriege gelten: der Entscheidungssieg des formgewillten Geistes über die sarmatische Masse, der Auserlesenheit über sklavisches Gewimmel.

Es sind nicht mehr nur ganz vereinzelte Europäer, meine Damen und Herren, die dafür halten, daß es an der Zeit ist, dem Begriff der Elite zu neuen Ehren und neuer Geltung zu verhelfen gegen den weltbedrohenden Geist oder Ungeist der Masse, welcher nämlich mit Demokratie in des Wortes respektablem Verstande längst nicht mehr das geringste zu tun hat.

Die Demokratie, wie das neunzehnte Jahrhundert sie konzipierte, ist heute schon ein klassischer Begriff, sehr vornehm im Vergleich mit dem, was sie zu überrennen und sich an ihre Stelle zu setzen droht: einem Massen-Imperium der Gewalt, das die politischen Errungenschaften des neunzehnten Jahrhunderts verhöhnt, mißbraucht und verschleudert und dessen Herrschaft den Ruin Europas, das Chaos, die Barbarei bedeuten würde.

Es sei fern, daß die Europäer, die so denken, wenn sie von Masse und dem Ungeist der Masse sprechen, etwa eine Volksklasse, die Arbeiterschaft und ihre politische Organisation, die Sozialdemokratie, im Sinne hätten. Ich vergesse nie, wie bei einer Montagsandacht an dieser Stelle der damalige Katharineumsdirektor gewissen bösen Buben, die sich irgendwelche Flegeleien und Demolierungen hatten zuschulden kommen lassen, mit den Worten die Leviten las, sie hätten sich benommen „wie die Sozialdemokraten". Die Versammlung wollte schon damals lachen, aber er verbat sich das grimmig. Es war ihm ernst: er sah im Sozialismus den Inbegriff des Unfugs und der vandalischen Zerstörung. Nun, wir haben anders denken gelernt über diese Bewegung, zumal es nicht an Beweisen fehlt, daß die Arbeiterschaft, indem sie ihr Recht an die Kultur anmeldet, sich auch ihrer Pflichten gegen die Kultur bewußt ist. Wenn wir vom weltbedrohenden Geist der Masse reden, so meinen wir durchaus nicht in erster Linie den Geist des Proletariats; wir meinen viel eher eine wuchernde und monströse Ausartung des bürgerlichen Zeitalters selbst ins vergessene Quantitative, instinkthaft Vulgäre und frech Obstinate, eine Rummelwelt des Budengeläuts, der mauloffenen Marktschreierei und des derwischhaften Wiederholens stumpfsinniger Schlagworte, in der nur die rohesten Werbemethoden und Reklamereize noch Wirkung üben, eine Welt geriebenen und skrupellosen Massenfangs, mit der verglichen das demokratische neunzehnte Jahrhundert als eine Epoche vornehm aufgeklärter Gesittung erscheint. Es gibt keine gigantische Albernheit, die unmöglich schiene in dieser Welt. Hören Sie ein Beispiel! In Berlin lebt ein Mann namens Weißenberg, ein ehemaliger Maurergeselle, der sich als fleischgewordenen Gott und wiedererstandenen Christus empfiehlt. Seine Idee war es, die Bresthaftigkeit, die mit geistiger Armut verbundene Not und Verzweiflung zu organisieren, und es gelang ihm, eine jener Massenbewegungen zu starten, die das Signum der Zeit sind.

Schon vor dem Kriege, weit mehr noch aber in den Notzeiten nachher, hatte er gewaltigen Zulauf. Seine Sekte zählt schätzungsweise hundertzwanzigtausend arme Seelen. Er hat eine Kirche gebaut, die siebentausend Personen faßt und immer voll ist. Er gibt eine Offenbarungszeitung heraus, in der die Engel Gabriel und Raphael sowie Fürst Bismarck und Friedrich der Große die Leitartikel schreiben. Wo *das* aufgehört hat, verwunderlich zu sein, da gibt es nichts zu verwundern über den Millionensukzeß, den gewisse politische Heilsarmeen mit ihrem Halleluja erzielen.

Es gibt aber auch nichts zu bewundern; und da ich beim Wünschen bin, so wünschte ich, die höhere Jugend unserer Mittel- und Hochschulen bewahrte sich einige aristokratische Skepsis gegen diese Welt des frenetischen Unernstes und der traurigen Narretei. Wissenschaft, meine Damen und Herren, ist nur eine geistige Form unter anderen; man muß nicht gelehrt sein, um gebildet zu sein. Wozu aber wissenschaftliche Bildung, wozu ein Jugendjahrzehnt der Schulung in methodischem und kritischem Denken, wenn es nicht einmal soviel unterscheidende Widerstandskraft verleiht, um zu verhüten, daß man, mitgerissen von jedem Massen-Run, irgendeinem fanatischen Gaukler ins Garn läuft? Die Methoden der Wissenschaft sind andere als die der Masse, deren ganze Idee, deren einziges Palladium die Gewalt ist. Es ist befremdlich, die wissenschaftliche Jugend den Gewohnheiten einer ausgearteten Massendemokratie verfallen zu sehen – man muß das aussprechen. Diese Professorenhetzen, bei denen man das Prinzip der Lehr- und Lernfreiheit zugleich mit Füßen tritt, diese randalierenden Zusammenrottungen in den Räumen der Lehre und Forschung, die dann durch notwendig einsetzende Gegengewalt geräumt und geschlossen werden müssen, – ich weiß wohl, daß nicht *die* Jugend teil daran hat, die überhaupt weiß, was Studium ist, nämlich ein ernstes Mühen um die Fragen des Geistes und Lebens, und die sich nicht von Schmeichlern ihrer Unfertigkeit ein verfrühtes Staatsrettertum aufreden läßt; aber diese Dinge verzerren das Bild der Jugend für alle, die an sie glauben möchten. –

Noch einmal: Europa und seine seelischen Grundgesetze sind älter und dauernder als die Bürgerwelt, und wenn man von der Altersschwäche der Ideen des neunzehnten Jahrhunderts spricht, so soll man sich hüten, das Kind mit dem Bade auszuschütten, und nicht vergessen, wie viel Überzeitliches, Unveräußerliches und ganz einfach Menschenanständiges mit diesen Ideen verbunden ist.

Zeiten der geistigen und sozialen Umschichtung, wie die unsrige, neigen zu solchen Verwechslungen, zu einem Pseudo-Radikalismus, der die Vertauschung des Revolutionären mit dem Reaktionären begünstigt und natürlich vor allem für die Jugend eine Gefahr bildet. Gewisse Errungenschaften der Menschheit sind, einmal gemacht, nicht rückgängig zu machen, es sei denn, man entschließe sich, in einem Zustande der Unwahrheit und der gewaltsamen Verleugnung innerer Realitäten zu leben, was überhaupt kein Leben oder ein närrisches Leben ist. Man kann, sage ich, hinter solche Erwerbungen nicht zurück, oder kann es doch nur, um unnatürlicherweise einen schon durchlebten Geschichtsabschnitt wiederholen und die verworfenen Güter wiedererwerben zu müssen. So ist es mit den Errungenschaften der Persönlichkeit, der Freiheit. Dem vielberufenen Individualismus und Liberalismus des neunzehnten Jahrhunderts setzt unsere Epoche die tiefe, fruchtbare und zaubervolle Idee der Gemeinschaft entgegen. Niemand leugnet, daß heute dem Kollektiven vor der Vereinzelung ein neues Lebensrecht und neuer Lebensreiz zukommt, – jeder hat teil an der seelischen Tatsache. Glaubt man aber im Ernst, es könnte darum je in Europa – und gar im protestantischen Europa – es könnte je in Kunst und Leben des Abendlandes Wert, Reiz und Recht der weltunmittelbaren Persönlichkeit völlig zunichte werden; dieser Wert, dies Recht, das mit ihm geboren und aus ihm wiedergeboren wurde und das schleunigst zum drittenmal geboren werden müßte, wenn es abhanden käme? Im Führergedanken bringt denn ja auch der jugendliche Kollektivismus die Persönlichkeitsidee wieder hervor, und aufblickende, gefolgschaftsbereite Jugend ist sicher ein schönes Bild. Möge sie sich die Führer nur ansehen und nicht aufhören, die Bequemlichkeit zu verachten, die sich der Selbstverantwortung entschlägt! Strammstehen und Zu-Befehl-Stehen unter begeistertem Verzicht auf eignes Denken wäre zum mindesten nicht neu. Wir haben genug davon gehabt.

Der modische Hohn auf die Freiheit ist Massenunfug, von dem eine Jugend, die sich als Elite fühlt, kritischen Abstand nehmen sollte. Und eben diesen Abstand sollte sie nehmen von dem Ideenhaß der Zeit überhaupt, der nur schlecht seinen Charakter als Kultursabotage, sein heimliches Liebäugeln mit der Barbarei zu verbergen weiß.

Vor einigen Jahren erschoß sich ein junger Student namens Alfred Seidel und hinterließ Aufzeichnungen, die ein erschütterndes Dokument jener intellektuellen Verzweiflung waren, die ihn in den Tod getrieben. „Die Entthronung der absoluten Wahrheiten", heißt es da, „durch die Bejahung und Hinnahme der Wirklichkeiten, die Leben, Macht, Sexualinstinkt oder Nation und Klasse heißen – das bezeichnet das Ende einer Kultur." Einer Kultur? Der Kultur überhaupt. Und nicht nur dieser, sondern des Menschentums selbst. Die Abneigung unserer Zeit vom Abstrakten und Ideologischen, ihre Hinwendung zum Dinghaft-Wirklichen, zu Land, Volk und Erde enthält viel redlich Berechtigtes; ein neuer religiöser Bund des Menschen mit der Erde kann sich darin ausdrücken. Wo aber diese Tendenz in eitle Brutalität, in eine boshafte Zoologisierung des Menschen als des Raubtiers mit der Greifhand ausartet und dabei auch noch für denkerische Tapferkeit gelten möchte – da beginnt der Unfug, vielmehr, da ist er schon weit vorgeschritten. Man hat leicht sagen, daß etwa Recht und Gerechtigkeit immer nur Ergebnis, Ausdruck und Mittel der Macht gewesen seien. Der Mensch hat nie angefangen und nie aufgehört, aus den Antinomien seines geistig-fleischlichen Doppelwesens das Absolute, die Idee, zu visieren. Ihm diesen Aufblick nehmen wollen, heißt ihn zurückführen wollen auf eine Stufe, wo er noch nicht Geist, sondern nur Natur war. Aber eine solche Stufe hat es nie gegeben. Seitdem der Mensch ist, hat er am Geiste teilgehabt, und wenn er „Kultur" sagt, so meint er nicht irgendwelche pflanzlichen Ausprägungen des Natürlichen, sondern Verwirklichungen des Geistes. –

Nein, es ist nicht alles bürgerliche Ideologie was man heute mit dem Bade des neunzehnten Jahrhunderts auszuschütten bereit ist. Da ist der Friedensgedanke, von dem viele meinen, durch ihn käme die Rüstigkeit aus der Welt, und der also bei den Rüstigen oder solchen, die es sein möchten, in einem schlechten und faden Geruche steht. Viele Menschen, auch junge Menschen, verbinden mit dem Namen des Pazifisten die Vorstellung seelischen Vegetariertums, eines seichten Idealismus und Rationalismus ohne jede vitale Tiefe; und da der moderne Intellektuelle nichts ängstlicher scheut als den Vorwurf mangelnder Vitalität, so besitzt diese Auffassung auch unter geistigen Menschen zahlreiche Anhänger.

Sie ist vollkommen und ausgemacht falsch. Der europäische Friedensgedanke hat gar nichts zu tun mit bürgerlicher Glücksphilanthropie. Er ist keine Sache geistiger Vergangenheit, sondern ganz und gar eine solche realer, gegenwärtiger Lebensnotwendigkeit und konstruktiven Willens zur Zukunft, eine durch und durch männliche Angelegenheit, – wir wollen uns darüber von heroischen Schwätzern nicht täuschen lassen.

Jugend, zutraulich wandelnd und wohnend im Ehrwürdigen, als in ihrem Erb und Eigen, – das reizvolle Bild möge am Ende stehen, wie es am Anfang stand. Wo Kultur und Unmittelbarkeit sich durchdringen, ist freie Vornehmheit und höheres Leben. Wenn Schule und Jugend voneinander empfangen, was sie zu geben haben: Überlieferung die eine, ihr neues Weltgefühl die andere, so wird man vergebens von Untergang sprechen, wo es sich nur wieder einmal um die Erneuerung des Lebens handelt.

Siglenverzeichnis

BBH
Buddenbrookhaus, Heinrich-und-Thomas-Mann-Zentrum, Lübeck.

B G
Georg Potempa, unter Mitarbeit von Gert Heine: *Thomas Mann. Bibliographie. I. Das Werk. Aufsätze, Reden, Miszellen.* Morsum/Sylt 1992

BLSHL
Biographisches Lexikon für Schleswig-Holstein und Lübeck. Neumünster 1970 ff.

BrA
Herbert Wegener: *Thomas Mann. Briefe an Paul Amann 1915-1952.* Lübeck 1959.

BrB
Inge Jens: *Thomas Mann an Ernst Bertram. Briefe aus den Jahren 1910-1955.* Pfullingen 1960.

BrEn
Christina Horstmann: Die Literarhistorische Gesellschaft Bonn im ersten Drittel des Drittel des 20. Jahrhunderts. Dargestellt am Briefnachlaß von Carl Enders. Bonn 1987.

BrGBF
Peter de Mendelssohn: *Thomas Mann. Briefwechsel mit seinem Verleger Gottfried Bermann Fischer 1932-1955.* Frankfurt am Main 1975.

Br I – III
Erika Mann: *Thomas Mann: Briefe 1889-1936, 1937-1947, 1948-1955 und Nachlese.* Frankfurt am Main 1961, 1963 und 1965.

BrG
Peter de Mendelssohn: *Thomas Mann. Briefe an Otto Grautoff 1894-1901 und Ida Boy-Ed 1903-1928.* Frankfurt am Main 1975.

BrHM
Hans Wysling: *Thomas Mann – Heinrich Mann: Briefwechsel 1900-1949.* 3., erweiterte Ausg. Frankfurt am Main: S. Fischer 1995 (= Fischer Taschenbücher, Bd. 12297).

BrMa I
Hans Wysling, Thomas Sprecher: *Briefwechsel Thomas Mann – Kurt Martens.* In: Thomas Mann Jahrbuch, 3, Frankfurt am Main 1990.

BrMa II
Hans Wysling, Thomas Sprecher: *Briefwechsel Thomas Mann – Kurt Martens.* In: Thomas Mann Jahrbuch, 4, Frankfurt am Main 1991.

DüD I-III
Hans Wysling unter Mitwirkung von Marianne Fischer: *Dichter über ihre Dichtungen. Thomas Mann.* Frankfurt am Main 1975,1979 und 1981

E I – VI
Hermann Kurzke, Stephan Stachorski: *Thomas Mann: Essays.* Frankfurt am Main 1993-1997.

Fischer/Autoren
Samuel Fischer, Hedwig Fischer: *Briefwechsel mit Autoren.* Frankfurt am Main 1989.

GKFA 22
Thomas Sprecher, Hans R. Vaget und Cornelia Bernini: *Thomas Mann: Briefe II 1914-1923.* Frankfurt am Main 2004.

GKFA 2.2
Terence James Reed: *Kommentare zu den frühen Erzählungen 1893-1912.* Frankfurt am Main 2004

GW I – XIII
Hans Bürgin: *Thomas Mann. Gesammelte Werke.* Frankfurt am Main 1960 und 1974.

Ha
Ariane Martin: *Schwiegersohn und Schriftsteller. Thomas Mann in den Briefen Hedwig Pringsheims an Maximilian Harden.* In: *Thomas Mann Jahrbuch*, 11, Frankfurt am Main 1998.

Hb
Helmut Koopmann: *Thomas Mann Handbuch.* Stuttgart 2001

HMA
Heinrich-Mann-Archiv, Berlin

H/S
Gert Heine, Paul Schommer: *Thomas Mann Chronik.* Frankfurt am Main 2004.

Hübinger
Paul Egon Hübinger: *Thomas Mann, die Universität Bonn und die Zeitgeschichte. Drei Kapitel deutscher Vergangenheit aus dem Leben des Dichters 1905-1955.* München, Wien 1975.

KSB
Giorgio Colli, Mazzino Montinari: Friedrich Nietzsche. Sämtliche Briefe. Kritische Studienausgabe in 8 Bänden. München 1986

Nb I + II
Hans Wysling, Yvonne Schmidlin: *Thomas Mann: Notizbücher 1-6 und 7-14*. Frankfurt am Main 1991-1992.

NDB
Historische Kommission bei der Bayerischen Akademie der Wissenschaften und der Bayerischen Staatsbibliothek: *Neue deutsche Biographie*. München 1953 ff.

StB
Bibliothek der Hansestadt Lübeck.

R
Hans Bürgin, Hans-Otto Mayer: *Die Briefe Thomas Manns . Regesten und Register*. Frankfurt am Main 1976-1987.

Tb
Peter de Mendelssohn: *Thomas Mann: Tagebücher. Band I-V*, Frankfurt am Main 1979-1982.
Inge Jens: *Thomas Mann: Tagebücher. Band VI-X*, Frankfurt am Main 1986-1995.

TMA
Thomas-Mann-Archiv, Zürich.

TM Jb
Thomas Mann Jahrbuch. Frankfurt am Main 1988 ff.

TMS
Thomas-Mann-Studien, Bern/München ab 1/1967; Frankfurt am Main ab 9/1991

Zauberer
Peter de Mendelssohn: *Der Zauberer. Das Leben des deutschen Schriftstellers Thomas Mann*. 3 Bde. Frankfurt am Main 1996

ZVLGA
Zeitschrift des Vereins für Lübeckische Geschichte und Altertumskunde. Lübeck 1855 ff.

Bildnachweis

Katharina Christiansen 150 o.

Deutsches Historisches Museum in Berlin 151 u.

Dirk von Grolman 70, 71.

Hans-Werner Klindwort 153 M.

Jan Zimmermann 149 o., 150 M., 150 u., 151 o., 152, 153 o., 153 u.

Die übrigen Bilder stammen aus dem Bildarchiv des Heinrich-und-Thomas-Mann-Zentrums.

Autoren

Britta Dittmann, M.A.
Geboren 1967 in Lübeck. Studium der Neueren deutschen Literaturwissenschaft, Germanistik und Kunstgeschichte in Kiel. 1995 Magisterarbeit über Frauenfiguren in den frühen Novellen Thomas Manns. Seit 1998 wissenschaftliche Mitarbeiterin im Heinrich-und-Thomas-Mann-Zentrum in Lübeck, verantwortlich für Bibliothek, Archiv und Sammlung. Kuratorin der Ausstellung „Die ‚Buddenbrooks' – ein Jahrhundertroman" für das EXPO2000-Projekt „Buddenbrooks und Lübeck. Weltliteratur erlebt im Weltkulturerbe."
Veröffentlichungen u.a. „Allen zu gefallen, ist unmöglich." Thomas Mann und Lübeck. 1875-2000. Eine Chronik. Lübeck 2001.

Privatdozent Dr. Thomas Rütten
Geboren 1960 in Krefeld. Studium der Humanmedizin in Bonn. 1986 Approbation als Arzt, 1991 Promotion zum Dr. med, 1995 Habilitation und Verleihung der venia legendi für Geschichte und Theorie der Medizin an der Westfälischen Wilhelms-Universität in Münster. Anstellungen an den Universitäten Bonn und Münster, an der Herzog August Bibliothek in Wolfenbüttel, dem Institute for Advanced Study in Princeton und an der Université Paris VII. Seit 2002 Tätigkeit als Wellcome University Award Holder in der School of Historical Studies der University of Newcastle im englischen Newcastle upon Tyne.
Herausgeber der Buchreihe „Studien zur Geschichte der Medizingeschichte und Medizingeschichtsschreibung" (Gardez). Verfasser der mit dem Universitätspreis der Universität Münster ausgezeichneten Monographie „Demokrit-lachender Philosoph und sanguinischer Melancholiker" (Leiden 1992) sowie zahlreicher Veröffentlichungen zu medizinhistorischen Themen, die den Bogen von Hippokrates bis Hitler spannen, darunter 5 Originalarbeiten zu Thomas Mann. Mitglied des Wissenschaftlichen Komitees der Davoser Literaturtage.

Dr. Hans Wißkirchen
Geboren 1955 in Düsseldorf. Nach dem Studium der Germanistik und Philosophie in Marburg 1985 Promotion mit einer Arbeit über die zeitgenössischen Quellen von Thomas Manns Romanen *Der Zauberberg* und *Doktor Faustus*. Bis 1991 im Rahmen

von Projekten der Deutschen Forschungsgesellschaft unter anderem an der Georg Büchner-Forschungsstelle der Philipps Universität Marburg beschäftigt. Von 1991 bis 1993 Aufbau der Forschungs- und Gedenkstätte zu Heinrich und Thomas Mann im Buddenbrookhaus. Seit 1993 Leiter des Buddenbrookhauses. Seit 2001 Direktor der Kulturstiftung Hansestadt Lübeck und damit auch für das Günter Grass-Haus verantwortlich. Seit 2006 als Geschäftsführender Direktor für alle Lübecker Museen verantwortlich.
Vorstandssprecher der Arbeitsgemeinschaft der Deutschen Literaturgesellschaften und Literaturmuseen, Sitz in Berlin. Vizepräsident der Deutschen Thomas Mann-Gesellschaft und der Heinrich Mann-Gesellschaft, beide mit Sitz in Lübeck.
Zahlreiche Publikationen zu Heinrich und Thomas Mann, der Familie Mann, Günter Grass, dem deutschen Vormärz und zu Fragen der Literaturmuseen.

Dr. Jan Zimmermann

Geboren 1965 in Hamburg, Abitur am Katharineum zu Lübeck. Studium der Geschichte und Kunstgeschichte in Hamburg und Paris. Dissertation über die Geschichte der Alfred Toepfer Stiftung F.V.S., Hamburg, bis 1945. Tätigkeit als Redakteur im Hoffmann und Campe Verlag, Hamburg. Veröffentlichungen zu historischen Themen mit Hamburger und Lübecker Bezügen